U0624482

经济增长、粮食安全视角的自然资源禀赋与利用效率研究

黎东升◎著

中国农业出版社
北　京

　　自然资源与经济增长的关系集中体现了自然与人的关系，自然资源与经济增长的关系问题是人类发展必须面对和处理的核心问题。自然资源是经济增长和社会发展必不可少的物质基础，是人类生存和生活的重要物质源泉，并为社会生产和人类自身再生产提供劳动资料和能量来源。第一次工业革命以来，世界各国经济发展的历史和现实表明，自然资源对于一国国民财富的初始积累、工业化和国民福利增进发挥了重要作用。

　　传统的经济增长理论长期忽视自然资源的作用，实际上反映了经济增长不计资源环境代价的现实，长期无视人对自然界的依赖性及自然资源特性的发展模式必然是难以为继的。伴随着对经济增长"现代性"的反思，人们开始重新审视自然资源要素对现代经济增长的内在意义，在经济增长理论中关注自然资源因素的基础性作用，主流经济学家开始将自然资源作为一种要素投入逐步纳入经济增长模型。自然资源在经济增长中究竟起着何种作用，是福音还是诅咒？自然资源因素直接导致了各国经济发展水平的差异，还是其他因素的作用造成了"资源诅咒"的表象？经济发展进程中自然资源禀赋的作用机制到底如何？对于中国省际层面的自然资源禀赋与经济增长关系的实证研究能够丰富和深化对上述理论问题的认识，有利于廓清自然资源与经济增长的内在关系及其作用机理，充实了发展经济学的相关理论。

　　专题"经济增长与自然资源禀赋的实证研究"基于国内外研究成果，从理论和实证分析中探索自然资源和经济增长的关系及其作用机制：一是剖析自然资源的内涵，即集中型资源（point resource）和扩散型资源（diffuse resource）；二是收集 1995—2017 年我国 31 个省份的相关数据，在对自然资源分类考察的基础上构建反映自然资源丰裕度和经济增长水平关系的计量模型，控制人力资本、科技创新、制度等变量，分析集中型资源和扩散型资源对经济增长的实证影响；三是在计量分析基础上考察集中型资源和扩散型资源两类自然资源对经济增长的作用机制，分析教育、科技和制度等因素的传导作用；四是依实证研究和理论分析得到的结论，结合我国自然资源条件和经济发展实际对"资源诅咒"做出解释，为提高自然资源经济效率和实现自然资源的可持续发展提出政策建议。

随着工业化和城镇化加速发展，粮食生产中的土地、水、能源等不仅变得日益稀缺，而且也受到内外部环境污染的影响。2013 年我国已有近20% 的耕地遭到重金属污染，每年我国生活废水排放量达 500 亿吨以上，工业废水排放量达 400 亿吨以上，灌溉流域受到较为严重的污染。2007—2016 年我国粮食生产中化石能源消耗的平均年碳排放总量约为 82.5 亿吨。这说明我国农业自然资源的利用处境堪忧，如何既维护粮食安全（数量安全和质量安全），又改善农业自然资源的利用处境是当前迫切需要解决的问题。专题"基于粮食安全的自然资源利用效率的实证研究"通过对中国农业自然资源利用现状和特点、中国农业自然资源利用效率及影响因素、中国粮食安全视角下的水资源利用及其效率、粮食安全视角下的能源利用及其效率、粮食安全与国内外两种资源利用的政策建议等方面的研究，认为综合高效利用国内外农业自然资源是破解这一问题的有效办法。

本研究报告是作者主持完成的三项省部级科研课题研究成果集成。在本书出版之际，感谢团队主要成员张雄化博士、熊航博士及部分硕士研究生的辛勤工作（本书三部分研究完成者及拟笔者分别为：第一章熊航、黎东升；第二章张雄化、黎东升；第三章黄锃里、贾思敏、朱雨琛；全书统稿审定为黎东升）！本书的出版也得到了浙江科技学院人才引进项目、浙江科技学院基本科研业务专项（2019JL16）资助和浙江科技学院科技处、人事处、经济与管理学院等的大力支持。中国农业出版社农村经济与管理分社的领导和责任编辑为本研究报告的出版付出了大量的辛勤汗水。在此一并谨致谢意！

黎东升于杭州小和山

2020 年 2 月 29 日

目 录

第一章 经济增长与自然资源禀赋的实证研究

第一节 绪 论

一、选题背景

自然资源与经济增长的关系集中体现了自然与人的关系，自然资源与经济增长的关系问题是人类发展必须面对和处理的核心问题。自然资源是经济增长和社会发展必不可少的物质基础，是人类生存和生活的重要物质源泉，并为社会生产和人类自身再生产提供劳动资料和能量来源。

第一次工业革命以来，世界各国的经济发展的历史和现实表明，自然资源对于一国国民财富的初始积累、工业化和国民福利增进发挥了重要作用。首先，自然资源是一国潜在的收入来源，是原始资本积累的重要途径。其次，自然资源为物质资料的生产活动提供对象、手段和场所，是工业化的物质基础。再次，自然资源收入可以转化为资本投入到生产部门，提高未来的产出水平，也可以转化为公共财富，直接提高国内福利或为一国经济发展提供环境保障和制度保障。西方国家工业化的历程有力地证实了自然资源的积极作用：英国丰富的煤炭、矿石储量是其最先发生和完成第一次工业革命的一个诱因；美国、德国的工业化兴起最先的地区分别是五大湖流域、鲁尔工业区等煤炭、铁矿资源密集的地区；19 世纪末 20 世纪初，新兴的美国、德国的煤炭、钢铁产量超过了英国、法国是其经济超越这两个老牌资本主义国家的一个重要标志。

然而，20 世纪中期以来的世界各国发展现实显示，亚洲、非洲、北美洲、南美洲许多煤矿、石油等自然资源丰裕的国家和地区，长期以来经济增长速度相对于许多自然资源稀缺的国家和地区缓慢得多。例如，沙特阿拉伯人均国内生产总值（GDP）在 1965—1997 年间平均每年下降 3%；尼日利亚 2000 年的 GDP 和 1966 年刚独立时相比没有任何提高；伊朗和委内瑞拉在 1965—1998 年期间的 GDP 平均年增长速度为－1%，卡塔尔 1970—1995 年间的增长率则是－6%，利比亚、伊拉克和科威特多年 GDP 平均年增长率均为负值。统计显示，在 1965—1998 年期间，整个石油输出国组织（OPEC）成员国的人均 GDP 的平均年增速下降了 1.3%，而此阶段世界中低收入国家的人均 GDP 以每年 2.2% 的速度在增长。与之形成鲜明对比的是：过去 30 多年中，自然资源条件一般的印度尼西亚、泰国以及自然资源贫乏的新加坡和韩国，其 GDP 增长率都在 4% 以上。因此看来，自然资源禀赋优越的区域未必是经济增长最快的区域，甚至相反，多数成了经济落后的区域，形成了"富饶的贫困"。

自然资源在经济增长中扮演的角色仿佛由"天使"变成了"魔鬼"，这一现象被称为"资源诅咒"（curse of resource）。"资源诅咒"是发展经济学中的一个著名命题，由 Auty 于 1993 年首次提出，其刻画的是自然资源对经济增长具有抑制作用，丰富的资源反而阻碍了一国经济增长的奇怪现象。

我国自然资源总量丰富，但人均资源相对短缺，资源的区域分布不平衡，中西部地区资源相对密集，能源、矿产资源一直是西部地区经济发展的一大优势，而东部沿海大部分地区资源相对贫乏，资源供给长期不足。然而，从实际经济发展状况来看，中西部省份经济增长水平普遍滞后于东部沿海省份，东北、西部等能源和矿产资源丰富的省份其经济绩效远不及资源匮乏的上海、广东、江苏、浙江等地。许多资源丰裕地区的经济发展长期处于与其资源禀赋极不相称的状态，其中山西省最为典型，山西省累计生产原煤占全国的 1/4 以上，但其人均 GDP 始终处于全国较低水平。

徐康宁（2006）、陈仲常（2008）和邵帅（2008）等学者通过对能源和矿产资源的考察，验证了我国在省际层面存在"资源诅咒"现象。如果将对自然资源考察的范围扩展至水资源、土地资源、森林资源、气候资源、海洋资源等基础性自然资源，"资源诅咒"是否依然存在？我国省际层面的自然资源向经济增长的长期传导机制如何？应该如何破解"资源诅咒"难题？随着我国经济社会的快速发展和现代化进程的不断加快，对资源的需求量持续快速增长，经济增长与资源约束的矛盾日益显现，并已成为影响我国经济社会发展的突出问题，因而对自然资源问题的研究有待不断深入。

二、研究意义

（一）理论意义

传统的经济增长理论长期忽视自然资源的作用，实际上反映了经济增长不计资源环境代价的现实，而长期无视人对自然界的依赖性及自然资源特性的发展模式必然是难以为继的。伴随着对经济增长"现代性"的反思，人们开始重新审视自然资源要素对现代经济增长的内在意义，在经济增长理论中关注自然资源因素的基础性作用，主流经济学家开始将自然资源作为一种要素投入逐步纳入经济增长模型。

自然资源在经济增长中究竟起着何种作用，是福音还是诅咒？自然资源因素直接导致了各国经济发展水平的差异，还是其他因素的作用造成了"资源诅咒"的表象？经济发展进程中自然资源禀赋的作用机制到底如何？对于中国省际层面的自然资源禀赋与经济增长关系的实证研究能够丰富和深化对上述理论问题的认识，有利于廓清自然资源与经济增长的内在关系及其作用机理，充实发展经济学的相关理论。

（二）现实意义

自然资源已经成为我国经济可持续发展的硬约束，在能源和矿产资源方面还呈现出"资源诅咒"的迹象，因此资源问题的深入认识对于解决我国经济发展地区差距、生态环境问题和实现自然资源更优利用具有重要的现实意义。

一是我国的东部地区和西部地区经济发展水平长期存在较大差距，不利于国民经济的稳定增长与和谐社会的构建。对"资源诅咒"现象的全面验证和深入认识，有助于深刻理解和准确把握东西地区经济发展差距的原因，对于有效发挥自然资源对经济增长的促进作用以缩小地区经济差距具有启示意义。

二是我国自然资源丰裕的地区多数面临生态环境脆弱的问题，资源的掠夺性开采和粗放式利用致使区域可持续发展能力丧失，许多地区已经形成"资源—经济—生态"的畸形恶性循环。对此应建立自然资源的生态补偿机制并征收资源税，在自然资源的价格中追加资源的生态价值，将资源税用于生态环境的治理以补偿自然资源开采对生态环境的破坏。本研究有助于提高人们对生态补偿机制的认识，为这一机制的建立提供理念上的支持。

三是对于我国自然资源相关经济政策的研究，为资源导向的发展中国家经济发展战略的制定，以及我国资源密集型地区制定资源开采利用和长期经济发展规划起到一定的理论指导和参考作用。

三、文献综述

传统经济增长理论把资源问题演绎为单纯的生产成本问题，经济增长被视为劳动、资本、技术等要素的函数，自然资源因素被排除在生产函数之外。从古典经济增长理论到新古典经济增长理论，再到新经济增长理论，都未将自然资源因素视为经济增长的一个决定因素。因此，从哈罗德-多马经济增长模型到索洛-斯旺经济增长模型，再到内生经济增长模型，自然资源变量均未作为一个独立的变量进入模型，而是往往被包含在其他变量之中或为其他变量所替代。20 世纪 90 年代以来，随着现代经济发展对矿产能源、水资源、土地资源等自然资源的需求日益增大，自然资源对一国经济增长的影响逐渐凸显并成为经济持续增长的瓶颈，人们开始关注自然资源与经济增长的关系问题。

（一）国外相关研究进展

西方经济学界对于涉及自然资源问题的文献可以追溯到马尔萨斯的《人口论》，尽管他的悲观论点饱受质疑，但也引起了人们对自然界承载能力的关注，意识到资源和环境因素会对经济的长远发展起到约束和抑制。虽然鲜有经济学家专门研究自然资源问题，但是不少学者的研究都涉及自然资源或自然资源的某些因素，比较典型的理论分析和实证研究成果包括：哈罗德·英尼斯（1956）创立的大宗产品理论（staple theory），用于解释国家或区域在经济发展过程中的空间特征和组织结构。沃特金斯（1963）将其加以完善后用于解释资源开发和出口对经济增长的作用。罗默（2001）在分析经济增长时考虑了自然资源和土地的影响，他在 C-D 生产函数中引入了可用资源（R）和土地（T）两个变量，得到如下形式的生产函数：

$$Y(t) = K(t)^{\alpha} R(t)^{\beta} T(t)^{\gamma} [A(t)L(t)]^{1-\alpha-\beta-\gamma}$$

在该函数中，资本投入 K 的增长率不变可以推出资本产出比 Y/K 不变，因此资本和产出具有相同的增长率，整个经济系统在这种情况处于平衡增长路径上，单位劳动的平均工资水平可正可负，而有了土地资源的限制，则劳动力产出能力最终是下降的，加之随着人口的不断增长，单位劳动力的平均土地资源拥有量也会下降，这将成为制约经济持续增长的瓶颈。Nordhaus（1992）则从水资源的角度考察了单位劳动力的平均资源拥有量固定不变时的经济增长率，为了评估水资源对经济增长的约束效应，在水资源量受限和不受限两个假设前提下进行对比。根据他的研究，水资源受限时的单位劳动力平均产出增长率为：

$$y_1 = \frac{(1-\alpha-\beta-\gamma)g - \beta n}{1-\alpha}$$

其中 α、β、γ 分别为资本、自然资源和土地要素的产出弹性，n 和 g 分别表示劳动增长率和技术进步率，相应地，水资源不受限时的单位劳动力平均产出增长率为：

$$y_2 = \frac{(1-\alpha-\beta-\gamma)g}{1-\alpha}$$

两种情形下的经济增长率之差即为水资源的约束效应，$\Delta y = y_2 - y_1 = \beta n / (1-\alpha)$。由此可见，自然资源对经济增长的约束效应与劳动增长率 n、自然资源的产出弹性 β 和资本的产出弹性 α 有关，且随着劳动增长率 n 和资本的产出弹性 α 的增加而增加，随着自然资源的产出弹性 β 的增加而减少。这一理论研究表明：水资源对经济的影响总是客观存在的，不受科技条件的影响，从而在以科技进步为主导的经济增长动力机制中证明自然资源的作用。

在自然资源影响经济增长的方向这一问题上，学界形成了两种明显对立的认识：一些学者认为，自然资源是经济增长的基础，对经济增长起到积极的促进作用；而更多学者通过实证研究发现，自然资源对经济增长具有负面作用，自然资源丰裕的国家和地区常常面临"资源诅咒"。

1. 自然资源对经济增长的正效应

一是自然资源的物质基础作用。自然界为人类的生产和再生产提供最基本的物质条件，是生产力发展的第一源泉。David & Wright（1997）的研究显示，美国在 19 世纪中叶至 20 世纪中叶的近一个世纪的时期，充分发掘其优越的自然资源禀赋，大范围开采矿产资源，其矿产资源开发密集度较同时期的其他西方主要国家高。De Ferranti（2002）的研究还证实，美国在 19 世纪末 20 世纪初大力开发其丰富的矿产资源，为其工业化的成功奠定了坚实的物质基础。

二是自然资源对产业布局的影响。自然资源条件是一国或地区产业布局的第一位的影响因素，这一点在生产技术越不发达的国家表现得越明显，因为越不发达的国家对自然禀赋的依赖性越强，生产力发达的国家则能够用技术部分代替资源，且有能力利用别国自然资源和廉价劳动力。De long & Williamson（1994）发现，19 世纪晚期煤炭资源和铁矿的储备能力是主要国家建立和发展钢铁产业的前提条件。因此，19 世纪末英国和德国等自然资源禀赋优良的经济体发展迅速。

三是自然资源对生产技术的影响。随着人们对劳动对象的利用由初加工向深加工方面深化，大大促进了技术的进步，弱化了生产对自然资源的依赖。对于不可再生资源，技术能促进资源系统的承载和维持能力以及资源配置能力的提高；对于可再生资源，技术能提高资源潜在利用效率、促进生态系统的稳定。Wright（1990）对美国 20 世纪初制成品的技术领先的原因进行的研究发现，美国出口的制成品主要属于不可再生资源密集型产品。

四是自然资源对劳动生产率的影响。劳动生产率的变化很大程度取决于自然条件。一般说来，在其他条件相同的情况下，对于优劣程度不同的自然资源，等量劳动的生产力是不同的。许多资源丰裕的国家，其社会劳动生产率往往较高，能有利地促进其经济增长。就像刘易斯指出的，"在其他因素相等的条件下，人们对丰富资源的利用会比贫瘠资源的利用更好。"一些资源丰裕的国家的经济发展的确比其他国家好，甚至有些国家已经相当富裕。

2. 自然资源对经济增长的负效应

在 20 世纪中、晚期，一些国家尤其是矿产密集型国家，自然资源丰裕程度很高，但 20 世纪 70 年代以来这些国家多数面临经济停滞。Auty 在 1993 年研究产矿国经济发展问题时发现丰裕的资源对一些国家的经济增长并不是充分的有利条件，甚至阻碍了其经济增长。他将这一现象归结为"自然资源诅咒"（curse of natural resources），即自然资源丰富的国家或地区，经济增长速度往往慢于那些资源稀缺的国家或地区。Sachs & Warner（1995）的研究发现：在控制影响经济增长的主要变量，如初始经济水平、投资水平、政府制度质量、经济体开放度等因素相同的情况下，初始自然资源禀赋（以自然资源出口额占 GDP 比重表示）较高的经济体，其经济增长率一定期间内都维持在较低水平，且每年降低 2.5% 左右，即自然资源禀赋与经济增长之间呈现反向变化关系。Gylfason & Zoega（2001）对利用 85 个国家和地区 1965—1998 年的面板数据进行实证研究的结果也显示：自然资本丰裕的国家会发生自然资本对货币资本的替代，自然资源使用量增加部分占产出的增长量的比重增大会导致资本的需求降低，从而利率较低或增长缓慢，因而自然资本对货币资本具有"挤出效应"，这种效应还会通过金融体系的传导影响一国或地区的储蓄和投资水平，从而对经济增长产生不利影响，这一研究指出了自然资源的资本传导路径。Hausmann & Rigobon（2002）、Sala-I-Martin & Subrarmanian（2003）对中东、非洲和南美的主要产油国的经济增长情况进行的研究发现，这些自然资源条件得天独厚的国家的经济绩效表现却很糟糕，丰富的石油往往和高消耗及政府腐败联系在一起，使得这些国家的经济发展长期不景气，甚至陷入困境。

诸多学者对上述自然资源与经济增长所呈现出反向关系的原因进行了研究，主要提出了以下几种解释。

一是"荷兰病"（Dutch disease）。"荷兰病"意指由于自然资源丰裕或被大量发掘，吸引资本和劳动要素从代表先进科技水平的现代制造业部门向传统初级产品部门转移，而现代制造业部门的发展比传统初级产品部门更具有外部性，因而丰裕的自然资源反而导致了整个国民经济的退步。为了分析"荷兰病"的"发病机理"，Matsuyama（1992）用"连接法"（linkages approach）为基础构建模型进行分析，认为这种要素的部门转移主要削弱了具有较高学习效应的制造业，使国民经济结构朝着不利的方向调整，导致经济增长率下降。Sachs & Warner（1995）将 Matsuyama 的模型完善成为"荷兰病"模型，将一国经济系统划分为三个部门：可贸易的自然资源部门、可贸易非资源部门和非贸易部门。自然资源禀赋越大，对非贸易商品的需求量就越高，因而分配到制造业的劳动和资本也就越少，导致制造业的增速下降，国民经济增长率下降。"荷兰病"模型从贸易的角度分析了自然资源如何限制经济增长，但并未对其中的运行机制予以说明。Hausmann & Rigobon（2002）的后续研究建立在非贸易部门的专业化与金融市场的非完备性假设的基础上。当一个经济体的可贸易非资源部门不够大时，能够在自然资源部门对非贸易部门的需求发生重大变化时维持相关价格的稳定，而如果可贸易非资源部门萎缩甚至消失将增大经济的不稳定性，因为当自然资源部门的收入增加而导致不可贸易品的需求增加失去了调节机制，使经济偏离可贸易非资源部门并加速该部门的衰落直至消失。这一变化的后果是利率的提高和投资的减少，从而对整个经济产生不良影响。

二是寻租与政治腐败。Torvik（2002）建立寻租模型做出的解释是，丰富的自然资源导致生产性资源分配的无效率，增加了非生产性的寻租行为，从而催生了政治腐败，削弱了经济增长的制度保障。Lane & Tomeu（1996）的研究证明，来自贸易条件改善或自然资源储量的新发现所获收益，引发争夺资源租金的内讧，以无效率地耗尽公共产品来结束，政府在巨额的"资源租"上管理不善也会导致"资源诅咒"现象。Atkinson & Hamilton（2003）利用跨国数据分析发现，资源丰裕国家将资源租用于公共投资的则消除了"资源诅咒"，而将其消费的几乎都没能避免"资源诅咒"，而且遭受"资源诅咒"的国家实际储蓄较低或为负。储蓄和投资要增长有赖于包括公共部门质量在内的大量因素，一般具有高质量公共部门的资源丰裕国家享有较高的投资率和储蓄。Hodler（2004）的研究还发现，民族融洽程度会影响一个国家社会基础的构建，进而对自然资源的作用产生影响。统一和谐的国家内自然资源丰裕有利于收入增长，分裂动荡的国家内自然资源丰裕不利于收入增长。

三是人力资本投资不足。许多资源丰富的国家在人力资本方面的投资严重不足，Gylfason（2001）的研究显示，自然资源丰富的发展中国家倾向于低估教育和人力资本投资的长期价值，因此对人力资本的投资力度相对小得多。原因有二：其一，资源丰裕国家的政府和民众往往过分自信，常常低估或忽视经济政策、制度、教育和投资的重要性；其二，资源开采行业属于资本密集型的产业，技术扩散效应受到制约，资源丰富国家的资源开采部门对高素质的劳动力的需求严重不足，故而民众没有提高教育水平的动力。

四是制度创新乏力。通过对国家间的不同发展路径的考察，Auty（2001）发现自然资源特别是集中型资源（point resource）丰裕的国家的制度建设往往很落后。Sala-I-Martin & Subramanian（2003）和 Isham 等（2003）的研究结果与 Auty 的结论一致，完全依靠资源出口生存的国家其民主化进程总是很滞后。Sala-I-Martin & Subramanian 以及 Isham 等将制度这一关键因素内生化，指出当一个地方的天赋资源过剩时，民众就缺乏制度创新的动力，特别是意外财富则易于使人们产生惰性。自然资源丰富型国家的资源优势往往阻碍了政府的制度创新，政府没有实施改革的动力，从而延缓了工业化进程与市场化建设。

（二）国内相关研究进展

相对于国外关于自然资源丰裕度与经济增长之间关系丰富的研究成果，我国在这方面的研究显得比较贫乏。国内学界最近几年才开始关注这一问题，目前只有少量的研究成果，且研究的范围也有限，集中于对"资源诅咒"现象的实证检验和规避"资源诅咒"的对策研究。

1. 对我国"资源诅咒"的实证检验

徐康宁、王剑（2005）利用 1978—2003 年省际面板数据，对我国是否存在"资源诅咒"进行了验证。文中用采掘业部门的投入水平来衡量各地区的自然资源禀赋状况，通过初步观察认为我国省际层面上的确存在"资源诅咒"现象。再进一步对资本和劳动方程式进行分析后发现，我国资源丰裕地区主要是通过资本转移形成对制造业的挤出效应，从而制约经济增长。程志强（2007）重点分析煤炭资源与地区经济增长的关系，从短期来看，煤炭资源丰裕地区的经济增长速度会有所提高，但这种经济增长却不具备持续性，这些地区的长期经济增长会受到抑制。李天籽（2007）也考察了我国区域层面的"资源诅咒"现象，并对自然资源的传导机制进行了实证研究。结果表明，丰裕的自然资源会降低外商直接投资水平、教育水平和科技创新水平。邵帅、齐中英（2008）利用 1991—2006 年西部地区各省（区、市）面板数据考察了能源与经济增长之间的关系，认为实施西部大开发战略之后丰裕的自然资源对经济增长的负面影响较实施这一战略之前更加显著，资源主要通过人力资本、科技创新和制度向经济传导。

2. 规避"资源诅咒"政策措施

冯宗宪等（2007）在分析"中心—外围"论、贸易条件恶化论、"荷兰病"以及"资源诅咒"等相关理论的基础上，借鉴发展中国家以及我国山西省资源开发经验，对我国西部地区的资源开发与利用提出了建议。他们认为，我国西部地区应该转变依赖于能源资源开发的发展思路，调整资源价格体制、提高技术水平、加快对外开放、完善生态环境管理体制和改变经济增长模式等促进经济发展，否则最终将导致陷入"资源诅咒"困境。张耀军和姬志杰（2005）通过借鉴国外资源型城市发展经验，如德国的鲁尔城市群、法国的洛林区等，认为重视人力资源的开发和合理利用是资源型城市避免发生"资源诅咒"现象的根本途径。陈凯等（2006）认为，山西省应积极推动制度创新，通过证券化盘活自然资源，并合理调整和优化国民经济产业结构，激励制造业及服务业的发展。

（三）简要评述

从国内外研究中可以看出，越来越多的学者认识到自然资源在经济增长中的突出作用。尽管相关理论和文献对于自然资源与经济增长之间的关系进行了充分的论证，并为自然资源对经济增长的影响和作用机制进行了较为深入的理论探讨，最新的研究还试图通过对制度质量的考察来研究资源约束经济增长的机理，但目前学界对自然资源与经济增长的关系仍存在正负效应两种截然不同的观点，因此自然资源与经济增长的关系这个命题仍有待进一步探讨，从而形成更本质的规律性认识，逐步构建完整的理论体系。此外，学界对自然资源和自然资源禀赋的界定不够全面和准确，往往片面地将能源或矿产资源视为自然资源的全部，忽略了水资源、土地资源、森林资源、气候资源等重要的基础性自然资源，继而以某些特定的能源或矿产资源的储量或生产量作为衡量自然资源禀赋的指标。值得关注的是，虽然在关于资源是否产生"诅咒"的看法上还有不同的看法和意见，但大部分学者认为资源本身并不产生"诅咒"，而是通过某种传导机制来阻碍经济增长，因此对于传导机制的研究或许是破解这一问题的突破口。

我国的自然资源总量大、种类齐全，但人均占有量远低于世界平均水平。整体上不存在"资源诅咒"的问题，但一些自然资源丰裕的地区还是表现出了"资源诅咒"的迹象，如贫富差距悬殊、人力资本投资不足、产业结构畸形等。从已有的研究文献看，在自然资源对我国经济增长的效应这一问题的认识上，许多学者只是基于某种直观的判断，缺乏充分的实证检验。即使部分学者从省际层面做了计量分析，但由于其所采用的指标片面、模型单一，也只能从某一方面得出结论。此外，已有的研究文献大多关注自然资源制约经济增长的结果，而忽视了探讨充裕的自然资源是经何种传导路径来遏制经济增长。在关系论证过程中，很多研究局限于整个地区的总体经济发展水平的考察，没有把资源的特殊性和产业结构对应起来，因而结论和政策建议的针对性不强。因此，国内在相关问题的研究上尚未产生具备普遍的说服力的成果。

四、研究思路、方法、主要创新点与不足

（一）研究思路

基于国内外研究成果，本研究从理论和实证分析中探索自然资源和经济增

长的关系及其作用机制，基本研究思路如下：

第一，剖析"自然资源"的内涵，根据其对经济增长作用方式将其分为集中型资源（point resource）和扩散型资源（diffuse resource）两类。

第二，收集 1995—2017 年我国 31 个省份的数据，在对自然资源分类考察的基础上构建反映自然资源丰裕度和经济增长水平关系的计量模型，控制人力资本、科技创新、制度等变量，分析集中型资源和扩散型资源对经济增长的实证影响。

第三，在计量分析基础上考察集中型资源和扩散型资源两类自然资源对经济增长的作用机制，分析教育、科技和制度等因素的传导作用。

第四，依实证研究和理论分析得到的结论，结合我国自然资源条件和经济发展实际对"资源诅咒"做出解释，为提高自然资源经济效率和实现自然资源的可持续发展提出政策建议。

（二）研究方法

第一，逻辑分析。通过梳理当前自然资源与经济增长关系实证分析、自然资源传递机制及收入效应研究成果，逐步深化对研究主题的认识，在科学界定和划分自然资源的基础上，全面把握自然资源对经济的作用，通过层层推进研究的视角，探析实证分析结论所蕴含的经济意义。

第二，计量分析方法。对 1995—2017 年的省际面板数据进行假设检验和回归分析，包括 Hausman 检验、F 检验、异方差检验，广义最小二乘法（FGSL），随机效应模型（random effects model）和固定效应模型（fixed effects model）的回归分析等。

（三）主要创新点

一是将"自然资源"分为集中型资源（point resource）和扩散型资源（diffuse resource）两类分别考察其对经济增长的影响和传导机制，更加全面和深化地理解自然资源与经济增长的关系和作用机制。

二是关注自然资源作用于经济增长的过程，深入探究自然资源作用于经济增长的条件、自然资源转化为生产力的能力、"资源—经济"传导机制。

三是从自然资源对经济增长的作用路径的角度对"资源诅咒"做出了新的解释。

（四）主要不足之处

一是虽然在现有数据条件下，以农林牧渔业投入比重代表扩散型资源的丰裕度具有一定的合理性，但若考虑产业布局等因素，该工具变量的代表性还要打个折扣，这无疑对结论的准确性有一定影响。

二是由于统计口径的变迁，少数指标的数据在时序上存在一定跳跃性，可能影响了实证检验的准确度。

第二节　概念界定与理论基础

一、概念界定

(一) 自然资源的含义

《辞海》对"自然资源"的定义为：天然存在并有利用价值的自然物，如土地资源、矿藏资源、水利资源、生物资源、气候资源、海洋资源等，不包括人类加工制造的原材料，是生产的原料和布局场所。

《大不列颠百科全书》对"自然资源"的定义为：人类可以利用的自然生成物以及生成这些成分的环境功能，前者包括土地、水、大气、岩石、矿物及其群体——森林、草地、矿产、海洋等；后者则指太阳能、风能、水能、生态系统的环境机能、地球物理化学的循环机能等。

1972 年联合国环境规划署（UNEP）对"自然资源"的定义为：自然资源是指在一定的时间条件下，能够产生经济价值以提高人类当前和未来福利的自然环境因素的总称。也就是说，与人造资源相对应，自然资源是不依赖人力而天然存在于自然界的有用的物质要素。

较早在学术上为"自然资源"给出较为全面的定义的是地理学家金梅曼（Zimmermann，1951），他在《世界资源与产业》一书中指出：无论是整个环境还是其某些部分，只要它们能（或被认为能）满足人类的需要，就是自然资源。美国经济学家阿兰·兰德尔认为，"资源是由人发现的有用途和有价值的物质。"英国自然资源学专家朱迪·丽丝认为，"资源是由人而不是由自然来界定的。"她引用西里阿锡·万特鲁普关于资源的概念，资源概念预先就意味着某个"计划管理者"在评价其对环境达到一定目的所具有的作用。

自然资源也不是一成不变的，是个动态的概念。随着人类对自然资源的认识不断加深和开发利用，自然资源的能力不断增强，可利用的自然资源的外延不断外扩；自然资源这一概念不仅具有自然属性还具有社会属性，是自然界与人类社会的科学文化、伦理观念和价值观的综合体。卡尔·苏尔说过："资源是文化的一个函数"。如果说生态学使人们了解自然资源系统之动态和结构所决定的极限，那么人们还必须认识到，在其范围内的一切调整都必须以文化为中介进行。

上述各种对于"自然资源"的定义和认识虽各有侧重，但蕴含以下内涵：

①自然资源是自然界的天然生成物，水土矿产、森林植被、野生动物、气候、海洋，等等，都是自然生成物。自然资源与资本资源、人力资源的本质区别在于其天然性。②自然物成为自然资源必须具备两个基本前提：能够满足人类的需要和能够为人类所开发利用，否则自然物不能作为人类社会生产生活的投入。③自然资源概念属于历史范畴而非永恒范畴，因为对自然资源范围的界定取决于人类的需要和文化背景，它随着人类社会和科学技术的发展，人类对自然的认识，以及人类开发利用自然的能力而不断变化。

基于对"自然资源"内涵的把握可以认为：自然资源是指存在于自然界中，在一定的经济技术条件下，能够为人类用于创造物质和精神财富的物质条件。自然资源既是人类生存发展的物质基础，又是人类社会生产的对象、方式和场所。

（二）自然资源的特点

一是可用性。自然资源能够被人们所利用是其基本属性，自然资源在用途上一般还具有多功能性，自然资源的可用性与其可耗竭性和稀缺性是联系密切的。

二是整体性。各种自然资源的形成和存在都不是单一因素作用的结果，而是处在相互联系、相互影响、相互制约的复杂系统之中，而在这个系统中，每种自然资源又具有相对独立性，保持各自属性。

三是空间分布的区域性。不同地区所分布的自然资源的种类、数量和质量都存在差异，各个地区的自然资源组合与匹配形态各不相同，因此需要根据各地资源的实际分布特征，因地制宜地开发和利用自然资源，发挥地区间的比较优势。

四是难以替代性。由于与现有自然资源的生产和消费方式匹配的相对固定性，技术水平的局限性以及人类开发利用自然资源的惯性，自然资源在人类生产生活和经济发展中的作用，难以找到替代品，即便新兴能源诞生，也难以在短期内完全取代自然资源的基础地位。

除了上述特点外，各类自然资源还有各自的特点，如气候资源具有显著季节性，矿产资源具有不可更新性，生物资源具有可再生性，水资源具有循环流动性，土地资源具有位置固定性和自身具有生产能力的特性，等等。

（三）自然资源的分类

从不同角度看，自然资源有多种分类。按照地理分布划分，一般分为陆地资源和海洋资源；按照自然形态划分，分为动物资源、植物资源和矿产资源；按照地理特征划分，分为矿产资源、气候资源、水利资源、土地资源、生物资源；根据用途划分，分为农业资源、工业资源、服务业资源（医疗、旅游、科技等）；按照自然资源生命性质划分，分为有机资源和无机资源。在我国国土开发利用中，自然资源被分为土地资源、水资源、气候资源、生物资源、矿产资源、能源资源、自然风景资源等七大类。

为了研究自然资源的可持续利用问题，可根据能否进行再生，将其分为可耗竭资源和可再生资源。可耗竭资源是指在任何对人类有意义的时间范围内，资源质量保持不变，资源蕴藏量不再增加的资源。耗竭既可以看作是一个过程，也可以看作是一种状态。可耗竭资源按其能否重复使用，又分为可回收的可耗竭资源和不可回收的可耗竭资源。可回收的可耗竭资源是资源产品的效用丧失后，大部分物质还能够回收利用的可耗竭资源，主要指金属等矿产资源，资源的可回收利用程度是由经济条件所决定的。只有当资源的回收利用成本低于新资源的开采成本时，回收利用才有可能。不可回收的可耗竭资源是使用过程不可逆，且使用之后不能恢复原状的可耗竭资源，主要指煤、石油、天然气等能源资源，这类资源被使用后就被耗竭掉了。不可回收的可耗竭资源的特点决定了它的耗竭速度必然快于其他资源。减缓不可回收的可耗竭资源耗竭速率的重要措施是提高资源利用率。

可再生资源是能够通过自然力以某一增长率保持或增加蕴藏量的自然资源，例如太阳能、大气、森林、鱼类、农作物以及各种野生动植物等。许多可再生资源的可持续性受人类利用方式的影响，在合理开发利用的情况下，资源可以恢复、再生、再生产甚至不断增长。根据财产权是否明确，可再生资源可以分为可再生商品性资源和可再生公共物品资源。财产权可以确定，能够被私人所有和享用，并能在市场上进行交易的可再生资源是可再生商品性资源。例如私人土地上的农作物、森林等。这类可再生资源主要具有以下特点：财产权明确、专有性、可转让、可实施。不为任何特定的个人所有，但是却能为任何人所享用的可再生资源是可再生公共物品资源。如公海鱼类资源、物种、空气等。这类可再生资源具有下列两个特征中的一个或两个：①消费不可分性或无竞争性，是指某人对某物品的消费完全不会减少或干扰他人对同一物品的消费；②消费无排他性，是指不能阻止任何人免费消费该物品。非专有性是财产权的一种减弱，它将导致低效率。在这种情况下，价格既不能在使用者之间对分配和利用资源起调节作用，也不能为生产或保护资源以提高收入提供刺激作用。这种可再生资源配置的结果是可再生资源开发过度，以及在管理、保护和提高生产能力方面投资不足。

为了研究自然资源对经济增长的影响，本研究参考国外相关研究，根据自然资源产权的聚散程度及其作用于生产方式的差异，将自然资源分为集中型资源（point resource）和扩散型资源（diffuse resource）。

1. 集中型资源

集中型资源指的是需要相对密集的资本投入才能提炼和开发，故而其产权较为集中的自然资源，石油、煤炭、天然气以及各类金属和非金属矿产等能源和矿产资源是典型的集中型资源。由于集中型资源的产权易于界定和集中，其经济外部性较小，因此其资源租不易耗散，易于征收资源税。

2. 扩散型资源

扩散型资源与集中型资源相对，指的是资源获取过程中资本投入较小，产权较为分散的自然资源，土地资源、水资源、森林资源、气候资源、海洋资源、自然风景资源等均属于扩散型资源。扩散型资源的所有权分散，因而其资源租容易耗散，难以征收资源税。

经济体在集中型资源和扩散型资源上的丰裕程度不同会对其经济增长带来不同的影响，即使发生"资源诅咒"，"石油诅咒"（主要由集中型资源引起的"资源诅咒"）和"香蕉诅咒"（主要由扩散型资源引起的"资源诅咒"）也有区别。集中型资源和扩散型资源对经济增长影响的差异源自其作用于经济活动的传导机制上的差异，传导机制具体有以下五种：获取资源所需的资本和技术，资源租的耗散程度，资源在产业中实现前向关联和后向关联的潜在能力，政府征收资源税的难易程度，长期价格变化趋势。

基于这一自然资源分类方式，本研究从集中型资源和扩散型资源两个方面考察自然资源对经济增长的影响和作用机制。

（四）自然资源禀赋

自然资源禀赋是指天然形成的自然资源的数量和质量的综合条件，是对一个特定国家或地区所拥有自然资源水平的综合评价。它是一个历史形成的概念，它的出现或形成，既取决自然资源本身的扩充与发展，又取决于人们对自然资源认识的深入，更取决于人们进一步概括、综合与评价自然资源素质状况的需要。因此，所谓自然资源禀赋实质上就是为了发展社会经济而对一个国家或地区自然资源状况所做出的综合评价。一国或地区的自然资源禀赋通常用其自然资源种类和数量上的丰裕程度来间接衡量。

二、理论基础

虽然关于经济增长的理论未对自然资源的作用给予充分的认识并将自然资

源因素引入经济增长模型中，但实际上都以不同形式涉及了自然资源对经济增长的影响及其相关机制。更重要的是，新古典经济增长模型为学界分析包含自然资源因素的经济增长问题提供了范式和框架，可以将其运用于论证自然资源影响及其作用机制的研究之中。

（一）古典经济增长理论

古典经济学派对于自然资源这种生产要素的态度集中体现在他们对土地这一生产要素的论述之中。古典经济学派的经济增长理论将自然资源作为经济增长的基础，如舒尔茨所言，"早期经济学家的一个众所周知的观点是把土地视为经济增长的一个制约因素。"

大卫·李嘉图明确提出，一国的经济增长的源泉是资本积累的扩大，而资本积累具有报酬递减的特性。伴随人口的增长和资本的积累，土地的使用逐渐从优质土地转向劣质土地，同一土地上连续投资的边际回报将不断减少，经济增长最终必然停止。因此李嘉图在经济增长模型中引入了对外贸易，认为对外贸易可以使当时英国短缺的土地资源得到一定的缓解。

马尔萨斯从人口增长的角度提出了自然资源绝对稀缺论。他认为快速增长的人口数量和有限的资源之间的矛盾不可调和，这样的矛盾无法通过技术进步和社会发展来解决，最终只能通过饥荒、战争、瘟疫等形式减少人口数量。

约翰·穆勒综合了李嘉图和马尔萨斯关于资源稀缺的观点，提出"有限的土地数量和有限的土地生产力构成真实的生产极限……这种极限在到来之前就已使绝对稀缺的效应显现出来。"为了避免增长极限的到来，应使自然环境、人口和财富均保持在一个静止稳定的水平——即均衡经济状态，且这一状态要远离马尔萨斯的绝对极限，以避免出现食物的匮乏和自然资源的大量消失。

综上所述，古典经济学家明确认识到自然资源在经济增长中的基础性作用，但他们的研究只是将自然资源视为经济增长的必要条件，集中于讨论有限的自然资源对经济增长的限制性。一个明显的不足是关于规模收益递减的假定，由于没有观察到技术进步，把经济增长过程简单地看作是人口增长和资源消耗、资本积累与市场扩大之间的竞争，因而往往得出经济增长不具有持续性的悲观论断。

（二）新经济增长理论

以内生经济增长模型为核心的新经济增长理论不仅剖析了决定技术因素的内涵，而且系统研究了经济增长的内在机制，因而能够探讨技术进步替代自然资源，实现经济长期持续增长的途径。

新增长理论在对实现内生经济增长的因素的认识上，存在两种观点，一种观点认为知识积累是驱动经济增长的动力，另一种观点强调人力资本积累对经济增长有驱动作用。

1. 知识积累与经济增长

罗默（1999）认为，知识是经济系统的内生决定变量，且知识具有溢出效应，任何厂商生产的知识都能提高全社会的生产率。基于知识积累的内生增长模型对新古典增长模型的扩展在于引入研发部门，将技术进步内生化。把自然资源和技术进步一起纳入增长模型中可以解释自然资源丰裕度对长期经济增长的影响。

假设一个有三个部门的经济模型：最终产品生产部门、中间产品生产部门和研发部门。模型中只有一种最终产品，其产量用 Y 表示，由最终产品生产部门提供。人力资本总量既定，并被配置于两类用途：中间产品生产部门的生产和研发部门的技术研发。中间产品用来生产最终产品 Y，采用以下生产函数形式进行生产：

$$Y = \left(\int_0^A x_i^\beta d_i \right)^{\frac{1}{\beta}} = (A x^\beta)^{\frac{1}{\beta}} = A^{\frac{1-\beta}{\beta}} \cdot X$$

其中 $X = A \cdot x$，$0 < \beta < 1$，Y 表示最终产品的产量，x_i 是厂商 i 所用的中间产品的产量，在对称均衡条件下有 $x_i = x$，A 是代表技术水平的中间产品的种类。

总消费等于总产出：

$$C = Y$$

中间产品生产部门使用劳动 L 和自然资源 N 作为投入要素生产中间产品，其生产函数采用 CES 生产函数形式：

$$X = \left[\lambda \cdot L_X^{\frac{1-\delta}{\delta}} + (1-\lambda) N^{\frac{1-\delta}{\delta}} \right]^{\frac{1-\delta}{\delta}}$$

其中 $0 < \lambda < 1$，L_X 和 N 分别表示中间产品生产部门的劳动总量和自然资源投入总量。δ 是劳动和自然资源两种投入要素的替代弹性，如果 $\delta < 1$，即劳动与自然资源的替代弹性较低，则一种要素投入量的变化会影响整个经济的最终产出。

技术进步 A 具有三个特性：首先，研发部门是人力资本和知识密集型的，知识的生产主要由技术工人和原有的知识水平决定；其次，由于知识具有非竞争性，因此知识的生产和配置不能完全由竞争性市场的力量来决定，必须依靠政府对基础科学研究的扶持、研究开发与创新的私人激励，提高人才流动、干中学等方式使资源有效配置于知识开发；第三，知识具有外溢性。

根据技术进步的特点，假定研发部门生产的新技术主要是增加新的中间品，且在任何时候都有 A 种中间品可以利用，则新知识的生产取决于用于研究的劳动数量和知识存量：

$$\dot{A} = b \cdot L_g \cdot A^{\eta}$$

其中，b 是转移参数，表征的是那些影响研发成功与否的其他因素发生变化所能够引起的后果。L_g 是用于研究的劳动数量，$L_g = L - L_x$，L 是总劳动供给量，L_x 是在其他部门使用的劳动量。η 表示知识外溢的程度，说明知识存量的增加如何影响新知识的生产。技术进步可以表示为：

$$\frac{\dot{A}}{A} = g = b \cdot L_g \cdot A^{\eta-1}$$

从上式可知，η 对于知识增长率至关重要。如果 $\eta = 1$，可以导出 $\frac{\dot{A}}{A} = g = b \cdot L_g$，这意味着知识增长率与劳动投入成比例。如果 $\eta > 1$，则意味着知识存量的增加对新知识生产的作用很大，这时劳动中用于研发的比例的提升对知识增长率产生的影响十分显著。如果 $\eta < 1$，表明知识存量的增加对于新知识生产的贡献有限，这时用于研究和开发的劳动比例的提升对知识增长率所产生的影响逐渐减少。

从整个模型可以看出，当自然资源禀赋很高时，会发生两种效应：一种是产出效应，当中间产品和最终产品由于日益增加的资源而变得更加廉价时，消费者对最终产品的需求会提升，中间产品产量的提升增加了对劳动的需求，劳动力从研发部门向中间产品生产部门转移；另一种是替代效应，自然资源禀赋的提高使得中间产品的生产过程中用自然资源替代劳动，导致劳动从中间产品生产部门转移到研发部门。在劳动和自然资源的替代弹性很小的情况下，替代效应小于产出效应，额外的劳动就会更多地从研发部门转移出来，因而阻碍技术进步，不利于经济增长。

2. 人力资本与经济增长

舒尔茨于 20 世纪 60 年代提出人力资本理论，认为具有规模报酬递增特性的人力资本是经济增长的最重要的动力和源泉。卢卡斯（1988）建立的人力资本模型认为，整个经济外部性是由人力资本的溢出造成的，这种源于人力资本外部性的递增收益，是使得人力资本成为经济长期增长的关键所在。

在包括自然资源和工业两个部门的开放经济模型中，人力资本是每个部门特定的生产要素。假定自然资源部门的人力资本规模报酬递减，而工业部门由于外在性存在规模报酬不变，所有的产品均提供给国际市场。自然资源的价格设为 P_1，消费品的价格为 P_2，价格是外生变量。

自然资源部门和工业部门的生产函数表示如下：

$$Y_{NR} = R \cdot H_R^{\theta} \; ; \; Y_I = \alpha \cdot H_I^q \; \bar{H_I}^{1-\alpha}$$

其中 R 表示自然资源禀赋，它影响自然资源部门的产出。α 表示工业部门技术水平，H 表示各部门的人力资本的数量，$\bar{H_I}^{1-\alpha}$ 表示工业部门人力资本的外部性。

全部的人力资本分布在自然资源和工业部门：

$$H = H_R + H_I$$

人力资本的积累形式为：

$$\dot{H} = s_H Y(t)$$

s_H 为人力资本积累的比例。丰裕的自然资源使得人力资本都从工业制造部门向自然资源部门转移，与初级部门不同，工业部门具有"干中学"和规模经济特征。因此当丰裕的自然资源导致工业制造业部门发生萎缩时，必然影响整个社会的人力资本积累进而阻碍地区经济增长。

（三）新制度经济学相关理论

新制度经济学主要对制度变迁与经济增长的关系进行分析，把制度作为经济增长的内生变量，指出制度变迁是经济增长的重要因素之一，这是对经济学发展的重要贡献。诺斯认为传统经济学分析经济增长时忽视了制度因素，经济增长的决定因素是制度和制度创新。

虽然新制度经济学的经典文献大多没有直接论及自然资源与经济增长之间的关系，但实际上新制度经济学的分析范式为从制度角度研究自然资源影响经济增长提供了一个有用的框架。近年来关于"资源诅咒"的研究实际上多数将制度作为一个重要的传导机制引入模型之中，来解释制度是如何影响自然资源与经济增长的关系。

第三节　自然资源与经济增长的实证研究

一、初步的经验观察

为了把握自然资源与经济增长关系的概貌，在进行实证检验之前，本研究先做了一些初步的经验观察。考虑到数据的可得性和研究的方便，在此以能源产量来近似地表达自然资源丰裕程度。具体做法是以全国各省份的平均年能源产量占全国能源总产量的比重（在此称作能源丰裕度）这一数据作为自然资源丰裕度。

选取 1995—2017 年省际数据计算全国 30 个省（区、市）（西藏自治区由于其数据不全而未纳入研究样本）的能源丰裕度和国内生产总值（GDP）平均增长率，计算过程中涉及的有关公式如下：

$$能源产量＝原煤产量×0.714＋原油产量×1.43＋$$
$$天然气×1.33$$

各省（区、市）平均年能源产量＝$\sum$1995—2017 年各省（区、市）各年能源产量 /23

全国平均年能源总产量＝$\sum$ 各省（区、市）平均年能源产量

各省（区、市）能源丰裕度＝各省（区、市）平均年能源产量 / 全国平均年能源总产量

表 1-1 给出了 1995—2017 年省际层面的能源丰裕度和 GDP 平均增长率的计算结果，其中各省际的排名是根据 GDP 平均增长率。

表 1-1　1998—2017 年各省（区、市）能源丰裕度与 GDP 平均增长率

排名	地区	GDP 平均增长率（%）	能源丰裕度（%）	能源丰裕度排名	排名	地区	GDP 平均增长率（%）	能源丰裕度（%）	能源丰裕度排名
1	四川	16.36	3.90	10	17	河南	13.07	6.59	5
2	贵州	14.91	3.50	12	18	山东	12.98	7.65	3
3	陕西	14.87	5.28	6	19	浙江	12.95	0.41	27
4	天津	14.56	1.06	21	20	山西	12.90	21.77	1
5	宁夏	14.50	3.79	11	21	云南	12.52	2.17	14
6	内蒙古	14.26	7.48	4	22	甘肃	12.51	1.64	17
7	北京	14.21	0.42	27	23	新疆	12.50	3.96	9
8	重庆	13.83	0.81	24	24	吉林	12.42	1.66	16
9	江西	13.78	1.05	22	25	广西	12.11	0.58	25
10	湖北	13.69	1.53	18	26	海南	12.07	0.03	30
11	江苏	13.64	1.34	19	27	上海	12.07	0.03	29
12	湖南	13.40	0.90	23	28	河北	11.93	4.01	8
13	青海	13.31	0.68	25	29	辽宁	10.15	4.05	7
14	福建	13.22	1.08	20	30	黑龙江	9.90	8.51	2
15	广东	13.14	2.07	15		全国平均	12.58	3.40	
16	安徽	13.07	2.87	13					

从经济增长水平的角度看，GDP 平均增长率排名前 7 名的四川、贵州、

陕西、天津、宁夏、内蒙古、北京，其 GDP 增速均远高于 12.58% 的全国平均水平，而这 7 省份的平均能源丰裕度为 3.63，高于 3.40 的全国平均水平。GDP 平均增长率排名后 7 名的吉林、广西、海南、上海、河北、辽宁、黑龙江，其 GDP 增速均低于全国平均水平，这 7 省份平均能源丰裕度为 2.70，低于全国平均水平。

从能源丰裕水平的角度看，能源丰裕度最高的山西、黑龙江、山东、内蒙古等 10 个省份中 GDP 平均增长率高于全国平均水平的和低于全国平均水平的个数之比为 6∶4；能源丰裕度最低的上海、海南、浙江、北京等 10 个省份中 GDP 平均增长率高于全国平均水平的和低于全国平均水平的个数之比为 7∶3。总体而言，我国能源相对匮乏的省份的经济发展水平高于能源相对丰裕的省份，能源丰裕的中西部省份的整体经济表现弱于能源匮乏的东部省份。

为了更直观地综合显示能源丰裕度与各省份 GDP 增长速度的关系，根据各省份能源丰裕度与 GDP 增长速度绘制出散点图，并进行了简单的线性模拟（见图 1-1）。

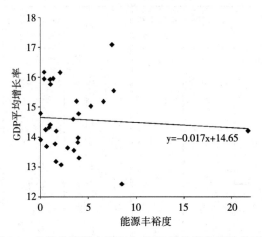

图 1-1　各省份能源丰裕度与 GDP 平均增长率的关系图

如图 1-1 所示，从各点的分布来看，各省份的能源丰裕度与 GDP 平均增长率之间整体上存在微弱的向右下倾斜的趋势，结合采用最小二乘法绘制的线性回归线来看，由直线的系数为 −0.017 可知能源丰裕程度与经济增速整体呈负相关关系。

通过初步观察可知，仅以能源代表自然资源的情况下，自然资源与经济增长之间存在微弱的反向关系，即"资源诅咒"在我国一定程度上存在。但是这是在没有考虑水、土等扩散型资源和矿产资源的前提下得出的结论，更全面确切的结论有待于更精确的计量检验。

二、经济计量检验

(一) 模型设置

根据新古典经济增长理论（Barro and Sala-I-Martin，1995），经济增长特别是长期经济增长的源泉，一方面来自资本、劳动、土地等生产要素的投入量的增加对经济增长的拉动作用，另一方面来自制度和技术进步等因素的提高所导致的生产效率的提高。因此，在考察自然资源对经济增长的影响时，需要控制科技（研发）投入、教育（人力资本）投入、制度条件和初始经济水平等解释变量。为了扩大样本容量和分析不同时期自然资源对经济增长作用的动态特征，弄清省际自然资源约束经济增长的内在机制，本研究采用包含1995—2009年我国31个省份数据的面板数据。参照Corden和Neary（1982）构建的"荷兰病"模型，本研究建立如下的基本回归方程：

$$y_{it} = C_i + \beta Nr_{it} + \theta X_{it} + u_i + \varepsilon_{it}$$

上式中 C 为常数项，Nr 为各种自然资源投入水平向量，X 为影响经济增长的其他解释变量向量，β 为自然资源投入水平向量的系数向量，下标 i 代表各个省际截面单元，t 代表年份，u_i 为各省份特定不随时间变动的误差项，ε_{it} 为时变误差且遵循一阶自回归过程。

自然资源丰裕度是衡量一国或地区的自然资源禀赋的指标，它可以反映区域之间自然资源的相对丰裕程度。由于自然资源的外延宽泛，难以直接度量自然资源丰裕度，在研究中只能引入一些替代变量表示。在国外的文献中，初级产品的出口与GDP的比值（Sachs and Warner，1995），初级产品部门的就业比例（Gylfason，1999），人均耕地数量（Wood and Berger，1997），能源储量（Stijns，2000），资源租占GDP的比值（Hamilton, K.，2003）等被用来代替自然资源丰裕度。在国内的文献中，徐康宁、王剑（2006）以各省（区、市）的采掘业固定资产投资比重反映自然资源丰裕程度。郑长德（2006）通过各省（区、市）的主要自然资源储量构造自然资源综合优势度、人均自然资源拥有量优势度、资源组合指数来表征自然资源禀赋状况。邓可斌、丁菊红（2007）和邵帅、齐中英（2008）则分别用采掘业职工收入占该地区职工总收入的比例和能源工业产值占工业总产值比例的例年平均值作为替代变量。

考虑到在中国的行业统计口径下，采掘业中煤炭、石油、天然气、金属和非金属矿等各分支行业的固定资产投入水平主要取决于这些资源的可获得性，徐康宁等认为，以采掘业固定资产投资占固定资产投资总额的比重作为替代变量具有合理性。然而，根据对自然资源这一概念的界定，采掘业相关指标仅仅涵盖了自然资源中能源和矿产资源部分，即集中型资源的信息，而排除了水、土等扩散型资源的信息。沿袭徐康宁等的思路，本研究引入农林牧渔业固定资产投资占固定资产投资总额的比重表征扩散型资源的丰裕度，因为农林牧渔业中各分支行业的固定资产投入水平也较大程度上取决于扩散型资源的可获得性。

解释变量自然资源 Nr 包括扩散型资源和集中型资源，根据本研究中对"自然资源"概念的界定，将自然资源分为扩散型资源和集中型资源两类考察能够更全面、准确地把握自然资源与经济增长的关系并分析自然资源的传导机制。控制变量 X 包括资本投入水平、研发投入、人力资本投入、制度条件以及初级经济水平，控制这些解释变量将保证计量结果能够较为真实地反映不可再生自然资源对经济增长的影响。最终的回归方程式为：

$$g_{it} = C_i + \beta_1 DNr_{it} + \beta_2 PNr_{it} + \theta_1 Inv_{it} + \theta_2 Rd_{it} + \theta_3 Edu_{it} + \theta_4 Inst_{it} + \theta_5 Y_{it-1} + u_i + \varepsilon_{it}$$

上述方程式中，DNr 为扩散型资源投入，PNr 为集中型资源投入，Inv 为资本投入，Rd 为研发经费投入，Edu 为人力资本投入，$Inst$ 为制度条件，Y 为初始经济水平。

（二）数据说明

由于我国幅员辽阔、地区间差异显著，采用全国性的综合数据，往往会掩盖这种十分显著的省际差异。如果采用横截面数据（通常选取某一年全国 31 个省份的有关数据），虽然可以在一定程度上弥补时间序列数据不能反映地区间的差别性的缺陷，但其只能反映某一个特定时间点的静态经济状况，却不能从一个时段描述经济现象的动态变化态势。本研究采用包括截面数据和时间序列数据的面板数据，一方面为扩大样本容量、减弱多重共线性的影响，从而降低估计误差，另一方面又便于考察分析不同时间跨度内自然资源作用的动态特征。

选取的样本为 1995—2017 年间全国 31 个省、自治区、直辖市（不包括中国台湾地区及香港和澳门特别行政区）的数据，由于 1997 年以前重庆市隶属于四川省，其 1995 年、1996 年的数据是从查阅四川省统计资料后从四川省的数据中分离出来的。面板数据包括 31 个截面单位和 23 个时间序列，共计 713 个样本观测值。主要数据来源于 1996—2018 年《中国统计年鉴》、1995—1996 年《四川统计年鉴》和中经网统计数据库。

（三）指标选取与变量说明

本研究的模型的两个方程式中各有 2 个核心解释变量和 4 个控制变量，考虑到受各地区经济发展水平、人口规模、土地面积等总量因素的影响，绝对值指标不适于地区间横向比较，因此回归方程中的投入变量值均取相对值。在参考前人研究成果的基础上，各个变量的指标选取如下：

DNr_{it}：表示扩散型资源投入，为省份 i 在 t 时期农林牧渔业固定资产投资与固定资产投资总额之比。

PNr_{it}：表示集中型资源投入，为省份 i 在 t 时期采掘业固定资产投资与固定资产投资总额之比。

Inv_{it}：表示资本投入，为省份 i 在 t 时期固定资产投资总额与 GDP 之比。

Rd_{it}：表示科技研发投入，为省份 i 在 t 时期科技三项支出与地方财政支出之比。

Edu_{it}：表示教育投入，为省份 i 在 t 时期教育事业支出与地方财政支出之比。

$Inst_{it}$：表示制度条件，为省份 i 在 t 时期非国有单位固定资产投资与固定资产投资总额之比。

Y_{it-1}：表示初始经济水平，为省份 i 在 $t-1$ 时期的人均 GDP 自然对数值，$Y_{it-1}=\ln(GDP_{it-1})$，引入该变量的目的是对增长方程的转换动态加以控制。

g_{it}：表示经济增长率，为省份 i 在 t 时期的人均 GDP 增长率，等于本年与上一年人均 GDP 指数之差与上年人均 GDP 指数的比值（1987 年＝100）。选择人均 GDP 作为各省份经济增长的绩效指标，主要是为了剔除省份大小和人口规模造成的偏差。

上述变量的含义和计算方法可归纳为表 1-2。

表 1-2　变量的含义和计算方法

含义	符号	计算方法
扩散型资源投入	DNr	农林牧渔业固定资产投资/固定资产投资总额
集中型资源投入	PNr	采掘业固定资产投资/固定资产投资总额
资本投入	Inv	固定资产投资总额/GDP
研发投入	Rd	科技三项支出/地方财政支出
教育投入	Edu	教育事业支出/地方财政支出
制度条件	$Inst$	非国有单位固定资产投资/固定资产投资总额
初始经济水平	Y	ln（上一年 GDP）
经济增长率	g	［（人均 GDP 上一期/人均 GDP）－1］×100%

为了避免多重共线性问题，先计算解释变量之间的相关系数，各个解释变量的相关系数矩阵见表 1-3。如表 1-3 所示，各个解释变量之间的相关系数较小，最高的相关系数的绝对值为 0.322 1，可以认为各个变量之间并不存在高度的相关性，解释变量不存在多重共线性问题。

表 1-3　解释变量的相关系数矩阵

	DNr	PNr	Inv	Rd	Edu	Inst	Y
DNr	1.000 0						
PNr	0.006 5	1.000 0					
Inv	−0.013 4	−0.105 7	1.000 0				
Rd	0.221 3	0.125 9	−0.176 3	1.000 0			
Edu	0.124 6	0.217 6	0.105 9	0.086 4	1.000 0		
Inst	0.001 1	0.003 7	−0.231 5	0.115 3	0.271 1	1.000 0	
Y	−0.126 3	−0.156 0	−0.319 3	0.322 1	0.232 0	0.314 5	1.000 0

为了对农林牧渔业和采掘业的投入水平与经济增长率之间的关系建立直观认识，图 1-2 和图 1-3 分别描绘了各省（区、市）农林牧渔业和采掘业的相对投入规模与经济增长率之间的对应关系。两幅关系图中，纵轴均为各省（区、市）1995—2017 年 GDP 平均增加率，图 1-2 和图 1-3 的横轴分别为各省（区、市）1995—2017 年农林牧渔业固定资产投资占固定资产投资总额的比重均值和采掘业固定资产投资占固定资产投资总额的比重均值。两图的拟合曲线斜率暗示扩散型资源和集中型资源与经济增长之间都可能存在负相关的联系。

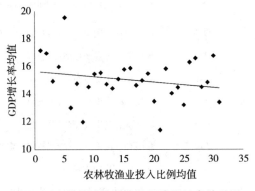

图 1-2　农林牧渔业投入与经济增长率关系图

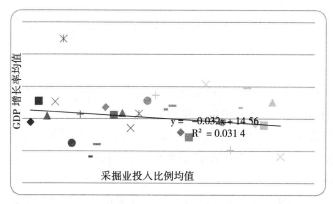

图 1-3　采掘业投入与经济增长率关系图

（四）计量回归分析

1. 面板数据模型的类型

面板数据既包含时间序列性，又带有横截面特点，因而用其既可研究单个个体在某一段时间的变化情况，又能分析同一时点不同个体间的差异。

面板数据主要分为三种情况：第一种是个体之间既无个体影响也无结构影响，可以将个体成员的时间序列数据堆积在一起作为样本数据考察，这类模型被称为不变系数模型。第二种是个体之间只有个体差异影响，无结构变化影响，这类模型被称为变截距模型。变截距模型是面板数据模型中最常见的形式，变截距模型可分为固定影响变截距模型和随机影响变截距模型两种。由于本研究样本是中国的 31 个省（区、市），并非大样本随机抽取，因此只考虑固定影响变截距模型，不考虑随机影响变截距模型。第三种是个体成员上既存在个体影响，又存在结构变化，该模型被称为变系数模型。

上面三种模型的通式可以写为：

$$y_{it} = \alpha + \gamma_i + \beta_i x_{it} + \varepsilon_{it} \qquad i=1, 2, \cdots, n; \ t=1, 2, \cdots T$$

当 $\gamma_i = \gamma_j = 0$，$\beta_i = \beta_j$，$i \neq j$，$i, j = 1, 2, \cdots, n$ 时，对于各个个体成员模型，截距项与自变量系数均相同，个体之间没有差异，模型为不变系数模型。

当 $\gamma_i = \gamma_j \neq 0$，$\beta_i = \beta_j$，$i \neq j$，$i, j = 1, 2, \cdots, n$ 时，各个个体模型的截距项不同，而自变量系数相同，个体成员存在规模上的差异而无结构差异，模型为固定影响变截距模型。

当 $\gamma_i = \gamma_j \neq 0$，$\beta_i \neq \beta_j$，$i \neq j$，$i, j = 1, 2, \cdots, n$ 时，各个个体模型的截距项与自变量系数都不同，个体成员之间既存在个体影响，又存在结构差

异，模型为变系数模型。

不同的模型适用不同的估计方法。常见的估计方法包括混合最小二乘（pooled OLS）估计（适用于混合模型）、平均数最小二乘（between OLS）估计（适用于混合模型和个体随机效应模型）、离差变换最小二乘（within OLS）估计（适用于个体固定效应回归模型）、一阶差分最小二乘（first differenee OLS）估计（适用于个体固定效应模型）、可行广义最小二乘（feasible GLS）估计（适用于随机效应模型）。模型的选定和方法的采用会对计量分析结果产生显著影响，在做出具体选择之前必须进行相关检验。

2. F 检验

F 检验用于在固定效应估计模型与混合模型估计模型之间做出选择，该检验的假设为：

H_0：$\alpha_i = \alpha_0$，模型中不同个体的截距相同（真实模型为混合模型）。

H_1：模型中不同个体的截距项 α_i 不同（真实模型为个体固定效应模型）。

F 检验统计量定义为：

$$F = \frac{(SSE_r - SSE_u)/m}{SSE_u/(T-k)}$$

其中 SSE_r 表示施加约束条件后估计模型的残差平方和，SSE_u 表示未施加约束条件的估计模型的残差平方和，m 表示约束条件个数，T 表示样本容量，k 表示未加约束的模型中被估参数的个数。在原假设"约束条件真实"条件下，F 统计量渐近服从自由度为（m，$T-k$）的 F 分布：$F \sim F$（m，$T-k$）。通过对 F 统计量可选择准确、最佳的估计模型。

3. Hausman 检验

Hausman 检验用于确定选择固定效应模型还是随机效应模型，其假设为：

H_0：个体效应与回归变量无关（个体随机效应模型）。

H_1：个体效应与回归变量相关（个体固定效应模型）。

检验估计量为：

$$W = (\hat{\beta}_{FE} - \hat{\beta}_{RE})' [\hat{Var}(\beta_{FE}) - \hat{Var}(\beta_{RE})]^{-1} (\hat{\beta}_{FE} - \hat{\beta}_{RE})$$

即 Hausman 检验的原假设是模型为随机效应，在原假设成立的情况下，Hausman 检验统计量 W 服从 χ^2 分布。如果是小概率事件，Hausman 检验拒绝了 H_0，则表示固定效应模型更优；如果 Hausman 检验不拒绝 H_0，则表示随机效应模型更优。

本研究运用 Stata 10 对数据进行 F 检验和 Hausman 检验，得到如下结果（见表 1-4）。

表 1-4　检验结果

检验项目	检验方法	零假设	检验结果	说明
采用 OLS 还是 REM	Wald F test	H_0：Var（u）＝0	F（30.427）=3.28 Prob＞F=0.000 0	拒绝零假设，采用 REM
采用 OLS 还是 FEM	Hausman specification test	H_0：difference in coefficients not systematic	chi2（7）=85.91 Prob＞chi2=0.000 0	拒绝零假设，采用 FEM

4. 回归结果

通过 Hausman 检验发现，固定效应模型优于随机效应模型，因此采用固定效应模型估计回归方程，估计完回归方程后对方程进行自相关和异方差检验，发现残差既存在自相关也存在异方差。因此采用广义最小二乘法（FGSL）纠正，得出以下更为有效的估计结果（见表 1-5）。

表 1-5　估计结果

Estimated covariances	=	1	Number of obs	=	713
Estimated autocorrelations	=	0	Number of groups	=	31
Estimated coefficients	=	8	Time periods	=	23
			Wald chi2 (7)	=	58.23
Log likelihood	=	−1 503.941	Prob ＞ chi2	=	0.000 0

y	Coef.	Std. Err.	z	P＞｜z｜	［95% Conf. Interval］	
DNr	−0.009 370 8	0.063 919 2	−0.15	0.883	−0.134 650 0	0.115 909 0
PNr	−0.085 596 2	0.062 952 2	−1.36	0.174	−0.208 980 0	0.037 788 0
Inv	0.885 742 7	0.376 494 6	2.35	0.019	0.147 827 0	1.623 659 0
Rd	0.467 005 4	0.354 077 6	1.32	0.187	−0.226 970 0	1.160 985 0
Edu	0.129 477 6	0.090 475 7	1.43	0.152	−0.047 850 0	0.306 807 0
$Inst$	0.166 431 4	0.090 946 4	1.83	0.067	−0.011 820 3	0.344 683 1
Y	−2.939 616 0	0.672 547 4	−4.37	0.000	−4.257 780 0	−1.621 450 0
C	43.594 770 0	6.151 124 0	7.09	0.000	31.538 790 0	55.650 750 0

上述回归过程包含 23 个年份 31 个省份截面的共 713 个样本观测值，通过 FGSL 方法有效地克服了自相关和异方差问题。

三、回归结果分析

（一）两类自然资源对经济增长的影响

回归结果显示，扩散型资源（DNr）和集中型资源（PNr）的系数均是负值，其中扩散型资源的系数绝对值小于集中型资源的系数绝对值，说明在其他影响经济增长的因素控制的情况下，两类自然资源对经济增长具有负向影响，而集中型资源的负向作用较扩散型资源的负向作用更强。这一结论与多数学者此前以集中型资源代表自然资源所得到的结论一致，同时验证了在我国省际层面除了存在集中型资源的"资源诅咒"外，还存在扩散型资源的"资源诅咒"，从而深化了人们对自然资源与经济增长关系的认识。

在实证分析中，尽管控制了资本投入（Inv）、研发投入（Rd）、教育投入（Edu）、制度（$Inst$）和初始经济条件（Y）等重要影响变量，自然资源对经济增长的影响仍然为负，可以认为丰裕的自然资源倾向于导致一国或地区的经济增长陷入某种比较稳定的路径依赖，所依赖的路径通常通过资本、研发、教育、制度的投入向经济传导，即丰裕的自然资源容易削弱上述因素的投入，或导致限制某些因素对经济的积极作用。

但是，从各国和地区经济发展的现实表现来看，经济对自然资源的路径依赖并非必然，较早完成工业化的美、德等国成功地将自然资源优势转化为工业化的推动力，20世纪末的挪威和冰岛等北欧国家也通过建立科学合理的自然资源管理机制有效地提高了经济竞争力，实现了稳定地经济增长。因此，自然资源的经济效应不取决于自然资源本身，而取决于自然资源以外的配套条件。

（二）控制变量对经济增长的影响

在回归结果中，资本投入（Inv）、研发投入（Rd）、教育投入（Edu）、制度（$Inst$）的系数全部为正，说明这些变量对经济增长都产生正向影响，这些因素的投入越多，经济增长的速度越快。这一结论与大多数学者的研究结论相吻合。也就是说，资本积累、研发和人力资本投入、制度等因素对经济增长的确发挥了积极的促进作用，这与多数学者的研究结论是一致的。

初始经济条件（Y）在回归结果中的符号为负，即初始经济条件越高，经济增长越缓慢。原因可能在于，初始条件越高，上一年的经济总量基数越大，在计算经济增长率时，初始 GDP 在分母位置，这个值越高则经济增长速度越慢。

四、自然资源的传导机制分析

（一）制度传导路径

在跨国增长研究中，制度因素是各国经济增长差异的一个异常重要的解释变量。Barro 和 Sala-I-Martin（1992）研究表明，完善的法律制度环境、高效的行政体系、自由的市场经济秩序等制度特征是实现良好的增长绩效的必要条件。从前面的回归方程中也可以发现，制度变量 $Inst$ 的系数为正，这也再次印证了制度质量与增长的正相关性。丰裕的扩散型资源和集中型资源都会带来制度质量的弱化。由于丰裕的自然资源蕴含了大量的经济租，这样就会导致在资源产业内或围绕着产业形成相关的寻租利益集团。这些寻租利益集团会千方百计地去寻求对资源的控制权，通常的做法就是对管理机构提供资金支持或直接对关键部门和人员行贿。在产权制度不清晰、法律制度不完善、市场规则不健全的情况下，丰裕的自然资源诱使资源使用的"机会主义"行为及寻租活动的产生，造成大量的资源浪费和掠夺性开采。比较而言，集中型资源较扩散型资源对制度质量具有更强的弱化作用，原因在于：使用集中型资源的外部性小，其经济租更易于被排他性地占有，而扩散型资源的经济租则容易"流失"。

为了考察扩散型资源和集中型资源的制度传导路径，本研究将各省（区、市）的制度变量 $Inst$ 分别对扩散型资源 DNr 和集中型资源 PNr 进行回归，得到表1-6第2列的结果。扩散型资源和集中型资源的系数分别为 $-0.115\,978\,23$ 和 $-1.547\,169\,00$，说明我国省际层面研究同样印证了关于寻租的理论分析，即丰裕的自然资源对制度质量造成了负面影响。扩散型资源系数的绝对值远远大于集中型资源系数的绝对值，证实了集中型资源对制度质量的弱化作用强于扩散型资源的观点。我国现行资源开发管理的制度安排不仅使得资源的产权与行政权、经营权相混淆，而且所有权在经济上没有得到充分的体现，资源开采的成本由国家承担，其收益由多种途径和渠道转化为一些部门、地方政府、企业甚至是个人的利益。国家资源产权的虚置或弱化，资源使用权缺乏约束造成一些地区资源权属纠纷频频发生，资源消耗过度、规模利用率低，资源重开采、重使用而轻保护、轻管理，从而破坏了资源产业发展的良性循环和宏观经济的正常运行。

表1-6 扩散型资源和集中型资源对经济增长的传导渠道

	$Inst$	Edu	Rd	Inv
C	68.845 796 00	22.751 865 0	13.114 280 0	53.454 654 6
DNr	−0.115 978 23	−0.013 589 0	−0.006 337 9	−0.045 860 0
Number of obs	713	713	713	713
C	37.260 458 00	5.203 877 0	1.356 819 0	24.921 540 0
PNr	−1.547 169 00	−0.212 690 0	−0.021 477 0	−0.914 773 1
Number of obs	713	713	713	713

(二) 人力资本传导路径

现代经济结构中，人力资本是推进经济增长的主要动力，其作用与收益大于自然资源，而资源产业扩张同样把人力资本的积累效应给"挤出"了。人力资本成了自然资源影响经济增长的转移机制：自然资源通过影响人力资本从而给经济增长带来了负效应。资源丰裕的地区中，初级产品的生产构成经济活动的主要部分，这些部门并不需要高技能的劳动力，因此扩大教育支出以增加人力资本对这些地区是没有必要的。对于个人而言，由于就业领域仍然以初级产品生产部门为主，接受教育以提高其人力资本的收益并不高，因而个人也缺乏接受教育的激励。资源丰裕地区的教育医疗卫生事业发展滞后，投入不足，人才流失，人力资本缺乏成为制约资源富足地区经济发展的重要因素。本研究将各省（区、市）的代表人力资本投入水平的教育事业支出占地方财政支出比例变量 Edu 分别对扩散型资源 DNr 和集中型资源 PNr 回归，得出了表 1-6 中第 3 列的结果。可以看出，扩散型资源和集中型资源的系数均为负（分别为 $-0.013\ 589\ 0$ 和 $-0.212\ 690\ 0$），说明资源丰裕度与人力资本积累之间存在着负向关系。

(三) 研发投入传导路径

毫无疑问，创新是决定经济增长的一个重要因素，通过创新可以提高资本和劳动的生产率。本研究通过对研发投入水平的考量来反映创新，研发投入的激励来自研发投入所获得的回报。前面的模型中，自然资源丰裕度的提高削弱了研发投入，这归于两个原因：首先，自然资源存储的新发现，"意外之财（windfall）"降低了以劳动收入进行消费的需要，进而减少了工作的努力程度；其次，自然资源财富影响了企业家在制造业和研发部门的配置，对创新活动同样产生了挤出效应。本研究将各省（区、市）的代表研发投入变量 Rd 分别对扩散型资源 DNr 和集中型资源 PNr 进行回归，得出了表 1-6 中第 4 列的结果。显示扩散型资源和集中型资源的系数也均为负（分别为 $-0.006\ 337\ 9$ 和 $-0.021\ 477\ 0$），说明资源丰裕度与创新之间存在着负向关系。

(四) 资本投入传导路径

资源丰裕地区产业结构依赖资源的开发，产品又以自然资源初级产品为主，其技术含量低。与此同时，制造业发展滞后，产品仍然是以初级产品和半制成品为主，会对当地其他具有战略分布性的产业产生挤出效应，导致其产业结构的极不合理与薄弱的经济基础。而一旦制造业衰落，就长期而言，导致资源丰富型地区的经济增长后劲不足，因为制造业承担着技术创新、组织变革和培养企业家的使命，而自然资源开采部门则缺乏这样的功能。自然资源开采部门甚至对人力资本的要求也相当低，所以一旦制造业衰落，高技能人才必然外流。基于各省（区、市）的样本，将资本投入变量 Inv 对分别对扩散型资源 DNr 和集中型资源 PNr 进行回归，得出表1-6第5列的结果，扩散型资源和集中型资源的系数也均为负（分别为$-0.045\ 860\ 0$和$-0.914\ 773\ 1$）。

省际增长的经验确实证实了资本转移与地区的资源丰裕程度存在着密切联系：资源丰裕地区的投资率较低，反映出这些地区普遍缺乏大规模的制造业部门和投资机会。投资环境的恶化不仅难以吸引外部资金进入，也迫使本地投资者将资金转移至其他地区寻觅投资机会。"资源诅咒"在省际层面上成立，通过资本转移渠道排挤制造业和技术产业，从而制约经济增长。

第四节　政策启示与建议

上述研究分析检验了我国各省（区、市）集中型资源和扩散型资源对经济增长的影响，证明我国在省际层面存在上述两种自然资源的"资源诅咒"现象。为改善和调控我国资源丰裕地区的"资源诅咒"效应，实现自然资源高效配置和经济协调、可持续发展，本节从资源产权制度完善、资源税制调整、产业结构优化、生态补偿机制构建、资源管理制度建设等五个方面提出政策建议。

一、完善自然资源产权制度

（一）有效界定自然资源产权以减少寻租行为

资源租是凭借自然资源产权索取的收益，资源租的获取有赖于自然资源产权的有效界定。然而在利用自然资源从事生产经营活动中所获得的经济收入既定的条件下，资源租与经营利润被对立起来，资源租的单方面增长就意味着经营利润的减少。当利用自然资源所获得的经营利润下降到生产者的边际收益低于其机会成本的水平时，对自然资源开发和利用的投资则会撤销。因此，清晰有效地定义自然资源的产权和科学合理地使用自然资源是维持投资者的投资动力，以提高经营利润在经济收入中的比重的保证。相反，必将产生方向激励，引发生产者的寻租行为，导致资源租在经济收入中的比重增大。

有效界定和切实执行自然资源的产权能够强化对自然资源所有者的合理获取资源租的保护，更为重要的是明确了自然资源的产权租金与经营利润的界限，并对生产经营者的经营所得实施有效保护。产权界定低效或产权执行不力的制度安排可能导致寻租行为的扩张，这会加剧资源利用的无效率，甚至导致资源收益分配不公，既伤害了投资者，又降低了要素的产出效率。

制度质量要体现在有效预防与遏制资源利用的权力寻租上，以保护资源产权市场的有序性，减少因权力寻租产生的经济效率损失。资源租一般通过正常的要素市场的交易来索取，对于竞争性的要素市场，在长期发展中会形成均衡的要素收益水平。此外，则是通过"黑色"或"灰色"的特权交易来攫取，这种产权执行方式对资源利用效率有百害而无一利。一般而言，发展中国家由于其市场发育程度较低，政府对经济的行政干预较多，从而利益相关者政治寻租的机会也多，加之产权市场运作不规范，通过特权交易来实现资源租的规模高于市场交易。而在市场化程度较高和产权体系较为健全的发达国家，资源租则主要通过正当的市场交易来实现。

（二）提高自然资源产权的市场化运作程度

我国以社会主义公有制为前提的自然资源立法基础是国家对自然资源充分使用的首要保证，并明确规定了自然资源的所有权在国家和集体，但多数自然资源（土地资源最为典型）并未明确使用权的归属，因而我国的自然资源产权呈现出所有权和使用权不对等的特征。在执行自然资源收益的过程中，解决这一矛盾的合理措施是向资源的实际使用者收取使用费。

向自然资源实际使用者收取租金的方式应该根据自然资源的性质和用途而异。对同一种自然资源，也应根据其不同用途规定不同的收费制度。对于机会成本高的自然资源类型，应强化其使用管制并提高使用费标准；对于一般性的自然资源，可以弱化使用管制，同时发挥市场机制的定价作用。

（三）引入自然资源产权代理人竞争机制

自然资源产权市场化运作程度的一项重要标准应该是，将自然资源代理人置于市场竞争机制之中。根据对自然资源所有权和使用权的界定，一般中央和各个地方政府为自然资源产权的代理人。市场机制激发政府在高效使用自然资源和切实保护生态环境等方面彼此博弈，能够充分发挥政府的主观能动性。有关部门可以考虑将高效利用自然资源和保护生态环境转化为可量化的指标，纳入各级政府的政绩考核指标体系，如果这一项举措得以实施，那就是以绿色GDP核算体系取代传统的GDP核算体系，其中自然资源配置效率和生态环境保护两项是整个绿色GDP核算体系的核心。

在各级政府部门之间引入资源环境的竞争机制。首先，可以促进各级政府部门行为的自我规范。其次，可以提高各级政府部门使用自然资源和保护环境的效率，产生实质性的经济效益和生态效益。再次，可以将各级政府部门的决策行为置于公众的监督之下，能够促使各级政府部门理性地对待自然资源和环境问题。最后，这一机制也有利于公众获得更多信息，通过反馈，从而使各级政府部门能够准确及时地做出调整，实现综合效用最大化。引入竞争机制的弊端在于，自然资源和环境的外部性优势难以"内部化"。如果是在同一地区，"内部化"比较容易，甚至可以不发生实质性的外部性；而如果是在不同地区之间，则需要各级政府部门间的共同干预来实现"内部化"。

（四）实现自然资源的资产化管理

所谓自然资源的资产化管理，就是把自然资源这种特殊资产，从其开发利用到生产、再生产，按照自然规律和经济规律进行投入产出管理。自然资源的资产化管理的目的在于确保自然资源保值增值和自然资源所有权的有效执行。由于资源产权的界定不明晰以及人们头脑中固有的"资源无价"的错误认识，我国的资源资产化管理理念尚未建立。自然资源产权管理制度是实行资源资产化管理的基础和保障，必须将自然资源的所有权与经营权分离，并以契约的形式明确两类主体的权责关系，实行资源的有偿使用，保证国家和集体的自然资源所有权能够有效执行，并将所得用于资源的再发掘和环境的保护与治理。

二、变革自然资源税收制度

现行资源税是为了调节资源级差收入和执行资源有偿使用原则而征收，其课税对象为各种应税自然资源。由于自然资源的开发过程伴随着生态环境的破坏，因此自然资源开采者需要对生态环境的保护与治理给予补偿。同时，征收资源税提高了开发资源的机会成本，能够在一定程度上控制自然资源的过度开采和浪费。由于我国现行资源税存在着税基小、税率低、征税管理不规范和税费不平衡等问题，对经济活动的调控能力还十分有限。

（一）扩大自然资源征税范围

现行资源税的应税对象主要限于矿产资源，范围远远小于其他国家。世界上许多国家征收范围较我国更加广泛和细致，除了矿产资源外，还包括水资源、土地资源、森林资源、草场资源、生物资源、滩涂资源、海洋资源、地热资源等，我国应效仿这些国家，扩展和细化自然资源征税的范围和种类。从实际状况来看，森林资源、水资源、草场资源和滩涂资源等没有征税的自然资源被过度开采和严重破坏，不利于经济的可持续发展，这说明对这些资源课税将有利于其可持续发展。本研究建议政府部门应首先考虑将水资源、土地资源等基础性生态资源纳入征税范围，以加强对他们的保护。

（二）改革现行资源税，建立有效的监督机制

由于"资源诅咒"的存在，在我国自然资源密集的地区同时也是经济发展滞后的地区，因而适当提高资源税的征收标准和范围以增加地方财政收入对政府的财政转移支付具有替代作用。要使资源税转化为资源密集型地区的发展资金，必须建立完善的资源税使用监督机制以使地方政府将资金用于社会生产投资、人力资本、科技创新和制度建设投入等方面，重点投向教育、研发、交通水利、公共卫生等外部效应明显的基础设施和公共服务领域。避免资源租用于政府消费性支出或使用效率低下，否则会使该地区继续扩张自然资源部门，进入"资源诅咒"的恶性循环。

（三）强化资源税的资源节省和环境保护功能

资源税是政府对自然资源和环境进行税收的重要手段，肩负着促进节约自然资源和保护生态环境的功能。本研究建议政府部门应做出相应调整以更好地发挥这两项功能。具体措施包括：统一税制，考虑将土地使用税、土地增值税、耕地占用税并入资源税中，共同发挥调节我国自然资源开发行为的功能；加大征税等级差异，对于超采、污染环境等违规行为应征收惩罚性税收，拉大出征税差别；适当下放征税权限，使地方政府有权根据自身的资源环境实际状况制定相应的资源税政策，以强化资源税的微观行为调节能力。

三、调整优化经济产业结构

产业结构的优化是实现自然资源丰裕、经济发展滞后地区实现破解"资源诅咒"和实现跨越式发展的必然选择，有助于打破自然资源部门自我强化，改变单一发展的格局，促进产业前向、后向关联作用，综合发挥分工协作、技术进步的促进作用。

（一）促进产业结构多元化

我国资源丰裕地区一般以自然资源产业为主导产业，附加值高的制造业和第三产业发展明显滞后，而制造业和第三产业具有更强的关联带动作用，对国民经济的推动作用更强。因此，资源丰裕地区必须改变以自然资源开采为主的单一发展模式，合理调整和优化产业结构，实现产业多元化发展。重视发展高

附加值的制造业和第三产业，将部分自然资源收益用于教育科研等方面以及基础设施建设，扶持制造业和第三产业的发展，争取培育更多新的经济增长点。

（二）促进资源优势转化为经济优势

自然资源丰裕地区以生产原材料和初级产品为主，长期扮演"基础"产业的角色，但是由于工业产品与农业产品交换时"剪刀差"的存在，工业产品的高进和原材料的低出，使得自然资源部门两头流失，处于不利地位，对地区经济发展的推动作用不能有效发挥。自然资源丰裕地区的资源优势不能转化为经济优势的原因主要在于，资源产业的产业链很短，产品附加价值低，新产品研发能力弱，产业集群优势难以形成。因此，这些地区应该加大科研创新能力，增加产品的附加值并延长产业链。同时，建立健全自然资源补偿机制，鼓励企业的自主创新，为企业形成集群优势创造条件，最大限度地发挥资源对经济积极促进作用，实现从资源优势向经济发展优势的转化。

（三）培育区域自然资源产业比较优势

资源优势是自然资源丰裕地区经济发展的核心竞争力，然而内外经济发展环境和条件往往使得资源优势的发挥受到种种限制和束缚。因此，自然资源丰裕地区应该正确看待本地区的资源优势，应立足当地资源条件进行产品结构调整和产业结构优化升级，开拓产品市场和推动生产技术升级创新，将脆弱、单一的自然资源导向型发展模式转变为市场与技术导向型发展模式，这才是自然资源丰裕地区经济增长的出路。

四、设计构建合理的生态补偿机制

（一）科学认识生态补偿机制

生态补偿机制是由自然资源和环境利益相关主体共同建立，保证在资源与环境的供给者和资源与环境的消费者之间的利益协调均衡的一种长效机制。生态补偿机制的建立应遵循"谁使用谁补偿、谁受益谁付费"以及经济效益和生态效益并重的原则。既要充分考虑人们对生态环境保护的诉求，又要充分尊重和大力支持人们对于发展经济、脱贫致富的需求，在两者之间寻求有效的平衡机制，实现在发展中落实生态保护，在生态保护中促进发展。

（二）建立生态补偿的实现机制

生态补偿的实现机制的建立首先有赖于生态补偿标准的确定，根据相关研究成果，本研究认为，可以先行依照生态服务价值评估体系建立初步的生态补偿标准；然后结合市场机制，并充分考虑社会和群众承受能力确定科学合理和人性化的生态补偿标准；补偿标准的最终确定应坚持相关利益主体之间的谈判协商机制。此外，还需逐步建立一个长期稳定的生态补偿资金来源渠道和多元化的生态补偿形式：前者如中央和地方政府的财政转移支付，征收资源税和环境保护税等；后者如科研、建设和开发项目支持，制定优惠生产经营政策等。此外，还要注意完善生态补偿的后续政策，以确保生态补偿工作的稳定性和延续性。

（三）增强部门间的协调和合作

建立生态补偿机制是一项复杂的系统工程，需要国家相关部门的分工协作与相互配合。按照"资源有偿使用"的原则，严格按规定征收各类资源有偿使用费，使得自然资源的产权得以执行；严格实行排污总量监控和收费，对超标排污主体依法惩处，切实激发企业治理污染的主观能动性；完善自然资源和生态环境的开发利用、节约和保护机制，有效协调经济效益和生态效益；从资源税和环境保护税以及相关收费中拿出基础资金，建立生态恢复和治理保证金，要求因开发建设对生态服务功能和生态价值造成损害和破坏的个人和集体行为主体缴纳生态恢复保证金。

五、建立健全自然资源管理制度

自然资源禀赋和区域宏观发展战略决定了在很长一段时期内自然资源丰裕地区的经济发展路径是以自然资源开发带动整个区域经济发展，但业已形成的自然资源产权制度阻碍了自然资源这一生产要素的流动性，致其不能得到优化配置。在我国现有制度背景和市场经济条件下，虽然存在较为强烈的变革自然资源产权的制度需求，但不具备自下而上、自发地形成产权制度演化的动力机制。因此自然资源的产权制度变革应遵循强制性制度变迁的路径，应以各级政府部门作为制度变迁的供给主体自上而下地推动自然资源产权制度改革，各级政府部门应全面加强自然资源管理和制度建设。

在自然资源管理方式上，吸收和借鉴澳大利亚、加拿大等发达国家的成功经验，逐步建立自然资源的商品化、资产化管理模式。上述两个国家都实行了自然资源及其附属物有偿转让、有偿租赁的机制，采用公开市场竞价的方式，转让和租赁竞价则是在中介机构评估基础上进行的，这样就能够有效维护国家的权利。把自然资源作为一种资产，通过市场化的方式引导其合理配置是解决目前我国自然资源管理中存在的不规范和低效使用状态的最根本解决方法。这一做法是对自然资源的产权制度和政府的审批制度的创新，既能够提高自然资源的使用效率，又能够维护国家的权利，增加各级政府部门的权力收益，同时也减少了政府的寻租行为。

此外，应该依据不同种类自然资源属性，因地制宜地设计富有针对性的自然资源产权制度。从经济学属性的角度，自然资源可以划分为准公共物品类和准私人物品类，基于此来界定自然资源所有权主体和经营使用权主体，以及双方各自应该享有的权利与应承担的义务，在两个主体之间建立契约关系，使自然资源的所有者、使用者之间形成法律、经济等方面的内在约束机制。

第五节　结论与展望

一、主要研究结论

本研究通过理论研究和对我国 31 个省份 1995—2017 年的面板数据所进行了实证分析，在自然资源分为扩散型资源和集中型资源的基础上，分析了自然资源与经济增长的关系以其作用机制，从中得出以下几点结论：

第一，在深入剖析自然资源内涵与外延的基础上，对自然资源的概念进行细分，基于自然资源产权集中和扩散的程度，提出了扩散型资源和集中型资源的分类：前者的产权分散，不易界定，因而产生较大外部效应；后者的产权相对集中，容易界定产区，因而外部效应较小。

第二，证实了我国省际层面扩散型资源和集中型资源均存在"资源诅咒"效应。计量分析结果表明，尽管控制了投资、研发、教育、制度等重要变量，自然资源对经济增长依然起到负面影响，表明丰裕的自然资源容易使一国或地区的发展陷入路径依赖，这种对自然资源的过度依赖会导致经济缓慢增长甚至停滞。由于资源价格上涨或者资源需求量激增促使自然资源的大量开发，能够带来 GDP 在短期内快速增长，但是这种增长是以减少制造业的投入为代价的，势必造成长期经济增长的乏力，从而陷入"资源诅咒"的恶性循环。

第三，自然资源主要通过投资、研发、教育、制度等因素向经济传导，"资源诅咒"实质是由于拥有丰裕的自然资源容易削弱上述因素的投入或导致限制某些因素对经济的积极作用。但是经济对自然资源的路径依赖并非必然，自然资源的经济效应不取决于自然资源本身，而取决于自然资源以外的配套条件。

第四，自然资源绝不是经济增长的充分条件，只有合理地利用、管理自然资源，资源才能起到支持经济增长的作用。可以通过完善自然资源的产权和资源税、调整优化产业结构，建立健全自然资源的生态补偿机制和管理制度来实现自然资源高效配置和经济协调、健康、可持续发展，从而破解"资源诅咒"难题。

二、未来研究展望

自然资源与经济增长的关系问题的研究在国内外学界方兴未艾。本研究虽然对我国省际层面的情况做了一定研究，但是囿于研究水平和数据资料，诸多方面的研究亟待深入。

第一，由于收集到的数据时序较短，加之驾驭面板数据的能力有限，本研究未能对自然资源的长期效应和短期效应进行对照分析，不能有效剔除阶段性因素的作用，因此影响了研究结论的准确度。

第二，本研究虽然将自然资源分为扩散型资源和集中型资源来分析其对经济增长的影响及其传导机制，但是未能分别对扩散型资源和集中型资源的传导路径进行计量分析，仍然限于对自然资源整体传导机制进行逻辑分析。

第三，尽管本研究将自然资源引入了对经济增长的分析中，将自然资源的约束视为影响区域经济发展的主要变量，但是重点考察的是自然资源对经济增长的影响，未能综合考虑自然资源、制度、技术进步等要素共同作用时经济增长路径的演变历程。如何将自然资源对经济增长的约束作用同技术进步、制度安排等要素对经济增长的促进作用纳入同一分析框架是未来研究需要解决的问题。

第四，自然资源对经济的作用不仅体现在生产方面，也对消费和福利产生直接或间接影响，目前的研究实际上只考虑到了生产领域，需要向消费领域扩展，以获得对这一问题更全面的认识。

附表 1-1　1990—2017 年各省（区、市）国内生产总值

单位：亿元

省份	1990	1991	1992	1993	1994	1995	1996	1997	1998	1999	2000	2001	2002	2003	2004	2005	2006	2007	2008	2009	2010	2011	2012	2013	2014	2015	2016	2017
北京	501	599	709	886	1 145	1 508	1 789	2 076	2 376	2 678	3 161	3 711	4 330	5 024	6 060	6 886	7 870	9 353	11 115	12 153	14 114	16 252	17 879	19 800	21 331	23 015	25 669	28 015
天津	311	343	411	539	733	932	1 122	1 265	1 375	1 501	1 702	1 919	2 151	2 578	3 111	3 698	4 359	5 050	6 719	7 522	9 224	11 307	12 894	14 442	15 722	16 538	17 885	18 550
河北	896	1 072	1 279	1 691	2 187	2 850	3 453	3 954	4 256	4 514	5 044	5 517	6 018	6 921	8 478	10 096	11 660	13 710	16 012	17 235	20 394	24 516	26 575	28 442	29 421	29 806	32 070	34 016
山西	429	469	551	680	827	1 076	1 292	1 476	1 611	1 667	1 846	2 030	2 325	2 855	3 571	4 180	4 753	5 733	7 315	7 358	9 201	11 238	12 113	12 665	12 761	12 766	13 050	15 528
内蒙古	319	360	422	538	695	857	1 023	1 154	1 263	1 379	1 539	1 714	1 941	2 388	3 041	3 896	4 791	6 091	8 496	9 740	11 672	14 360	15 886	16 917	17 770	17 832	18 128	16 096
辽宁	1 063	1 200	1 473	2 011	2 462	2 793	3 158	3 583	3 882	4 172	4 669	5 033	5 458	6 003	6 672	8 009	9 251	11 023	13 669	15 212	18 457	22 227	24 846	27 213	28 627	28 669	22 247	23 409
吉林	425	463	558	719	938	1 137	1 347	1 464	1 577	1 673	1 952	2 120	2 349	2 662	3 122	3 620	4 275	5 285	6 426	7 279	8 668	10 569	11 939	13 046	13 803	14 063	14 777	14 945
黑龙江	715	822	960	1 198	1 605	1 991	2 371	2 668	2 774	2 866	3 151	3 390	3 637	4 057	4 751	5 512	6 189	7 065	8 314	8 587	10 369	12 582	13 692	14 454	15 039	15 084	15 386	15 903
上海	782	894	1 114	1 519	1 991	2 499	2 958	3 439	3 801	4 189	4 771	5 210	5 741	6 694	8 073	9 154	10 366	12 189	14 070	15 046	17 166	19 196	20 182	21 818	23 568	25 123	28 179	30 633
江苏	1 417	1 601	2 136	2 998	4 057	5 155	6 004	6 680	7 200	7 698	8 554	9 457	10 607	12 443	15 004	18 306	21 645	25 741	30 982	34 457	41 425	49 110	54 058	59 753	65 088	70 116	77 388	85 870
浙江	905	1 089	1 376	1 926	2 689	3 558	4 189	4 686	5 053	5 444	6 141	6 898	8 004	9 705	11 649	13 438	15 743	18 780	21 463	22 990	27 722	32 319	34 665	37 757	40 173	42 886	47 251	51 768
安徽	658	664	801	1 037	1 320	1 811	2 093	2 347	2 543	2 712	2 902	3 247	3 520	3 923	4 759	5 375	6 149	7 364	8 852	10 063	12 359	15 301	17 212	19 229	20 849	22 006	24 408	27 018
福建	522	620	785	1 114	1 644	2 095	2 484	2 871	3 160	3 414	3 765	4 073	4 468	4 984	5 763	6 569	7 615	9 249	10 823	12 237	14 737	17 560	19 702	21 868	24 056	25 980	28 811	32 182
江西	429	479	573	723	948	1 170	1 410	1 606	1 720	1 854	2 003	2 176	2 450	2 807	3 457	4 057	4 671	5 500	6 971	7 655	9 451	11 703	12 949	14 410	15 715	16 724	18 499	20 006
山东	1 511	1 811	2 197	2 770	3 845	4 953	5 884	6 537	7 021	7 494	8 337	9 195	10 276	12 078	15 022	18 517	22 077	25 966	30 933	33 897	39 170	45 362	50 013	55 230	59 427	63 002	68 024	72 634
河南	935	1 046	1 280	1 660	2 217	2 988	3 635	4 041	4 308	4 518	5 053	5 533	6 035	6 868	8 554	10 587	12 496	15 012	18 019	19 480	23 092	26 931	29 599	32 191	34 938	37 002	40 472	44 553
湖北	824	913	1 088	1 326	1 701	2 109	2 500	2 856	3 114	3 229	3 545	3 881	4 213	4 757	5 633	6 520	7 581	9 231	11 329	12 961	15 968	19 632	22 250	24 792	27 379	29 550	32 665	35 478

（续）

省份	1990	1991	1992	1993	1994	1995	1996	1997	1998	1999	2000	2001	2002	2003	2004	2005	2006	2007	2008	2009	2010	2011	2012	2013	2014	2015	2016	2017
湖南	744	833	987	1 245	1 650	2 132	2 540	2 849	3 026	3 215	3 551	3 832	4 152	4 660	5 642	6 511	7 569	9 200	11 555	13 060	16 038	19 670	22 154	24 622	27 037	28 902	31 551	33 903
广东	1 559	1 893	2 448	3 469	4 619	5 933	6 835	7 775	8 531	9 251	10 741	12 039	13 502	15 845	18 865	22 367	26 204	31 084	36 797	39 483	46 013	53 210	57 068	62 475	67 810	72 813	80 855	89 705
广西	449	519	647	872	1 198	1 498	1 698	1 817	1 911	1 971	2 080	2 279	2 524	2 821	3 434	4 076	4 829	5 956	7 021	7 759	9 570	11 721	13 035	14 450	15 673	16 803	18 318	18 523
海南	102	121	185	260	332	363	390	411	442	477	527	558	622	693	799	895	1 053	1 223	1 503	1 654	2 065	2 523	2 856	3 178	3 501	3 703	4 053	4 463
重庆	300	342	420	553	756	1 016	1 187	1 360	1 441	1 492	1 603	1 766	1 990	2 273	2 693	3 070	3 492	4 123	5 794	6 530	7 926	10 011	11 410	12 783	14 263	15 717	17 741	19 425
四川	891	1 016	1 177	1 486	2 001	2 443	2 872	3 241	3 474	3 649	3 928	4 293	4 725	5 333	6 380	7 385	8 638	10 505	12 601	14 151	17 185	21 027	23 873	26 392	28 537	30 053	32 935	36 980
贵州	260	296	340	418	524	636	723	806	858	938	1 030	1 133	1 243	1 426	1 678	1 979	2 282	2 742	3 562	3 913	4 602	5 702	6 852	8 087	9 266	10 503	11 777	13 541
云南	452	517	619	783	984	1 222	1 518	1 676	1 831	1 900	2 011	2 138	2 313	2 556	3 082	3 473	4 007	4 741	5 692	6 170	7 224	8 893	10 309	11 832	12 815	13 619	14 788	16 376
西藏	28	31	33	37	46	56	65	77	92	106	118	139	162	185	220	251	291	342	395	441	507	606	701	816	921	1 026	1 151	1 311
陕西	404	468	532	678	839	1 037	1 216	1 364	1 458	1 593	1 804	2 011	2 253	2 588	3 176	3 676	4 524	5 466	7 315	8 170	10 123	12 512	14 454	16 205	17 690	18 022	19 400	21 899
甘肃	243	271	318	372	454	558	723	794	888	956	1 053	1 125	1 232	1 400	1 688	1 934	2 277	2 702	3 167	3 388	4 121	5 020	5 650	6 331	6 837	6 790	7 200	7 460
青海	70	75	88	110	138	168	184	203	221	239	264	300	341	390	466	543	642	784	1 019	1 081	1 350	1 670	1 894	2 122	2 303	2 417	2 572	2 625
宁夏	65	72	83	104	136	175	203	225	245	265	295	337	377	445	537	606	711	889	1 204	1 353	1 690	2 102	2 341	2 578	2 752	2 912	3 169	3 444
新疆	261	336	402	495	662	815	901	1 040	1 107	1 163	1 364	1 492	1 613	1 886	2 209	2 604	3 045	3 523	4 183	4 277	5 437	6 610	7 505	8 444	9 273	9 325	9 650	10 882

附表 1-2 1990—2008 年各省（区、市）能源生产总量

单位：万吨标准煤

省份	1990	1991	1992	1993	1994	1995	1996	1997	1998	1999	2000	2001	2002	2003	2004	2005	2006	2007	2008
北京	725.0	719.0	733.0	757.0	727.0	722.0	748.0	754.0	738.0	596.0	524.0	597.0	632.0	686.0	765.0	680.0	461.0	466.0	414.0
天津	719.0	726.0	757.0	791.0	937.0	979.0	1 036.0	1 015.0	1 080.0	1 085.0	1 202.0	1 495.0	1 845.0	1 984.0	2 172.0	2 664.0	2 916.0	2 926.0	3 035.0
河北	5 313.0	5 200.0	5 257.0	5 348.0	5 700.0	6 620.0	6 690.0	6 471.0	5 868.0	5 763.0	5 639.0	5 656.0	5 854.0	5 998.0	7 414.0	7 090.0	6 957.0	7 246.0	7 041.0
山西	24 341.0	24 816.0	25 262.0	26 395.0	27 760.0	29 761.0	29 685.0	28 801.0	26 796.0	21 221.0	21 458.0	23 598.0	31 349.0	38 555.0	43 889.0	47 234.0	49 590.0	53 756.0	55 902.0
内蒙古	2 822.0	3 069.0	3 222.0	3 647.0	3 994.0	4 642.0	4 767.0	5 355.0	5 020.0	4 566.0	4 701.0	6 048.0	8 429.0	10 814.0	15 587.0	19 082.0	22 298.0	26 726.0	33 441.0
辽宁	5 959.0	6 082.0	6 233.0	6 327.0	6 385.0	6 239.0	6 611.0	6 639.0	6 423.0	5 650.0	5 381.0	5 377.0	5 810.0	6 288.0	6 750.0	6 771.0	6 904.0	6 441.0	6 616.0
吉林	2 572.0	2 593.0	2 259.0	2 249.0	2 311.0	2 513.0	2 452.0	2 500.0	2 135.0	1 970.0	1 886.0	1 957.0	2 109.0	2 366.0	2 651.0	2 792.0	3 191.0	3 028.0	3 773.0
黑龙江	13 616.0	13 782.0	13 714.0	12 991.0	13 817.0	14 014.0	14 164.0	14 414.0	13 389.0	12 572.0	11 494.0	11 375.0	11 717.0	11 991.0	13 625.0	13 756.0	13 922.0	13 542.0	13 058.0
上海	—	—	—	—	—	—	—	—	—	—	77.0	133.0	132.0	128.0	131.0	127.0	114.0	108.0	88.0
江苏	1 850.0	1 904.0	1 892.0	1 930.0	1 928.0	2 043.0	2 040.0	1 961.0	1 883.0	1 848.0	1 997.0	1 979.0	2 083.0	2 223.0	2 232.0	2 268.0	2 516.0	2 406.0	2 489.0
浙江	317.0	324.0	356.0	389.0	403.0	461.0	379.0	392.0	494.0	455.0	439.0	516.0	746.0	946.0	1 092.0	1 273.0	1 216.0	1 169.0	1 229.0
安徽	2 338.0	2 243.0	2 411.0	2 605.0	2 941.0	3 219.0	3 677.0	3 533.0	3 300.0	3 379.0	3 436.0	3 840.0	4 478.0	4 845.0	5 846.0	6 215.0	5 994.0	6 742.0	8 414.0
福建	967.0	854.0	1 013.0	1 051.0	1 170.0	1 396.0	1 406.0	1 256.0	1 177.0	1 634.0	1 654.0	1 850.0	1 923.0	1 817.0	1 806.0	2 387.0	2 603.0	2 580.0	2 941.0
江西	1 282.0	1 353.0	1 345.0	1 366.0	1 513.0	1 869.0	1 573.0	1 410.0	1 395.0	1 154.0	1 293.0	1 243.0	1 252.0	1 450.0	1 730.0	2 102.0	2 269.0	2 271.0	2 391.0
山东	9 262.0	9 270.0	9 509.0	9 875.0	10 625.0	10 762.0	10 705.0	10 630.0	10 436.0	10 331.0	9 657.0	11 561.0	13 258.0	14 384.0	14 394.0	13 996.0	14 083.0	14 617.0	14 615.0
河南	8 071.0	7 999.0	8 058.0	8 037.0	8 085.0	8 454.0	8 757.0	8 558.0	8 080.0	6 947.0	6 591.0	7 238.0	8 321.0	10 634.0	13 079.0	14 522.0	15 002.0	14 604.0	15 487.0
湖北	1 742.0	1 549.0	1 629.0	1 732.0	1 817.0	2 139.0	2 174.0	2 075.0	1 991.0	1 416.0	1 612.0	1 817.0	1 461.0	1 948.0	3 569.0	4 370.0	3 838.0	4 115.0	5 336.0
湖南	5 180.0	5 227.0	5 268.0	5 299.0	5 324.0	5 368.0	5 389.0	5 422.0	5 463.0	5 489.0	5 526.0	5 574.0	5 612.0	5 667.0	5 708.0	5 759.0	5 879.0	6 180.0	5 444.0

（续）

省份	1990	1991	1992	1993	1994	1995	1996	1997	1998	1999	2000	2001	2002	2003	2004	2005	2006	2007	2008
广东	1 006.0	1 115.0	1 453.0	1 614.0	2 286.0	2 623.0	3 758.0	4 075.0	3 914.0	3 509.0	3 712.0	3 408.0	3 628.0	4 089.0	4 851.0	4 525.0	4 160.0	3 924.0	4 415.0
广西	705.0	694.0	784.0	958.0	1 065.0	1 103.0	1 036.0	1 066.0	976.0	855.0	833.0	838.0	770.0	730.0	908.0	1 233.0	1 384.0	1 468.0	1 947.0
海南	33.0	29.0	32.0	26.0	43.0	47.0	50.0	58.0	39.0	36.0	54.0	61.0	55.0	50.0	41.0	59.0	82.0	79.0	109.0
重庆	2 139.0	2 189.0	2 234.0	2 384.0	2 602.0	2 834.0	1 940.0	2 540.0	2 330.0	5 928.0	6 067.0	5 715.0	7 164.0	8 872.0	10 211.0	10 523.0	11 609.0	13 047.0	13 744.0
四川	2 700.0	2 730.0	2 974.0	3 308.0	3 787.0	4 068.0	4 530.0	4 860.0	4 844.0	3 052.0	3 289.0	3 483.0	4 286.0	6 318.0	7 791.0	8 460.0	9 249.0	8 751.0	9 847.0
贵州	1 595.0	1 649.0	1 764.0	1 812.0	2 074.0	2 314.0	2 557.0	2 620.0	2 451.0	2 268.0	2 472.0	2 612.0	3 260.0	3 608.0	4 456.0	5 353.0	6 095.0	6 587.0	7 662.0
云南	2 505.0	2 513.0	2 677.0	2 644.0	2 890.0	3 311.0	3 775.0	3 983.0	3 726.0	3 524.0	3 805.0	4 931.0	5 849.0	8 407.0	12 480.0	14 576.0	15 620.0	18 040.0	22 936.0
西藏	1 461.0	1 457.0	1 497.0	1 629.0	1 966.0	2 277.0	2 163.0	2 295.0	2 453.0	2 427.0	1 915.0	2 008.0	2 443.0	2 855.0	3 360.0	3 605.0	3 799.0	3 986.0	4 097.0
陕西	606.0	552.0	505.0	559.0	619.0	572.0	585.0	673.0	771.0	886.0	938.0	907.0	976.0	990.0	1 226.0	1 775.0	1 975.0	2 236.0	2 557.0
甘肃	2 802.0	2 930.0	3 181.0	3 623.0	3 957.0	4 266.0	4 756.0	5 131.0	5 095.0	5 246.0	5 420.0	5 720.0	6 156.0	6 657.0	7 113.0	8 176.0	9 529.0	10 736.0	12 669.0
青海	606.5	552.3	504.9	559.2	619.5	571.5	584.7	672.9	771.0	885.9	937.9	907.1	974.5	990.1	1 226.3	1 731.9	1 949.7	2 272.1	2 635.9
宁夏	725.0	719.0	733.0	757.0	727.0	722.0	748.0	754.0	738.0	596.0	524.0	597.0	632.0	686.0	765.0	680.0	461.0	466.0	414.0
新疆	719.0	726.0	757.0	791.0	937.0	979.0	1 036.0	1 015.0	1 080.0	1 085.0	1 202.0	1 495.0	1 845.0	1 984.0	2 172.0	2 664.0	2 916.0	2 926.0	3 035.0

附表1-3 1995—2017年各省（区、市）固定资产投资总额

单位：亿元

省份	1995	1996	1997	1998	1999	2000	2001	2002	2003	2004	2005	2006	2007	2008	2009	2010	2011	2012	2013	2014	2015	2016	2017
北京	864.85	889.66	989.71	1 124.60	1 171.20	1 280.50	1 513.30	1 796.10	2 169.26	2 528.21	2 827.20	3 296.40	3 907.20	3 814.73	4 616.92	5 402.95	5 578.93	6 112.40	6 847.06	6 924.23	7 495.99	7 943.89	8 370.44
天津	396.55	438.51	500.67	571.10	576.50	610.90	705.00	807.50	1 039.39	1 245.66	1 495.10	1 820.50	2 353.10	3 389.79	4 738.20	6 278.09	7 067.67	7 934.80	9 130.23	9 518.19	11 831.99	11 779.39	11 288.92
河北	907.75	1 182.59	1 425.98	1 591.80	1 770.50	1 816.80	1 912.50	2 020.40	2 477.98	3 218.76	4 139.70	5 470.20	6 884.70	8 866.56	12 269.80	15 083.35	16 389.33	19 661.30	23 194.23	26 671.92	29 448.27	31 750.02	33 406.80
山西	270.64	311.77	376.74	454.90	477.60	548.20	663.60	813.40	1 100.86	1 443.88	1 826.60	2 255.70	2 861.50	3 531.16	4 943.16	6 063.17	7 073.06	8 863.30	11 031.89	12 354.53	14 074.15	14 197.98	6 040.54
内蒙古	251.32	262.05	278.65	316.80	348.20	423.60	503.60	707.90	1 174.66	1 787.95	2 643.60	3 363.20	4 372.90	5 475.41	7 336.79	8 926.46	10 365.17	11 875.70	14 217.38	17 591.83	17 702.22	15 080.01	14 013.16
辽宁	865.49	881.67	986.62	1 057.70	1 119.50	1 267.70	1 421.20	1 605.60	2 076.36	2 979.59	4 200.40	5 689.60	7 435.20	10 019.07	12 292.49	16 043.03	17 726.29	21 836.30	25 107.66	24 730.80	17 917.89	6 692.25	6 676.74
吉林	320.27	362.99	361.17	431.80	500.00	603.50	701.70	834.20	969.03	1 169.10	1 741.10	2 594.30	3 651.40	5 038.92	6 411.60	7 870.38	7 441.71	9 511.50	9 979.26	11 339.62	12 705.29	13 923.20	13 283.89
黑龙江	517.62	568.64	669.86	770.10	751.70	832.60	963.60	1 046.20	1 166.18	1 130.82	1 737.30	2 236.00	2 833.50	3 655.97	5 028.83	6 812.56	7 475.38	9 694.70	11 453.08	9 828.99	10 182.95	10 648.35	11 291.98
上海	1 597.89	1 996.88	1 981.48	1 966.40	1 855.80	1 869.40	2 004.60	2 213.70	2 499.14	3 050.27	3 509.70	3 900.00	4 420.40	4 823.15	5 043.75	5 108.90	4 962.07	5 117.60	5 447.79	6 016.43	6 352.70	6 755.88	7 246.60
江苏	1 764.76	1 963.06	2 174.97	2 450.40	2 441.90	2 570.00	2 823.20	3 450.10	5 233.00	6 557.05	8 165.40	10 069.06	12 268.10	15 300.55	18 949.87	23 184.28	26 692.62	30 854.23	36 373.32	41 938.63	46 246.87	49 663.21	53 277.03
浙江	1 482.62	1 611.44	1 608.56	1 801.70	1 958.10	2 350.00	2 834.90	3 477.50	4 740.27	5 781.35	6 520.10	7 590.20	8 420.40	9 323.00	10 742.32	12 376.04	14 185.28	17 649.40	20 782.11	24 262.71	27 323.32	30 276.07	31 696.03
安徽	476.10	609.79	677.85	722.60	703.50	804.00	893.40	1 074.50	1 418.69	1 935.25	2 325.10	3 533.60	5 087.50	6 746.96	8 990.73	11 542.94	12 455.69	15 910.89	18 621.90	20 875.38	24 385.97	27 033.38	29 275.06
福建	683.02	779.76	880.88	1 053.00	1 084.70	1 112.20	1 172.90	1 253.10	1 496.37	1 892.92	2 316.70	2 981.80	4 287.80	5 207.68	6 231.20	8 199.12	9 910.39	11 910.89	13 327.44	15 327.88	18 177.86	21 301.38	26 416.28
江西	282.54	317.32	329.45	400.60	454.40	516.10	631.80	889.00	1 303.22	1 713.20	2 176.60	2 683.60	3 301.90	4 643.14	6 412.00	8 772.27	9 087.60	10 774.20	12 850.25	15 079.26	17 388.13	19 694.21	22 085.34
山东	1 308.62	1 528.50	1 742.53	1 935.60	2 220.60	2 531.10	2 788.70	3 483.30	5 315.14	6 970.62	9 307.30	11 111.40	12 537.70	15 435.93	19 034.53	23 280.32	26 789.00	30 226.74	35 548.00	42 495.55	49 202.31	55 202.72	
河南	783.14	1 039.41	1 209.50	1 289.70	1 206.80	1 377.70	1 544.10	1 725.90	2 262.97	3 099.38	4 311.60	5 904.70	8 010.10	10 490.64	13 704.50	16 585.58	17 768.59	21 450.00	26 087.46	30 782.17	35 660.35	40 415.09	44 496.93
湖北	785.09	935.22	1 023.50	1 136.80	1 239.10	1 339.20	1 486.60	1 605.10	1 809.45	2 264.81	2 676.60	3 343.50	4 330.40	5 647.01	7 866.89	10 262.70	12 537.34	15 578.30	19 307.33	22 915.30	26 563.90	30 011.65	32 282.36
湖南	523.00	684.14	667.39	796.90	883.90	1 012.20	1 174.30	1 348.00	1 590.32	2 072.56	2 629.10	3 175.50	4 154.30	5 534.04	7 703.38	9 663.58	11 880.92	14 523.20	17 841.40	21 242.92	25 045.08	28 353.33	31 959.23

（续）

省份	1995	1996	1997	1998	1999	2000	2001	2002	2003	2004	2005	2006	2007	2008	2009	2010	2011	2012	2013	2014	2015	2016	2017
广东	2 315.83	2 363.18	2 291.05	2 644.10	2 937.00	3 145.10	3 484.40	3 850.80	4 813.20	5 870.02	6 977.90	7 973.40	9 294.30	10 868.67	12 933.12	15 623.70	17 069.20	18 751.50	22 308.30	26 293.93	30 343.03	33 303.64	37 761.75
广西	403.15	476.42	479.80	562.30	578.80	583.30	655.60	750.30	921.30	1 236.51	1 661.20	2 198.70	2 939.70	3 756.41	5 237.24	7 057.56	7 990.66	9 808.60	11 907.67	13 843.22	16 227.78	18 236.78	20 499.11
海南	182.08	181.01	161.48	173.40	194.90	198.90	213.30	225.40	280.02	317.05	367.20	423.90	502.40	705.42	988.32	1 317.04	1 657.23	2 145.40	2 697.93	3 112.23	3 451.22	3 890.45	4 244.40
重庆	250.00	270.00	375.57	493.00	525.30	572.60	697.00	899.30	1 161.51	1 537.05	1 933.20	2 407.40	3 127.70	3 979.59	5 214.28	6 688.91	7 473.38	8 736.20	10 435.20	12 285.42	14 353.24	16 048.10	17 537.05
四川	651.42	843.17	926.34	1 145.30	1 224.40	1 418.00	1 617.50	1 902.70	2 336.34	2 818.42	3 585.20	4 412.90	5 639.80	7 127.81	11 371.87	13 116.72	14 222.22	17 040.00	20 326.11	23 318.57	25 525.90	28 811.95	31 902.09
贵州	161.79	193.55	222.30	278.40	311.90	397.00	536.00	633.00	748.12	865.23	998.30	1 197.40	1 488.80	1 864.45	2 412.02	3 104.92	4 235.92	5 717.80	7 373.60	9 025.75	10 945.54	13 204.00	15 503.86
云南	390.45	456.27	538.60	660.40	664.00	684.00	738.30	814.60	1 000.12	1 291.54	1 777.60	2 208.60	2 759.00	3 435.93	4 526.37	5 528.71	6 191.00	7 831.10	9 968.30	11 498.53	13 500.62	16 119.40	18 935.99
西藏	35.13	29.43	34.50	41.30	53.60	64.10	83.30	106.60	133.96	162.36	181.40	231.10	270.30	309.91	378.28	462.67	516.31	670.50	876.00	1 069.23	1 295.68	1 596.05	1 975.60
陕西	310.18	343.71	393.16	517.60	587.80	653.70	773.40	915.30	1 200.68	1 508.89	1 882.20	2 480.70	3 415.00	4 614.42	6 246.36	7 963.67	9 431.08	12 044.50	14 884.15	17 191.92	18 582.24	20 825.25	23 819.38
甘肃	145.76	206.95	242.08	301.50	355.50	395.40	460.40	526.20	619.82	733.94	870.40	1 022.60	1 304.20	1 712.78	2 363.00	3 158.34	3 965.79	5 145.00	6 527.94	7 884.13	8 754.23	9 663.99	5 827.75
青海	53.11	77.67	88.44	108.80	117.20	151.10	196.40	232.40	255.62	289.18	329.80	408.50	482.80	583.24	798.23	1 016.87	1 435.58	1 883.40	2 361.09	2 861.23	3 210.63	3 528.05	3 883.55
宁夏	62.17	72.10	85.84	106.80	128.10	157.50	191.10	227.00	317.00	376.20	443.30	498.70	599.80	828.85	1 075.91	1 444.16	1 644.74	2 096.90	2 651.14	3 173.79	3 505.45	3 794.25	3 728.38
新疆	331.97	388.67	446.99	514.80	526.70	610.40	706.00	800.10	973.39	1 147.15	1 339.10	1 567.10	1 850.80	2 259.97	2 725.45	3 423.24	4 632.14	6 158.80	7 732.30	9 447.74	9 813.03	10 287.53	12 089.12

附表 1-4　1995—2017 年各省（区、市）农林牧渔业固定资产投资额

单位：亿元

省份	1995	1996	1997	1998	1999	2000	2001	2002	2003	2004	2005	2006	2007	2008	2009	2010	2011	2012	2013	2014	2015	2016	2017
北京	14.01	14.23	13.55	14.24	10.63	13.24	13.4	8.69	13.10	9.03	14.20	16.60	19.20	28.10	57.40	43.20	47.16	127.26	175.47	145.47	111.04	104.66	99.04
天津	5.98	5.56	6.95	5.44	3.52	5.27	10.22	7.40	9.38	11.15	13.50	14.60	15.80	37.30	77.10	91.90	151.24	198.65	226.12	214.32	262.60	324.89	292.97
河北	80.17	62.20	82.36	95.95	101.57	87.08	101.68	140.84	164.05	192.67	224.30	239.20	261.20	386.70	509.90	565.20	590.36	804.40	901.32	1 204.33	1 599.84	1 775.28	1 873.17
山西	6.67	6.78	6.54	6.68	10.02	10.80	17.02	22.15	23.90	25.88	33.00	51.30	74.70	95.40	194.30	281.30	271.20	381.41	766.16	997.73	631.34	978.85	1 607.34
内蒙古	18.89	14.65	19.63	22.39	28.85	35.63	40.79	79.42	73.97	95.97	113.00	160.90	188.50	288.20	410.30	446.20	490.30	591.73	799.69	1 125.75	893.35	1 011.30	1 152.91
辽宁	28.46	21.97	24.37	39.04	36.61	45.08	57.56	54.07	61.85	94.53	118.60	155.50	198.00	325.10	322.60	358.30	536.95	601.39	575.50	662.18	510.29	245.24	231.18
吉林	14.53	15.85	18.57	9.16	19.48	16.44	10.53	35.82	73.05	77.62	100.00	102.70	141.70	203.70	198.20	243.50	320.01	379.84	472.45	608.51	632.45	807.04	955.26
黑龙江	30.53	27.29	32.72	31.57	29.66	26.64	29.40	68.47	91.08	113.60	143.40	173.80	218.60	308.90	425.90	479.50	655.67	757.26	922.27	841.60	1 076.72	1 178.23	1 429.70
上海	12.95	24.80	7.41	6.64	8.87	11.27	7.51	7.14	5.04	5.28	5.60	14.30	8.40	8.40	11.40	16.40	18.62	10.99	18.45	11.86	3.95	4.09	1.60
江苏	51.46	45.26	53.16	55.97	51.11	43.83	46.24	81.61	38.15	34.71	54.80	65.40	81.60	111.80	177.10	221.90	225.42	251.91	253.30	323.32	365.21	481.28	547.59
浙江	55.08	66.22	40.27	58.76	35.80	66.47	51.66	57.96	71.77	68.05	78.80	61.20	71.50	73.20	98.20	99.60	131.56	200.09	269.44	305.01	393.00	433.00	368.90
安徽	42.43	38.30	46.55	42.43	40.38	51.10	45.89	46.34	51.52	48.66	71.60	97.20	109.70	182.60	223.80	221.80	256.40	379.42	481.23	666.96	899.71	938.20	896.10
福建	22.78	20.99	22.20	25.16	30.24	20.63	25.01	25.82	40.93	44.43	60.70	50.70	72.10	102.60	124.10	155.00	175.70	241.87	323.39	472.78	638.90	892.18	1 112.55
江西	14.61	13.59	15.73	14.50	18.48	21.65	37.13	26.01	35.33	50.08	75.40	77.70	83.90	134.80	230.20	250.70	235.09	346.53	337.84	394.65	515.22	538.01	662.73
山东	107.41	85.18	119.28	117.78	118.69	134.02	137.86	156.97	167.46	192.48	246.40	315.20	357.60	506.00	512.70	628.30	731.75	900.37	1 064.44	1 166.28	1 451.04	1 577.28	1 609.60
河南	75.43	61.55	83.19	81.56	80.31	100.45	96.28	113.96	149.49	129.51	166.60	193.40	286.00	537.60	761.50	824.10	720.89	825.89	962.03	1 343.18	1 738.89	2 250.44	2 675.94
湖北	29.38	19.74	28.79	39.62	60.39	61.82	73.89	74.64	45.28	55.88	70.90	90.40	127.30	206.50	294.80	330.40	339.21	531.35	538.81	639.62	826.89	1 157.76	1 118.47
湖南	28.52	28.64	29.16	27.75	45.83	47.67	53.74	42.51	48.52	69.60	82.70	88.30	108.30	152.80	235.10	353.90	399.59	499.24	604.49	811.37	1 019.10	1 329.97	1 579.35

（续）

省份	1995	1996	1997	1998	1999	2000	2001	2002	2003	2004	2005	2006	2007	2008	2009	2010	2011	2012	2013	2014	2015	2016	2017
广东	35.53	47.31	30.72	28.57	43.48	35.07	75.86	40.67	56.94	87.23	47.50	60.70	86.90	131.90	149.20	219.00	302.07	340.61	398.45	366.62	525.89	541.32	527.80
广西	24.70	23.81	26.22	24.07	18.52	24.02	39.69	26.07	22.33	35.62	61.90	80.80	120.70	163.80	218.50	242.40	314.25	370.51	562.78	630.78	860.00	1 065.07	1 328.69
海南	11.35	9.74	9.77	14.53	24.11	34.84	27.18	29.24	31.20	21.50	23.50	25.60	30.30	21.70	31.00	21.40	24.21	40.81	26.49	47.39	58.59	56.87	60.61
重庆	—	—	10.99	8.25	16.34	15.13	11.77	20.93	19.09	29.49	45.10	64.00	73.10	113.50	224.50	276.10	323.63	375.36	410.70	414.19	441.38	455.27	510.76
四川	34.20	41.33	30.74	30.52	32.12	39.37	53.62	61.90	55.33	71.86	102.40	127.70	176.20	268.40	441.40	473.40	361.60	443.04	527.56	608.94	868.66	1 190.04	1 491.91
贵州	9.62	7.53	12.03	9.30	9.25	15.29	13.86	20.75	21.61	22.58	24.60	24.50	29.30	50.90	74.10	71.30	83.21	78.96	88.29	135.60	330.91	457.32	928.75
云南	24.79	25.91	24.03	24.43	21.97	31.10	32.80	27.68	45.58	53.33	74.00	71.80	100.30	166.20	243.00	225.90	153.92	204.25	338.44	512.78	792.40	951.48	1 268.03
西藏	1.75	1.43	1.77	2.06	1.91	2.50	3.14	3.92	6.32	4.55	12.60	13.20	15.70	16.00	23.40	23.60	24.15	24.20	39.29	48.19	73.42	88.05	111.63
陕西	11.67	8.59	12.57	13.84	18.00	20.41	27.14	41.91	52.71	48.89	53.80	74.00	79.50	131.80	224.40	290.20	393.16	496.08	682.52	891.35	1 239.50	1 421.75	1 831.35
甘肃	11.48	11.60	9.23	13.61	21.94	19.38	23.21	30.71	40.58	37.16	41.90	60.80	61.10	84.20	129.20	139.40	128.58	171.06	253.01	430.41	557.48	701.98	406.46
青海	4.25	·3.47	4.65	4.64	6.31	7.30	9.48	16.84	16.44	14.81	12.60	19.70	25.20	31.50	53.80	76.40	84.99	74.54	98.46	128.13	143.34	147.51	127.98
宁夏	4.25	3.64	3.34	5.77	6.80	7.43	12.81	15.89	22.72	21.94	20.40	25.60	33.20	43.80	45.40	41.20	47.76	71.81	88.93	128.69	166.45	196.75	260.67
新疆	59.12	48.29	65.12	63.96	64.45	51.70	42.29	59.80	97.55	122.60	130.10	132.40	147.60	151.10	172.20	211.40	219.16	275.63	271.48	295.35	415.13	552.02	638.94

附表 1-5　1995—2017 年各省(区、市)采掘业固定资产投资额

单位：亿元

省份	1995	1996	1997	1998	1999	2000	2001	2002	2003	2004	2005	2006	2007	2008	2009	2010	2011	2012	2013	2014	2015	2016	2017
北京	4.85	6.12	4.12	4.31	2.57	1.95	1.33	1.79	4.04	5.50	4.40	7.40	12.20	30.70	23.10	9.30	8.71	4.35	9.10	7.18	2.57	2.93	3.11
天津	44.73	43.74	44.54	45.91	58.14	60.97	64.29	60.89	88.97	118.50	124.30	183.30	181.20	268.40	394.70	308.60	227.53	199.04	328.41	314.91	265.10	109.56	173.93
河北	58.54	55.55	57.98	62.08	63.38	36.93	56.95	43.76	36.50	59.70	134.10	242.30	291.60	356.80	356.40	439.70	575.98	620.53	690.98	659.84	561.57	442.37	381.15
山西	64.30	66.24	69.70	56.96	44.67	50.35	58.09	75.62	107.45	173.00	295.70	351.40	410.70	531.40	688.50	1068.90	1425.90	1581.60	1475.01	1414.80	1410.90	1054.56	970.04
内蒙古	44.97	44.07	52.27	38.56	18.80	11.85	8.95	19.57	49.50	110.00	257.60	408.10	591.80	913.90	965.40	992.90	975.50	1116.40	1587.10	1701.99	943.62	904.13	924.25
辽宁	91.75	86.88	98.72	89.66	94.61	88.06	89.27	89.09	99.86	147.40	205.50	256.10	334.90	401.30	388.10	546.30	634.60	650.27	617.38	382.83	124.33		145.32
吉林	27.90	27.62	29.88	26.21	32.97	30.91	45.01	46.86	48.78	63.10	89.20	184.00	237.40	324.20	441.00	488.60	394.63	547.81	414.48	505.32	532.64	649.97	319.69
黑龙江	156.85	135.92	166.50	168.12	150.10	164.27	150.69	150.29	135.06	150.90	216.90	268.40	357.40	471.90	503.40	587.50	567.76	595.97	634.10	508.42	459.17	366.01	389.27
上海	17.08	5.56	21.83	23.86	6.08	7.71	2.10	1.45	2.54	2.20	2.30	2.90	17.20	31.60	8.20	0.40	0.57	0.44	0.16	0.08	0.24	0.27	0.94
江苏	27.90	25.58	33.04	25.09	22.13	22.93	17.91	20.82	33.10	30.60	31.90	37.90	27.30	58.50	76.70	83.10	68.02	85.57	91.02	106.47	103.18	72.94	108.83
浙江	14.62	22.10	13.17	8.59	1.59	2.55	5.88	8.01	4.82	18.40	8.90	12.40	14.00	11.80	19.90	20.70	24.98	33.03	45.13	45.10	59.31	58.62	32.46
安徽	44.38	49.45	48.39	35.31	22.42	19.93	30.41	32.81	54.26	98.40	131.00	203.60	265.60	304.20	348.50	389.20	305.49	389.81	338.56	319.20	324.11	232.95	231.76
福建	4.23	3.71	4.63	4.35	4.55	4.48	6.17	5.41	6.30	12.70	21.40	32.60	49.80	89.30	109.10	114.10	111.09	163.00	235.96	247.07	278.10	219.98	172.70
江西	8.46	9.96	9.59	5.83	16.12	9.09	6.70	16.58	18.82	26.10	42.40	49.80	65.10	107.50	175.50	265.40	228.68	265.51	252.17	289.39	245.50	302.04	226.22
山东	150.30	118.20	154.80	177.91	176.62	204.51	194.98	204.10	267.32	307.20	329.80	378.20	346.20	432.80	532.00	532.00	592.62	570.27	592.45	646.68	649.03	649.03	517.70
河南	88.28	76.52	91.31	97.01	59.51	87.55	118.44	115.45	127.75	183.80	277.40	320.80	469.50	625.50	765.70	737.10	717.43	690.83	602.91	573.96	568.33	567.59	506.86
湖北	14.52	13.13	14.81	15.62	16.01	19.61	22.97	26.95	27.47	28.60	48.00	58.50	79.20	102.30	152.10	192.10	229.07	283.71	306.97	320.01	346.55	329.40	260.08
湖南	12.11	12.79	11.73	11.82	6.28	8.56	13.75	18.23	25.16	30.30	70.70	93.50	141.30	193.10	278.70	411.20	442.23	524.62	585.82	626.23	570.34	499.45	436.96

（续）

省份	1995	1996	1997	1998	1999	2000	2001	2002	2003	2004	2005	2006	2007	2008	2009	2010	2011	2012	2013	2014	2015	2016	2017
广东	18.35	10.80	14.23	30.01	17.45	7.79	17.12	23.61	24.48	14.90	19.90	53.50	74.40	107.00	114.10	79.10	74.71	82.60	157.46	248.75	162.00	163.62	145.34
广西	10.48	10.51	10.13	10.79	5.60	3.23	4.60	5.63	7.23	9.20	26.30	62.00	102.30	121.90	159.60	191.90	250.60	322.00	345.17	337.29	389.82	276.39	269.08
海南	0.94	0.72	1.36	0.73	0.78	5.59	3.32	2.35	1.80	2.30	0.90	3.20	3.60	3.90	8.50	4.50	14.90	30.25	22.22	25.49	7.57	9.71	6.88
重庆	—	—	11.30	9.05	13.95	3.23	2.82	3.95	7.82	18.00	36.30	45.80	62.00	88.40	108.50	137.10	148.29	167.68	203.35	282.62	285.65	200.94	158.79
四川	44.93	53.00	37.20	44.59	41.65	27.89	45.02	48.61	99.58	110.60	162.40	130.60	168.70	205.30	322.10	437.00	409.23	465.73	443.19	423.19	517.06	419.54	423.84
贵州	14.89	15.56	18.86	10.26	8.88	7.38	6.30	7.52	16.14	28.60	41.60	90.40	120.10	182.30	274.20	389.10	407.78	279.76	328.63	236.06	339.24	525.59	336.59
云南	13.93	15.42	13.85	12.51	6.77	8.91	11.76	9.64	16.43	47.50	69.40	86.10	129.20	186.60	197.70	251.40	262.05	363.01	458.93	383.23	427.17	378.83	376.90
西藏	0.41	0.27	0.54	0.31	0.15	0.22	0.09	0.14	0.38	0.90	1.60	5.00	9.60	7.70	9.80	20.30	15.28	42.97	63.24	52.41	74.98	48.25	20.63
陕西	25.27	22.29	29.31	24.20	25.86	32.55	39.38	45.22	75.21	114.00	157.00	208.90	291.60	336.30	494.00	691.50	892.20	1041.75	1268.72	2088.65	2080.86	673.38	685.00
甘肃	16.41	14.38	16.60	18.24	13.65	19.37	15.79	17.56	23.76	25.90	33.80	40.80	60.90	84.10	106.50	135.90	213.72	339.51	453.55	403.60	306.37	178.85	87.27
青海	14.09	11.20	14.20	16.88	17.98	17.80	18.16	20.12	23.75	33.90	37.60	49.00	48.10	62.40	54.20	73.80	88.00	84.36	134.03	166.97	204.08	96.96	98.15
宁夏	6.41	6.76	6.90	5.56	2.77	2.87	2.50	3.82	6.43	12.30	33.00	40.90	71.80	86.00	110.30	117.00	124.77	151.47	171.72	167.39	107.68	47.44	149.03
新疆	116.41	110.25	121.11	117.87	125.35	134.77	140.37	129.92	174.64	238.10	293.90	374.60	454.90	498.50	509.30	610.50	653.11	747.89	899.87	2024.04	888.72	579.27	545.06

第二章　基于粮食安全的自然资源利用效率的实证研究

第一节　绪　　论

一、研究意义

随着工业化和城镇化加速发展，粮食生产中的土地、水、能源等不仅变得日益稀缺，同时也受到内外部环境污染的影响。2013 年我国已有 20% 的耕地遭到重金属污染（裴敏欣，2014）；2011 年我国生活废水排放量达 428 亿吨，工业废水排放量 231 亿吨，灌溉流域受到较为严重污染（中商情报网，2014）；2000—2016 年我国粮食生产中化石能源消耗的平均年碳排放总量约为 82.5 亿吨（张雄化，2017a）。这说明我国农业自然资源的利用处境堪忧，如何既维护粮食安全（数量安全和质量安全），又改善农业自然资源的利用处境是当前迫切需要解决的问题，本研究认为综合高效利用国内外农业自然资源是破解这一问题的有效办法。据此开展本研究具有如下意义：

一是调整资源结构和利用技术提高资源利用效率是保证我国粮食安全的有效方案之一。提高农产品数量和质量的有效途径之一就是最优化资源利用（Behrouzi，et al.，2012）。目前，中国粮食产量主要依靠单位亩[①]产量的提高，而非扩大种植面积，故粮食产量在面临气候改变，水、土地、能源和养分稀缺以及农业面源污染、温室气体排放和土壤质量下降加剧的情况下，提高粮食产量最快和最现实的路径是运用和推广现存的农业技术（Fan et al.，2013）。同时，调整粮食生产的资源结构和优化资源效率应该建立土地、水和气候一体化的 GIS 地理信息监测系统，建立健全土地、水和气候资源流转市场及其衍生市场（张雄化等，2015）。单就气候资源利用而言，中国粮食自给安全的潜在解决方案之一，就是选育更适宜气候变化的高产粮食品种（Chen et al.，2013）。单就能源利用而言，粮食生产中应该重点使用清洁电力并优化区域农业能源结构，以此缩小区域内部的能源效率差距（张雄化，2014a）。所以，调整农业自然资源、提高自然资源利用效率是保证我国粮食安全的有效

---

① 亩为非法定计量单位，1 亩≈667 米²。下同。——编者注

方案。

二是粮食产品虚拟水国内外贸易可以同步缓解我国粮食紧平衡状态和水短缺状态。虚拟水是指凝结在商品或服务中无差别的单元水，表示为生产给定商品或服务所需水的数量（Allan，1998；Wilchens，2001；Chapagain and Hoekstra，2004）。中国农产品贸易属于净虚拟水进口国（Andrew Biro，2012），我国粮食总体对外依存度已达 28%，大豆对外依存度更是达到 80% 以上。据估算，我国粮食产品虚拟水年净进口量约为 964.81 亿米^3，其中大豆虚拟水进口占主导地位（张雄化）。我国属于贫水国（人均水资源量仅为世界平均水平的 1/4），而农业用水却占全行业用水量的 60% 以上，粮食产品虚拟水贸易可以缓解我国粮食供需的紧张局面，也可以节约更多的水，用于生活、工业和生态。此外，我国粮食产品虚拟水贸易属于产业内贸易，但粮食虚拟水贸易不符合国际贸易的 H-O 理论（赫克歇尔—俄林理论，即要素禀赋论）。我国富水区不一定出口更多的虚拟水，我国贫水区也不一定进口更多的虚拟水（张雄化，2014），可能的原因是我国粮食产品及虚拟水贸易属于省际贸易，这一发现可以作为我国粮食产品及虚拟水国内外贸易的理论基础。

三是关注化石能源及其非期望碳排放能有效地评估粮食安全生产的能耗及其效率。改革开放以来，随着石油工业的高速发展，我国粮食供求达到紧平衡状态得益于石油化学农业（倪国华、郑风田，2012）。但长期来看，能源加速消耗将阻碍全国农业长期增长（张雄化，2014b），过多的化石能源消耗也将造成更多的碳污染。我国粮食生产的能源消耗主要以农机及灌溉用能和煤电为主，两者产生的碳排放量约占总能耗碳排放量的 94%（张雄化，2014a）。另外，我国粮食生产能源效率分布不均衡，如不同粮食产品的区域能源效率存在差异（徐键辉、陆文聪，2010），粮食生产能源效率较高的省份主要集中在东部工业区，而粮食生产效率较低的省份主要集中在西部农业区（张雄化，2014a）。不同于以往研究的是，本研究考虑粮食生产中直接和间接的化石燃料消耗及碳排放，运用包含非期望碳排放的 SBM-DEA 模型评估粮食安全生产的能耗及其效率，据此深入探讨粮食安全生产范围内的节能空间和减排空间。

二、文献综述

（一）国外研究现状

目前，农业生产的资源利用效率问题日益成为国际研究热点之一。

其一，资源利用效率的研究方法和手段。国际主流的研究方法包括：①运用边际产品价值（MVP）与边际要素成本（MFC）的比率来反映资源利用效率（Mbanasor and Obioha，2003；Karthick et al.，2013）；②运用数据包络分析（DEA）方法计算不同作物类型的农场或农户的技术效率水平（Shavkat，2011）；③运用生产函数—柯布道格拉斯生产函数（C-D）、随机前沿生产函数（SFA）和超越对数生产函数（Translog）反映要素资源投入量（或单位成本）与产品产量（或单位产值）之间的函数关系，通过普通最小二次（OLS）回归或极大似然估计（ML）方法来判断各种资源的效率利用水平（Dung et al.，2011；Sanzidur，2011；Ayinde et al.，2011；Wongnaa et al.，2012；Balaji et al.，2013；Muhammad-Lawal et al.，2013；Karthick et al.，2013）等。以上三大类研究方法的基础数据的获得主要来源于田野实验，样本选用主要采用二阶段或三阶段随机抽样调查确定（Sunil Kumar Singh et al.，2012；Muhammad-Lawal et al.，2013）。

其二，哪些农业资源对效率产生影响。确定影响农业资源效率的要素时，一方面，采用关乎农户的经济社会特征数据或田野调查的数据，并对其进行统计分析来确定可能的影响要素（Wongnaa et al.，2012）。另一方面，直接把相关要素代入生产函数进行参数估计来判断相关要素对产出的影响方向及程度，典型的相关要素包括：土地播种面积或农场规模（Shavkat et al.，2011；Wongnaa et al.，2012；Muhammad-Lawal et al.，2013）、灌溉设施或水资源相关费用（Shavkat Hasanov et al.，2011；Sanzidur Rahman，2011；Balaji et al.，2013）、劳动力或劳动力工资（Shavkat Hasanov et al.，2011；Sanzidur Rahman，2011；Wongnaa et al.，2012；Muhammad-Lawal et al.，2013）、农药及化肥或者农药肥料成本（Shavkat et al.，2011；Wongnaa et al.，2012；Karthick et al.，2013）、机械工作量或机械成本（Shavkat Hasanov et al.，2011；Karthick et al.，2013）、播种量或种子成本（Ayinde et al.，2011；Karthick et al.，2013）、气候资源（Fan et al.，2012；Chen et al.，2013）等。

其三，资源效率研究的政策启示。①增加对作物产出具有显著正向影响要素的投入量（如 Ayinde et al.，2011；Sanzidur Rahman，2011；Wongnaa et al.，2012；Muhammad-Lawal et al.，2013）；②修复对作物产出具有显著负向影响的要素的缺陷（如 Karthick et al.，2013；Balaji et al.，2013）；③通过技术途径来提高作物生产率，如农业资源保存系统在农户中的推广（Dung，2011），提升农业土壤—谷物管理系统，并对现有农业技术进行全国应用和扩散等（Fan，2013）。以上研究均是基于微观农户或农场样本来研究农作物资源利用效率，且涉及的为整体的农业资源（自然资源包含其内），缺乏从全国宏观或中观省际的角度来研究整体农作物生产的资源利用效率及优化，尤其忽视了粮食生产中自然资源利用及其效率的相对重要性。

（二）国内研究现状

国内相关研究主要体现在以下两方面。

其一，整体农业资源利用的研究。相关研究包括：①国内单个省份和全国层面的研究，如刘军等（2012）利用农业资源可持续模型和资源丰度模型评价了湖南省农业资源利用水平；张燕、张洪等（2012）分析了安徽省种植业资源利用情况，得出不再追加人工资源的方法提高产出最符合资源节约型农业的要求。全国和省际农业资源利用方面，张雄化、钟若愚（2015）分析了全国和省际的粮食生产中土地、水和气候资源的综合技术效率，得出我国大多数省份整体农业自然资源效率属于中效区和低效区。②境外资源利用的研究，如周文涛等（2012）和马晓河等（2012）分析了中国利用境外农业资源的情况，均认为利用比较优势原则，我国应该进口土地密集型农业产品，出口劳动力密集型农业产品。以上关于整体农业资源利用的研究，国内研究与国外研究相同的是，均忽视农业自然资源对粮食安全的特殊影响。此外，不论涉及国内资源利用还是境外资源利用，现有关于农业生产及粮食安全的文献均只从一个方面考虑资源利用（国内或国外），没有将国内、国外两种资源、两个市场纳入一个分析框架中，缺乏综合高效利用国内外两种资源保障粮食安全的思想。

其二，单独农业自然资源利用的研究。相关研究包括：①全国农业水资源的研究，如刘文（2012）指出，水资源是农业生产的命脉，多种原因综合导致我国农业水资源缺口增大，威胁到农业生产安全；刘渝、张俊飚等（2007）分析了全国农业水资源利用效率的影响因素，并就湖北省 17 个地市州进行农业水资源利用效率的 DEA 评价。王学渊等（2008）采用农业产值作为产出变量，用 SFA 方法测算了中国农业用水效率。张同乐等（2012）就 20 世纪 50－80 年代河北省污水灌溉与农业生态环境进行研究，肯定了城市化污水进行资源化和无害化处理后灌溉农田的作用，但鉴于目前我国污水灌溉技术尚不成熟，理论落后于实践。总的来看，农业水资源利用及效率的研究居多，但缺乏关于粮食安全生产水资源利用及效率的研究。②全国和特定省份农业土地资源利用的研究。如粮食安全与耕地关系研究，认为耕地的数量保持和质量提高可以缓解粮食安全压力（蔡运龙，2001；龙花楼，2009）。耕地利用效果上，谢俊奇等（2011）认为小波神经网络方法能有效地评价土地利用效益；制度与土地利用关系方面，王忠林等（2011）认为依靠市场的土地流转制度不仅降低了交易费用，同时还具有保护国家粮食安全和增加农民收入等方面的意义；刘琴（2014）分析了粮食主产区土地流转对粮食安全的影响。农业用地作为"三农"

问题之一，国内方面的研究已经比较深透。③农业能源利用的研究。如研究能源利用与产出关系，岑丽娟（2013）就农业能源和能源结构的双向作用预测了农业产出效益；张雄化（2014b）认为，长期来看，农业能源加速消耗阻碍农业增长（包括粮食产出）。能源效率与粮食生产方面，如徐建辉、陆文聪（2010）认为不同粮食产品存在区域能源效率差异；张雄化（2014b）认为粮食生产能源效率高的省份集中在东部工业区，而粮食生产能源效率低的省份却集中在西部农业区。尽管现有文献注意到农业能源利用的重要性，但对其深入研究的较少，尤其现有关于农业能源效率的文献研究中，没有考虑粮食生产的非期望碳排放，得出的能效可能存在高估风险，同时相关的研究中缺少对粮食安全生产节能空间和减排空间的研究。

（三）研究述评

综合国内外研究发现：①缺乏农业自然利用及其效率对粮食安全影响的研究。现有研究农业资源效率的文献，均把部分农业自然资源纳入农业资源效率分析模型中，没有对整体农业自然资源效率进行单独分析；并且仅分析农业资源对农业产出的影响，而不是对粮食安全（产出安全和贸易安全）的影响，更缺乏整体农业自然资源对粮食安全的影响研究，但这正是本书研究之所在。②缺乏保障粮食安全的综合利用国内外两种农业自然资源的资源观。尤其是国内研究农业自然资源利用时，要么强调国内某种资源的重要性，要么强调利用境外资源的重要性，没有认识到粮食安全应该兼顾两种自然资源和两个市场的重要性。本研究采用两种资源观，如粮食产品虚拟水国内外贸易的数据实证分析，可以支撑我国粮食安全的虚拟水战略的制定。③考虑生态环境后，粮食安全生产的自然资源利用效率研究方法存在一些缺陷。如现有研究多关注整体农业的水资源利用效率，较少注重粮食生产灌溉用水效率，更缺乏纳入污水排放的粮食生产用水生态环境效率的研究；农业能源方面，缺乏纳入非期望产出碳排放下的粮食生产能耗效率的研究。本研究利用相应模型测度粮食安全生产的资源利用效率时，将考虑生态环境因素。

三、研究内容

（一）中国农业自然资源利用现状和特点研究

将农业资源进行划分，传统农业资源包括资本和劳动力；现代农业资源主要是化石能源及化石能源形式存在的机械、电力、农药和化肥；典型的农业自然资源包括土地、水和气候等。按此划分后，本研究认为农业自然资源包括现代农业资源和典型的农业自然资源。在此基础上,本研究基于全国和省际层面的自然资源利用的统计数据,分析改革开放以来,全国和各省份的土地、水、能源和气候资源利用的特点和发展趋势,并就当前全国和各典型区域的粮食生产中自然资源利用存在的问题进行分析和说明。

(二) 中国农业自然资源利用效率及影响因素研究

本研究基于全国和各省份统计数据,全国和省际的粮食产出均按谷物、小麦、玉米、大豆和薯类产量加总,全国和省际的农业自然资源投入部分包括耕地、农业用水、气候资源和能源,运用 DEA-MALQUIST-TOBIT 三步法:首先,测算全国和省际的粮食生产自然资源利用效率;其次,运用 MALQUIST 指数分解法对全国和省际的自然资源的技术效率进行分解分析;再次,运用省际面板数据 TOBIT 模型解析影响自然资源利用效率的因素,检验的因素包括农业比重、经济发展水平、市场化程度和区位。

(三) 中国粮食安全视角下的水资源利用及其效率研究

本研究选用省际统计数据,各省份粮食产出依然是谷物、小麦、玉米、大豆和薯类的产量加总,省际的农业资源投入包括劳动、资本、农药投入、化肥投入和生产用水,运用基于 C-D 生产函数的随机前沿分析法 (SFA),估计粮食生产用水效率和粮食生产技术效率。比较不同省份粮食生产用水效率与技术效率,检验技术效率高的地区是否用水效率亦高。接下来分析各省份粮食生产水资源生态环境效率,投入部分保持不变,产出部分变为各省份的非期望农业污水排放量,运用包含非期望产出的 DEA 模型估计得到各省份粮食生产用水生态效率。之后,分析全国和省际粮食贸易虚拟水利用,按照谷物、小麦、玉米、大豆和薯类的虚拟水含量系数计算出全国粮食生产总的虚拟水含量,并依据各省份粮食自给率估算各省份的虚拟水缺口量;根据各省份的粮食消费量,分析计算各省份的谷物、小麦、玉米、大豆和薯类的虚拟水消耗结构;按大米、小麦、玉米和大豆的进出口量及相应的虚拟水系数,计算全国和各省份的粮食产品虚拟水贸易量;将不同省份的水资源进行贫富划分 (按省际人均水资源量),检验我国富水省份与贫水省份的虚拟水进出口贸易是否符合资源要素禀赋理论 (H-O 理论);运用粮食供需中的二次移动平均模型对我国粮食产品虚拟水供需利用进行未来十年期的预测。

(四) 粮食安全视角下的能源利用及其效率研究

按照能量法划分农业能源为矿物能源、农机与灌溉用能、农药、化肥和电力，计算农业能源的消耗量，并利用各类能源的碳排放系数计算各自的碳排放量。投入要素为各省份的劳动力、资本和能源，产出要素为各省份粮食产量和碳排放量。运用 SE-DEA 模型进行效率估计得到各省份粮食生产能源利用效率；利用变异系数计算各省份的效率收敛性；利用 K-MEANS 聚类分析方法将各省份效率进行归类；同时根据各省份能源实际投入与最佳投入的关系，计算粮食安全产量下各省份能源利用的节能空间和减排空间。

（五）粮食安全与国内外两种资源利用的政策建议

国内方面，从全国农业自然资源的角度分析提高我国整体自然资源利用效率的途径，并重点分析粮食生产中提高水资源利用效率、水资源生态环境效率、能源利用效率的途径。国外方面，分析如何利用粮食及虚拟水国际贸易来优化我国粮食短缺和水资源分布不均的措施；对利用境外虚拟土地、虚拟能源等进行适当探讨；通过相应的文献分析，借鉴日本、欧盟和美国的农业自然资源利用经验，进一步完善我国农业自然资源利用的举措。

四、研究目标

本研究总的目标是达到提高农业自然资源利用效率的目的。具体包括如下几方面：

（一）粮食生产中总体农业自然资源效率的提升

通过中国农业自然资源利用效率及影响因素的专题研究，提出优化农业自然资源效率的措施。不论全国还是省际，利用 DEA 方法分析得出我国农业自然资源效率的特点，利用 MALQUIST 指数分解法得出我国农业自然资源效率的动态分解及相应特点，利用 TOBIT 面板回归分析得出影响我国农业自然资源效率的因素及其影响程度。综合以上分析，采用相应的措施来规划我国农业自然资源该如何合理利用。

（二）提高粮食生产中的用水灌溉效率和水资源生态环境效率

通过中国粮食安全视角下的水资源利用及其效率的专题研究，提出优化我国用水灌溉效率的措施和优化水资源生态环境效率的措施。省际层面，利用 SFA 方法测度并分析得出我国粮食生产用水灌溉效率和农业技术效率的特点，利用包含非期望产出的 DEA 方法测度并分析得出我国农业水资源的生态环境效率特点，综合以上水资源利用特点，并结合全国水资源利用的现状和特征，提出优化省际和区域水资源利用的举措。

（三）提高粮食贸易中虚拟水利用的效率

通过粮食贸易虚拟水利用和预测的相关专题研究，提出优化全国和省际粮食虚拟水合理利用的措施。利用全国和省际的粮食产品生产数据，结合相应的粮食产品虚拟水折算系数，测算并分析得出我国粮食生产虚拟水的特点；利用全国和省际的粮食贸易量数据，配合相应的粮食产品虚拟水折算系数，测算并分析得出我国粮食贸易虚拟水的特点；利用全国粮食供需预测模型，并结合相应的产品虚拟水系数，预测我国未来十年虚拟水贸易量及特点。综合以上虚拟水利用特点，提出具体的全国、省际和区域的虚拟水优化利用战略。

（四）提高粮食生产中的能源利用效率

通过粮食安全视角下的能源利用及其效率的专题研究，提出优化我国农业能源利用效率的具体措施。利用省际粮食生产及能耗数据，用 SE-DEA 方法测算并分析得出我国粮食生产能耗效率的特点，利用变异系数法分析得出我国能耗效率的收敛发散性特征，利用聚类分析方法判断各省份的能耗效率类型，利用最优投入、最优产出的松弛向量判断我国粮食安全生产的节能和减排特点。综合以上能源利用特点，较全面地提出优化省际和区域的粮食生产能源利用方案。

五、拟解决的关键问题

（一）粮食生产中气候资源利用和能源利用的合理度量

考虑粮食生产中整体自然资源利用效率，需要对土地、水、能源和气候利用进行量化，其中前两项较容易通过数据收集得到，后两项需要进行技术转化，全国和省际的气候和能源数据获得如下式：

$$W_{it} = \frac{1}{D_{it} + V_{it}} \tag{2-1}$$

$$E_{it} = F_{it} + G_{it} + M_{it} + P_{it} + C_{it} \tag{2-2}$$

其中，式（2-1）W 表示气候资源利用水平，D 表示成灾面积，V 表示受灾面积，i 和 t 分别代表省份和年度。该式的含义是，受气候成灾和受灾影响，成灾和受灾面积之和越大说明气候破坏越严重，相应的气候资源利用的就越少，用成灾和受灾面积之和的倒数，可以反映气候利用的正向影响。式（2-2）中 E 表示能源消耗量，F、G、M、P 和 C 分别代表矿物能源（石油、煤炭和天然气）、煤电、农机与灌溉用能、农药和化肥，按热值单位统一换算为吨标准煤，通过各种直接或间接的化石能源消耗的加总，得到总的农业能源消耗，并根据 IPCC 准则中相应能源的碳排放系数计算出碳排放总量。

（二）粮食生产和贸易中虚拟水利用的准确值

国际上较早的研究认为，1 千克粮食需要 1 000 升水（Allan，1998），国内方面也有转化系数的研究，认为生产 1 千克粮食需要 1 米³/千克虚拟水，1 千克谷物需要 0.9 米³/千克虚拟水，1 千克大豆需要 3 米³/千克虚拟水，1 千克薯类需要 0.9 米³/千克虚拟水（马静，2006）；1 千克干小麦需要 1 米³/千克虚拟水，1 千克水稻需要 2 米³/千克虚拟水，1 千克玉米需要 1 米³/千克虚拟水（柯兵等，2004）。据此，为研究方便对各粮食品种采用如下转化系数（见表 2-1）。

表 2-1　1 千克粮食产品的虚拟水含量

品种	粮食	稻谷（大米）	小麦	玉米	大豆	薯类
虚拟水系数（米³/千克）	1	2	3	1	3	0.9

根据表 2-1 的虚拟水转化系数，可以较简单地度量全国和省际的粮食生产和贸易的虚拟水量，并可以运用粮食供需预测模型得到的粮食量来预测未来的虚拟水供需量。此外，核算 2009—2018 年省际粮食产品需求虚拟水缺口，需运用省际粮食自给率进行转换。其中，根据《中国经济周刊》提出的核算省际粮食自给率公式为：省际粮食自给率＝省际粮食产量/（省际常住人口×400 斤），则省际粮食虚拟水缺口量＝省际粮食产量×（省际粮食自给率－1）×1 米³。

（三）量化定义粮食生产水资源的生态环境效率

运用 DEA 方法测度效率时，定义水资源生态效率测度变量包括：投入变量——水投入，产出变量——粮食产量＋环境正影响；定义水资源环境效率测度变量包括：投入变量——常规投入变量＋水投入，产出变量——环境正影响。其中，常规变量为省际的劳动、资本、农机动力、农药和化肥的投入，环境正影响用省际农业用水污染量的倒数表示。基于相应投入和产出的 DEA 效率测算，分别得到省际粮食生产用水的生态效率和环境效率。

六、研究方法与关键技术

（一）DEA-MALQUIST-TOBIT 分析方法

DEA 方法既可以测算全国和省际整体农业自然资源的技术效率，也可以测算水资源的生态环境技术效率。MALQUIST 技术效率指数分解法主要用于测算整体农业自然资源的效率贡献，分解形式如下：

$$M_0(x_t,\ y_t,\ x_{t+1},\ y_{t+1}) = \frac{s_0^t(x_t,\ y_t)}{s_0^t(x_{t+1},\ y_{t+1})} * \frac{D_0^t(x_{t+1},\ y_{t+1}/VRS)}{D_0^t(x_t,\ y_t/VRS)} *$$

$$\left[\frac{D_0^t(x_{t+1},\ y_{t+1})}{D_0^{t+1}(x_{t+1},\ y_{t+1})} * \frac{D_0^t(x_t,\ y_t)}{D_0^{t+1}(x_t,\ y_t)}\right]^{1/2} \qquad (2\text{-}3)$$

其中，等号后第 1 项表示规模效率，若其值大于 1，意味着改变了要素投入，提高了规模效率；第 2 项表示纯技术效率，若其值大于 1，意味着管理改善使效率改进；第 3 项表示技术变化，若其值大于 1，意味着技术在考察年份实现了跨越，即实现了技术创新。TOBIT 方法用来得到影响粮食生产的资源利用效率的因素，主要是运用省际的技术效率值作为应变量，运用需要检验的要素作为自变量，进行面板数据回归分析，确定相应的影响因素及其影响程度。

（二）基于 C-D 生产函数的 SFA 方法

本研究采用常规的 C-D 函数形式构造省际粮食生产的随机生产前沿函数，取对数形式如下：

$$\ln Y_{it} = \beta_0 + \beta_1 \ln K_{it} + \beta_2 \ln L_{it} + \beta_3 \ln P_{it} +$$

$$\beta_4 \ln F_{it} + \beta_5 \ln W_{it} + V_{it} - U_{it} \qquad (2\text{-}4)$$

$$WE_{it} = \exp(-U_{it}/\beta_w) \qquad (2\text{-}5)$$

其中，式（2-4）中 Y 表示粮食产量，K 表示农业机械总动力，L 表示劳动力投入量，P 表示农药投入量，F 表示化肥施用量，W 表示实际农业用水量；β 为待估系数；V 表示随机误差项，U 表示技术无效率项。据此推断出式（2-5），WE 为粮食生产灌溉用水效率。

（三）SBM-DEA 效率测算方法

根据 Tone（2003）提出的基于 DEA 的非期望产出 SBM 模型，用该模型测度考虑非期望碳排放的粮食生产能耗效率值，并根据规划模型的相应松弛量，计算粮食安全生产的节能与减排空间：节能空间＝实际能耗量－最佳能耗量，减排空间＝实际排放量－最佳排放量。

（四）粮食供需模型中的二次移动平均法

本研究借鉴预测粮食产品生产和需求的二次移动平均法（吕新业等，2012）估算我国的粮食产品产量和需求量，则未来各年的粮食产品虚拟水供需量＝预测的粮食产品供需量×产品虚拟水折算系数。

七、研究的技术路线与主要创新点

(一) 技术路线

本研究采用基础的现状、问题和对策分析。首先，现状主要是针对农业自然资源（包括土地、水、气候和能源）利用的特点，现阶段粮食安全视角下自然资源利用面临的挑战等，进行数据统计分析和定性分析。其次，问题主要是粮食安全视角下自然资源利用效率的问题，并对自然资源效率进行总分形式的研究。总的方面是研究总体自然资源效率及其影响因素，采用的方法是 DEA-MALQUIST-TOBIT 三步法。分的方面包括粮食生产灌溉用水效率测度研究，采用的是 C -D 生产函数形式的 SFA 方法；农业粮食生产用水的生态环境效率的测度研究，采用的是 DEA 方法；粮食产品生产和贸易虚拟水的利用情况及未来利用预测，主要采用粮食产品虚拟水转化系数和运用粮食供需预测模型中的二次移动平均法来研究；粮食生产能耗效率的研究，主要是纳入非期望碳排放来测度反映生态环境的能耗效率，采用 SE-DEA 方法。再次，对策主要是依据前文研究结论，分别对总体自然资源利用效率提出对策，对水、能源等单独资源提出优化利用对策等，主要采用归纳总结和规范分析。具体技术路线见图 2-1。

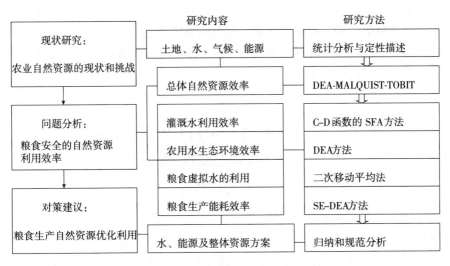

图 2-1　研究的技术路线图

(二) 主要创新点

本研究的创新之处在于综合考察了自然资源及其效率对粮食安全的影响，

并就全国和省际层面的水资源利用中的虚拟水与粮食贸易进行数据实证分析，全国和省际层面的农业能源利用中考虑了非期望碳排放来评价粮食生产能源效率。具体如下：

一是单独考察粮食生产中总体农业自然资源利用的效率，且在研究中采用DEA-MALQUIST-TOBIT 三步法。以往研究把传统农业资源、农业自然资源统归为农业资源进行研究，忽视了自然资源对农业和粮食生产的单方面影响。相应的研究方法多采用相对单一的 DEA 方法或 SFA 方法，本研究为了解粮食生产中自然资源效率的特点、动态和影响因素，采用 DEA-MALQUIST-TOBIT 三步法进行综合分析。

二是对全国和省际的粮食生产虚拟水和粮食贸易虚拟水进行数据实证分析。国内关于粮食和虚拟水的研究以定性为主，大多停留在对虚拟水观念的阐释上。本研究不同于以往的是，采用数据实证分析方法分析粮食产品虚拟水。首先分别核算出全国和省际的粮食生产的虚拟水含量及缺口，然后核算出全国和省际的粮食进出口贸易的虚拟水含量，接下来检验了 H-O 国际贸易理论对我国虚拟水贸易的适用性，最后本研究通过粮食供需预测模型预测了我国的虚拟水供需情况。

三是纳入生态环境因素对粮食生产中的能源利用效率进行重新估计，并分析粮食安全生产的节能空间和减排空间。以往关于粮食生产能耗效率的研究，没有考虑能源消耗的非期望碳排放，得出的结论和政策建议不够完整。本研究不同于以往的是，测算能耗效率时将非期望产出的碳排放纳入测度模型，得出的结论更为准确，并且根据测度结果，按照最优投入和产出的规划，计算得出粮食安全生产的节能空间和减排空间。

第二节　粮食生产的自然资源利用
现状特征及问题分析

一、气候资源

气候资源是一种宝贵的自然资源，可以为人类的物质财富生产过程提供原材料和能源，是指能为人类经济活动所利用的光能、热量、水分与风能等，是一种可利用的可再生资源，包括太阳辐射、热量、水分、空气等。我国幅员辽阔，经纬度跨度大和地形复杂等特点，决定我国农业气候资源具有空间变化大、季节变化大、组合类型多样等特点（侯光良，1989）。农业气候资源的利用包含两个方面，一是直接利用，即作为能源和物质的直接利用，例如利用太阳能、风能发电，利用空气制氧、制氮等；二是间接利用，即利用绿色植物同化二氧化碳和水，固定太阳能，生产有机物质。间接利用，即绿色植物的利用，是农业气候资源最广泛、最大量的利用（李继由，1995）。我国粮食生产对气候资源响应的敏感地区主要分布在某些气候边缘区，如水热年际变率较大地区，气候对粮食生产影响程度北方强于南方，且随着技术水平的提高，影响程度逐渐减弱（谢云，1999）。全球因二氧化碳排放过度，造成气候变暖，对农业产生如下方面的危害：一是洪涝和干旱气象灾害发生频繁；二是沿海地区的风暴潮加剧；三是农业病虫害增加（杨德宝，王式功等，2003）。

诚然，气候资源是农业粮食生产不可或缺的要素，但气候资源受到人为影响和破坏后，容易突破自身的极限值，造成气候灾害。

近年来，我国区域性旱情持续发生，对包括农业生产在内的经济活动造成较大损失。2009—2012年，云南省4年连旱，全省因旱直接经济损失已达100亿元。2013年南方干旱，截至2013年8月上旬，湖南、贵州、重庆等南方13个省（区、市）耕地受旱面积达9 737万亩，其中作物受旱面积达8 903万亩（重旱2 712万亩、干枯1 077万亩），待播耕地缺水缺墒面积达834万亩。2014年"夏旱"，河南省秋粮受旱面积达2 583万亩，其中严重干旱739万亩；同年，辽宁省大旱，粮食减产100亿千克；湖北省多个县市出现中旱到特旱的灾情，同年8月受灾农田已达500万亩。

另外，沿海地区的风暴潮对农业造成"短平快"的损害。以2013年为例，9月22日台风"天兔"在广东省沿海登陆，影响广东、广西、福建、湖南等省（区、市）；10月6—8日台风"菲特"在福建登陆，影响浙江、福建和上海部分地区；10月13—15日台风"百合"影响海南省；11月10—12日台风"海燕"影响广西、广东、海南等省（区、市）。台风带来的狂风暴雨导致部分地区农田被淹、作物倒伏、果树折枝落果、水产养殖池塘被冲毁。

二、水 资 源

包含粮食生产在内的农业生产用水，一般包括绿水（green water）和蓝水（blue water）。其中，绿水主要是指雨水，包括渗透到作物或土壤中用于植物的生长的部分和重新蒸发回归到大气层的部分。蓝水主要指雨水最终变为江河湖泊和地下水，蓝水是农业用水管理的主要部分（Rockström，2003；Rockström and Gordon，2000；Emily Kate Schendel et al.，2007）。农业用水已成为我国水资源利用大户。2004—2013年，我国农业历年用水量均值为3 702.93亿米^3，农业历年用水量约占全行业（农业、工业、服务业和生态用水）用水总量的62.66％。我国虽然是农业用水大户，农业用水依然处于相对低效状态（王学渊等，2015；刘瑜，张俊飚，2015）。

目前看来，水资源短缺和水环境恶化，日益制约着我国粮食生产安全。

中国是一个严重缺水的国家。全国淡水资源总量为 28 000 亿米^3，占全球水资源的 6%，仅次于巴西、俄罗斯、加拿大，居世界第四位，但人均水资源占有量只有 2 200 米^3，仅为世界平均水平的 1/4、美国的 1/5，是全球 13 个人均水资源最贫乏的国家之一。扣除难以利用的洪水径流和散布在偏远地区的地下水资源后，我国实际可利用的淡水资源量则更少，仅为 11 000 亿米^3 左右，人均实际可利用水资源量仅为 900 米^3，并且其分布极不均衡。南方水多，北方水少，西部水少，沿海水多。水资源少、分布不均与我国粮食主产区的水需求渴望形成对立的情势，必然形成粮食生产用水的紧张局面。据统计，我国年缺水总量估计为 400 亿米^3，每年受旱面积 200 万～260 万千米^2，影响粮食产量 150 亿～200 亿千克。

目前，水环境恶化的趋势没有得到有效地遏制。全国水土流失面积达 367 万千米^2，占国土面积的 38%。全国近一半河段和九成的城市水域受到不同程度的污染。据中商情报网 2014 年统计，2011 年我国生活废水排放量 428 亿吨，工业废水排放量 231 亿吨，灌溉流域受到较为严重污染。其中，生活污水日益成为水污染的主要来源。如用污水灌溉农田，粮食生产的数量将减少，生产的质量将会下降，严重影响人民的食物营养及生命健康。

三、土地资源

土地资源是指已经被人类所利用和可预见的未来能被人类利用的土地。土地资源既包括自然范畴，即土地的自然属性，也包括经济范畴，即土地的社会属性，是人类的生产资料和劳动对象。农业生产用地，主要指粮食作物生产使用的耕地。现阶段，耕地的主要特征是数量和质量同步下滑。我国面临的工业化、城镇化需要占用一部分耕地，生态的恢复和环境的安全也需要一部分耕地退出生产（陈锡文，2014），土地流转必将影响到粮食安全（刘琴，2014）；另据披露，2005 年我国已有 20% 的耕地遭到重金属污染（裴敏欣，2014）。耕地数量的保持和质量的提高才可以缓解粮食安全压力（蔡运龙，2001；龙花楼，2009）。

我国粮食安全生产将进一步面临耕地资源稀缺、土地人口负担过重和土壤品质下降的多重制约，给粮食安全生产造成潜在巨大压力。

中国土地绝对数量大、人均占有量少。中国内陆土地面积约 144 亿亩，其中，耕地约 20 亿亩，约占全国总面积的 13.9%。我国耕地面积居世界第 4 位，但人均占有量很低。世界人均耕地面积为 0.37 公顷，中国人均仅 0.1 公顷。发达国家 1 公顷耕地负担 1.8 人，其他发展中国家负担 4 人，中国则需负担 8 人。尽管中国已解决世界 1/5 人口的温饱问题,但随着工业化和城镇化加速发展,中国非农用地逐年增加,人均耕地逐年减少,土地的人口压力将愈来愈大。

我国土地类型多样、区域差异显著。我国从东到西又可分为湿润地区(占整体土地面积 32.2%)、半湿润地区(占比 17.8%)、半干旱地区(占比 19.2%)、干旱地区(占比 30.8%)。又由于地形条件复杂,山地、高原、丘陵、盆地、平原等各类地形交错分布,形成了复杂多样的土地资源类型,区域差异明显,适宜粮食作物生长的品种及地区受到自然条件的限制。

我国难开发利用和质量不高的土地比例较大。在全国国土总面积中,沙漠占比 7.4%,戈壁占比 5.9%,石质裸岩占比 4.8%,冰川与永久积雪占比 0.5%,加上居民点、道路占用的 8.3%,全国不能供农业利用的土地占全国土地面积的 26.9%。在现有耕地中,涝洼地占比 4.0%,盐碱地占比 6.7%,水土流失地占比 6.7%,红壤低产地占比 12%,次生潜育化水稻土占比 6.7%。此外,各类低产地合计 5.4 亿亩。这将进一步制约粮食生产依靠扩大耕地面积的做法。

四、农业能源

农业能源按能量法划分主要包括矿物燃料、农药、化肥、农机和灌溉用能等(Wendell,2000;Paul,2003)。这些能源均是直接或间接由化石能源转化而来,所以本质上农业能源是化石能源。我国农业中的粮食紧平衡状态是通过石油化学农业实现的,但是是以牺牲农业生态和食品安全为代价的(倪国华、郑风田,2012)。我国劳动力密集型农产品具有比较优势,土地密集型农产品具有比较劣势(庄佩芬,2011),而一个国家的土地禀赋的相对比较优势越差,化石能源需求便越强劲(Piero,Mario,1997),这符合我国特点。这也正好解释,为什么我国人口老龄化加剧,粮食增产依然持续,原因在于不可再生的化石能源的过度替代使用(纪志耿,2013)。

化石能源为粮食安全提供可靠动力,但过度使用,其转化过程中排放的二氧化碳、氮氧化物等,给环境造成较大负外部性影响。

农用电力主要来源于以火电为主的外购电力。2003—2017 年,我国电力碳排放量占碳排放总量次主导地位,平均年碳排放量为 295 046.5 万吨,约占碳排放总量的 19.53%。农业电力是农业能源的主体,其间接的碳排量仅次于机械能(张雄化,2018)。

机械与灌溉设施用能包括生产和使用农用机械和灌溉设施间接和直接消耗的化石能源。2005—2017 年,我国机械和灌溉碳排放量较大,平均年碳排放量为 513 296.4 万吨，约占碳排放总量的 76.40%。我国农机灌溉能基数较大，仅次于电力能耗，其碳排放量占据主导地位（张雄化，2018）。

第三节 粮食生产中自然资源总利用效率评价：土地、水和气候

一、引　　言

我国农业自然资源损害较为严重，对粮食安全生产造成较大隐患。众所周知，粮食生产中最离不开的是土地和水源等不可再生资源。有关研究表明，2015 年我国已有 20% 的耕地遭到重金属污染（裴敏欣，2014），2011 年我国生活废水排放量 428 亿吨，工业废水排放量 231 亿吨，流域污染较为严重（中商情报网，2014），反映出我国农业自然资源的清洁利用已面临严峻挑战。另外，农业自然资源日益稀缺，农业发展中与城镇化建设和工业的争水争地现象也较为明显。如何在资源日益稀缺和资源品质日益下降的情况下，保证粮食的安全生产，是当前我国亟须解决的问题。

提高农产品数量和质量的有效途径之一就是最优化资源利用（Behrouzi, et al.，2012）。过去 50 年中，中国创造了"用占世界 7% 的耕地，养活了占世界 22% 的人口"的中国奇迹（Fan et al.，2013）。保障中国粮食自给安全的潜在解决方案之一，就是育种更适宜气候变化和更高产的作物品种（Chen et al.，2013）。但中国作物产量主要依靠单位亩产量的提高，而非扩大种植面积；作物产量在面临气候改变，水、土地、能源和养分稀缺以及农业面源污染、温室气体排放和土壤质量下降加剧的情况下，提高农作物产量最快和最现实的路径是运用和推广现存的农业技术(Fan et al.，2013)。尽管市场存在着诸多不确定性，但中国农户为获得收入最大化能自发有效地配置资源，如土地和劳动力（Dittrich, Myers，1971）。事实证明，采用优异的作物生产资源配置技术或系统，可以同时提高农户的技术效率和作物产量(Dung et al.，2011；Fan et al.，2013)。当前，调整资源结构和提高资源利用效率是维护粮食安全生产的有效方案之一。

近年来，资源与经济相互关系日益受到政府、企业和学界深刻认知的背景下，国内关于资源及其效率的研究逐渐兴起。重点表现为关于整体资源效率国家和区域层面的研究（吴狄，武春友，2012；程晓娟，2012）；关于水资源区域、行业和全国层面的研究（马海良，黄德春等，2012；陈观聚，白永秀，2013；魏楚，沈满洪，2014）和关于国际资源效率演化的研究（王晓玲，2013；郭玲玲等，2012）。农业资源研究方面，有单个省份农业资源情况的研究，如刘军等（2012）利用农业资源可持续模型和资源丰度模型评价了湖南省农

业资源利用水平；张燕、张洪等（2012）分析了安徽省种植业资源利用情况，得出不再追加人工资源的方法提高产出最符合资源节约型农业的要求。有利用境外农业资源的研究，如周文涛等（2012）和马晓河等（2012）分析了中国利用境外农业资源的情况，得出结论均认为利用比较优势原则，我国应该进口土地密集型农业产品，出口劳动力密集型农业产品。以上说明，国内对农业资源研究定性方法居多，缺乏关于全国及区域层面的农业资源及其效率的定量研究。

与以往侧重研究农业资源不同的是，本研究以单独研究农业自然资源为主，以资源利用及效率为切入点，运用 DEA-MALQUIST-TOBIT 三步法对全国和省域层面的土地、水和气候资源的效率形态及特点进行实证分析，以期找准提高农业自然资源效率的途径，为中国粮食安全生产提供切实的保障。

二、粮食生产中的资源分类及其基本特征分析

（一）传统农业资源中劳动力浮动弹性小而资本浮动弹性大

我国农业人力资本提升缓慢，表现在两个方面：第一，农业人口数量下降。如图 2-2 所示，我国农业从业人口的数量增长走势为"M 头"与"头肩底"形态，今后从业人员仍有缓慢回落态势；第二，农业人口质量提高。如图 2-2 所示，我国农业较高学历从业人口增长比率整体将呈缓慢上升的趋势。整体来看，1990 年以来我国农业人力资本在不断提升，但速度相对缓慢。如图 2-3 所示，农业资本快速稳定提升表现在两个方面：第一，国家财政用于农业的支出逐年快速上升；第二，农业基本建设投资和农林牧渔新增固定资产投资逐年快速上升。整体看来，我国历年农业资本量投入呈现出快速增长的态势。

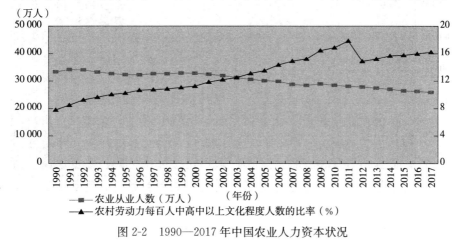

图 2-2　1990—2017 年中国农业人力资本状况

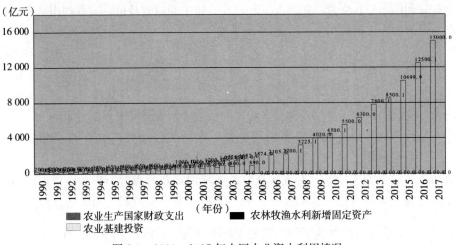

图 2-3　1990—2017 年中国农业资本利用情况

（二）现代农业资源中机械、农药和化肥投入均相对密集

以农业机械总动力指标代表机械工作量，我国农业中的机械工作量呈现出相对快速上升的趋势（见图 2-4）。这表明 1990 年以来机械在农业中的推广和利用较为迅猛。

同样，农业中农药和化肥的利用亦呈现快速上升的趋势（见图 2-5）。总体来看，机械、农药和化肥在农业中的利用量呈现出相对持续快速上涨的走势。

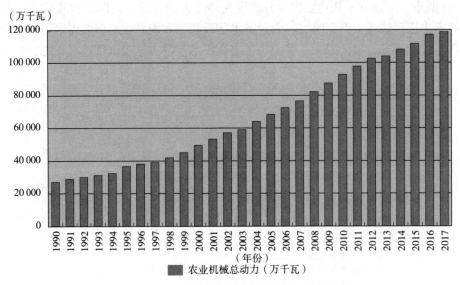

图 2-4　1990—2017 年中国农业机械工作量情况

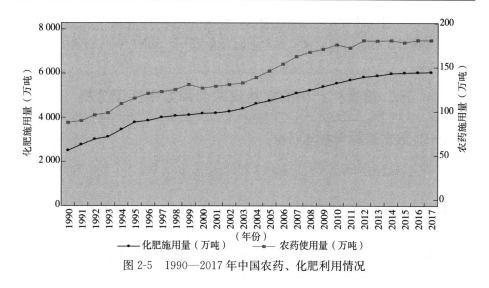

图 2-5　1990—2017 年中国农药、化肥利用情况

（三）自然资源中气候波动总体可控而水和土地资源刚需旺盛

气候资源影响农业生产表现出随机特征。气候变化影响农业收成的指标用成灾和受灾面积表示，如图 2-6 所示，气候对我国农业的灾害影响呈波动走势，整体看来，1990—2017 年气候造成的灾害面积在 225 000～300 000 千公顷"箱体"内呈上下震荡波动态势，并表现出随机特征。

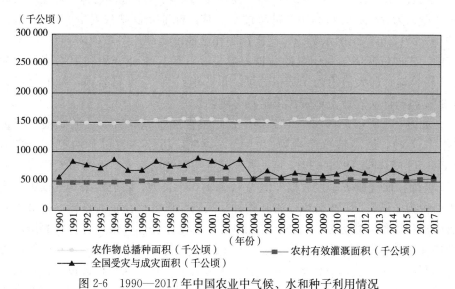

图 2-6　1990—2017 年中国农业中气候、水和种子利用情况

水资源和土地资源影响农业生产表现出高位稳定的规律。其中，农业水资

源的利用可以用农村有效灌溉面积表示，农业土地利用量用农作物总播种面积表示。如图2-6所示，农业水资源和土地资源利用量表现出刚性需求的长期缓慢上升趋势。

三、粮食生产中的自然资源利用效率实证分析

（一）数据来源与样本特征

本研究的数据来源于1978—2017年的《中国农村统计年鉴》和《中国统计年鉴》。

粮食总产量：主要是历年谷物、小麦、玉米、大豆和薯类之和，单位为万吨；

水资源：采用历年农村有效灌溉面积替代水资源利用程度，单位为千公顷；

土地资源：采用历年农作物有效总播种面积替代农业土地资源利用情况，单位为千公顷；

气候资源：采用历年总的农田成灾面积和受灾面积之和的倒数反映气候资源投入量，成灾面积和受灾面积越大反映气候资源利用量越小，反之成灾面积与受灾面积越小，则气候资源利用量越大。单位为千公顷。

如表2-2所示，1978—2017年，全国粮食平均年产量接近4.5亿吨，最低年产量约为3亿吨，最高年产量超过6亿吨，标准差反映粮食生产较为平稳。1978—2017年，全国水资源、气候资源和土地资源利用各数值内部差异较小，其中，土地资源历年利用量的数据差异更小，历年土地资源利用均值量约为1.1亿公顷，最大值约为1.2亿公顷，最小值约为0.99亿公顷，标准差仅为4 328.448，证实农业土地资源供给具有刚性。

如表2-3所示，1978—2017年，省际粮食产量差异较大，最低粮食产量为7.4万吨，最高粮食产量为17 645.8万吨，历年各省份平均粮食产量为1 808.520万吨。1978—2017年，省际气候灾害波动较大，上海市气候灾害为0千公顷，而气候灾害最大损失值为12 181.0千公顷，各省份平均气候灾害损失面积为2 477.148千公顷。省际播种和灌溉面积也存在较大差异，如最小灌溉面积和播种面积分别为126.4千公顷、141.3千公顷，最大省份的灌溉面积和播种面积分别为6 832.3千公顷、17 716.6千公顷。总体看来，农业气候资源的利用与灾害防治方面各省份存在较大差异，气候灾害可以通过人为控制来缩减；农业水资源和土地资源的各省份利用情况差异也较大，省域内部的农业用土地资源和水资源存在优化空间。

表 2-2　1978—2017 年全国农业自然资源统计描述

	平均值	标准差	最大值	最小值
粮食总产量（万吨）	44 761.76	7 345.156	62 958.0	30 408.0
气候资源（1/千公顷）	1.55E-05	3.61E-06	2.74E-05	1.12E-05
水资源（千公顷）	50 833.24	5 779.076	63 036.4	44 035.9
土地资源（千公顷）	110 210.70	4 328.448	120 587.0	99 410.0

表 2-3　1978—2017 年省际农业自然资源统计描述

	平均值	标准差	最大值	最小值
粮食总产量（万吨）	1 808.520	1 976.640	17 645.8	7.4
气候灾害（千公顷）	2 477.148	2 099.915	12 181.0	0
灌溉面积（千公顷）	1 941.815	1 471.662	6 832.3	126.4
播种面积（千公顷）	4 581.786	3 490.627	17 716.6	141.3

注：因数据的缺失，省际农业资源不包括 1981、1982、1987、1991—1994、2007 年的数据，重庆市并入四川省，由于数据缺失，剔除海南省。

（二）研究方法

1. BCC-DEA 模型

考虑到规模报酬不变为假设的 CCR-DEA 模型与农业生产实际情况存在诸多不符，加上农业生产投入资源不具有固定不变的特性，本研究采用 Banker 等（1984）提出的基于投入方向的规模报酬可变的 BCC-DEA 模型，其数学公式如模型（2-6）所示：

$$MaxZ_p = \sum_{j=1}^{s} U_j Y_{jp} - \alpha$$

$$s.t. \begin{cases} \sum_{i=1}^{m} V_i X_{jp} = 1 \\ \sum_{j=1}^{s} U_j Y_{jk} - \sum_{i=1}^{m} V_i X_{ik} \leqslant \alpha; \ k = 1, \cdots, n \\ U_j > 0; \ j = 1, \cdots, s \\ V_i > 0; \ i = 1, \cdots, m \end{cases} \quad (2\text{-}6)$$

式（2-6）中 X_{ik} 代表第 k 个 DMU 的第 i 项投入，Y_{jk} 代表第 k 个 DMU 的第 j 项产出，V_i 代表第 i 项投入权重，U_j 代表第 j 项产出权重，Z_p 代表第 p 个 DMU 的效率值，α 为截距。

利用线性规划对偶理论进行转化，并加入约束条件 $\sum_{k=1}^{n} \lambda_k = 1$；$\lambda_k \geqslant 0$，获得 BCC 对偶方程式（2-7）：

$$Min H_p = \theta_p - \varepsilon \left[\sum_{i=1}^{m} S_i^- + \sum_{j=1}^{s} S_j^+ \right]$$

$$s.t. \begin{cases} \theta_p X_{ip} - \sum_{k=1}^{n} \lambda_k X_{ik} = S_i^-; \ S_i^- \geqslant 0 \\ \sum_{k=1}^{n} \lambda_k Y_{jk} - Y_{jp} = S_j^+; \ S_j^+ \geqslant 0 \\ \sum_{k=1}^{n} \lambda_k = 1; \ \lambda_k \geqslant 0 \end{cases} \quad (2\text{-}7)$$

式（2-7）中 X_{ik}、Y_{jk}、U_j 和 V_i 定义与（2-6）式一致，H_p 代表第 p 个 DMU 的效率值。

2. Malquist 效率指数分解

Fare 等（1994）指出 DEA-Malquist 生产率可分解为技术效率变化和技术变化两部分，其中技术效率变化可分解为纯技术效率和规模效率两部分。投入导向的 DEA-Malquist 生产率指出可表示为模型（2-8）的形式：

$$M_0(x_t, \ y_t, \ x_{t+1}, \ y_{t+1}) = \frac{s_0^t(x_t, \ y_t)}{s_0^t(x_{t+1}, \ y_{t+1})} \times \frac{D_0^t(x_{t+1}, \ y_{t+1}/VRS)}{D_0^t(x_t, \ y_t/VRS)} \times$$

$$\left[\frac{D_0^t(x_{t+1}, \ y_{t+1})}{D_0^{t+1}(x_{t+1}, \ y_{t+1})} \times \frac{D_0^t(x_t, \ y_t)}{D_0^{t+1}(x_t, \ y_t)} \right]^{1/2} \quad (2\text{-}8)$$

其中，右式第一项表示规模效率，若其值大于 1，则意味着改变了要素投入，提高了规模效率；第二项表示纯技术效率，若其值大于 1，则意味着管理改善使效率改进；第三项表示技术变化，若其值大于 1，则意味着技术在考察年份实现了跨越，即实现了技术创新。

3. TOBIT 模型

为了进一步研究农业自然资源效率的影响因素，本研究以 1978—2017 年 DEA 模型得出的省域农业自然资源效率（efficiency）为因变量，以影响农业自然资源效率的各种因素作为自变量建立面板 Tobit 回归模型。为研究方便本研究做出如下假设：

（1）农业所占三大产业的比重影响农业自然资源的配置效率。农业所占比重越大，说明土地、水资源等的配给负担越严重，资源的配置效率相对较低。因此假设农业增加值占三大产业增加值的比重（industry_pro）与资源配置效率是负相关关系。本研究采用第一产业增加值与第一、二、三产业增加值之和的比率来反映农业占三大产业的比重。

（2）省域经济发展水平影响农业自然资源的配置效率。经济发展较快的地方对资源的需求量越大，粗放的资源利用方式不可持续，经济高速的发展最终回归资源的高效利用。因此，假设经济发展水平（gdp_pro）与资源配置效率存在正相关关系。本研究采用省域生产总值与全国生产总值之比来反映本区的经济发展水平。

（3）区域市场化程度影响资源的配置效率。市场化程度越高，资源要素的流转越迅速，资源越能达到较好的配置。假设地区市场化程度（marketization_pro）＝1－国有经济所占比重，则市场化程度与资源配置效率存在正相关关系。其中，国有经济的比重近似采用国有控股工业企业利润总额与第二产业的比值来表示。因此本研究将地区市场化程度近似地看成工业的市场化程度。

（4）区位虚拟变量影响资源的配置效率。我国东部、中部、西部和东北（表示为其他）的自然资源条件存在地域差异，四个不同区位的优势将影响到自然资源的效率。本研究引入式（2-9）的三个虚拟变量 D 分别为：

$$D_{1i}=\begin{cases}1, \text{东部}\\0, \text{其他}\end{cases}; \quad D_{2i}=\begin{cases}1, \text{中部}\\0, \text{其他}\end{cases}; \quad D_{3i}=\begin{cases}1, \text{西部}\\0, \text{其他}\end{cases} \qquad (2\text{-}9)$$

根据以上假设，构建农业自然资源效率影响因素的多元线性回归模型为：

$$efficiency_{ti} = \alpha_0 + \alpha_1 industry\_pro_{ti} + \alpha_2 gdp\_pro_{ti} +$$
$$\alpha_3 marketization\_pro_{ti} + \beta_T \sum D_{Ti} + \varepsilon_{ti}$$
$$i=1, 2, \cdots, 29; \quad t=1978, 1980, \cdots 2012; \quad T=1, 2, 3$$
$$(2\text{-}10)$$

式（2-10）中，α_0、α_1、α_2、α_3 和 β_T 为模型待估系数，ε_{ti} 为随机扰动项。

（三）结果分析

1. 全国效率分布的时序分析

运用基于投入方向的规模报酬可变的 BCC-DEA 模型进行效率测算，表 2-4 显示出改革开放以来我国农业自然资源效率的四大特点：

（1）1984—2018 年，全国农业自然资源效率大多数年份是无效的。其中，综合技术效率（crste）有效的年份仅有 2002、2003、2004、2014、2015、2017、2018，其余绝大多数年份均为效率小于 1 的无效值。

（2）1984—2018 年，全国农业自然资源效率随时间呈增长趋势。1984 年的 crste 值约为 0.68，1986—1987 年的 crste 值约为 0.7，1988—1989 年的值约为 0.8，1995—2001 年的值在 0.95 以下，2002—2018 年的值基本向 1 靠拢；2018 年与 1984 年比较，crste 增长幅度为 47.71%，平均年增幅为 1.65%。

（3）1984—2018 年，全国农业自然资源效率主要取决于纯技术效率而非规模效率。观察表 2-4 中的纯技术效率（vrste）与规模效率（scale）发现，历年的 vrste 值均大于或等于 scale 值；因此得到公式 crste＝vrste×scale，可以判断 vrste 对农业自然资源的 crste 做出了绝对贡献。这表明，改革开放以来，农业自然资源的规模没有得到明显改善，但自然资源的管理相对改善使纯技术效率有所改进。

（4）1984—2018 年，全国农业自然资源投入总体显示为规模报酬递增。表 2-4 中的规模报酬递增（irs）出现在绝大多数年份，仅有 7 个年份显示规模报酬不变，仅有 2016 年显示为规模报酬递减（drs）。说明我国通过合理地配置资源投入量，可以同步达到相应粮食产量的提高。

表 2-4　1978—2017 年全国自然资源效率

年份	crste	vrste	scale		年份	crste	vrste	scale	
1984	0.677	0.989	0.684	irs	2002	1	1	1	—
1986	0.718	1	0.718	irs	2003	1	1	1	—
1987	0.728	0.988	0.737	irs	2004	1	1	1	—
1988	0.801	0.997	0.804	irs	2005	0.996	0.996	1	irs
1989	0.866	0.989	0.876	irs	2006	0.995	1	0.995	irs
1990	0.915	1	0.860	irs	2007	0.951	0.980	0.931	irs
1991	0.860	1	0.860	irs	2008	0.920	0.988	0.931	irs
1992	0.884	1	0.860	irs	2009	0.953	1	0.953	irs
1993	0.906	1	0.906	irs	2010	0.920	1	0.920	irs
1994	0.684	1	0.684	irs	2011	0.943	0.995	0.948	irs
1995	0.906	1	0.906	irs	2012	0.974	1	0.974	irs
1996	0.940	0.989	0.950	irs	2013	0.997	1	0.997	irs
1997	0.931	1	0.931	irs	2014	1	1	1	—
1998	0.923	0.992	0.930	irs	2015	1	1	1	—
1999	0.939	0.998	0.941	irs	2016	0.995	0.996	0.999	drs
2000	0.943	1	0.943	irs	2017	1	1	1	—
2001	0.946	1	0.946	irs	2018	1	1	1	—

注：irs 表示规模报酬递增，drs 表示规模报酬递减，"—"表示规模报酬不变。

2. 全国效率变化的时序分解

表 2-5 的 Malquist 指数分解显示出农业自然资源效率变化的两大规律：

（1）历年效率的变化中技术效率变化没有发生。技术效率变化（effch）可以分解为纯技术效率变化（pech）与规模效率变化（sech）的乘积。表 2-5

显示，相邻年份的效率变化中 effch、pech 和 sech 的值始终为 1，说明相邻年份中管理没有改进，让农业自然资源纯技术效率发生实质的改善。

（2）历年效率变化中技术变化实质性发生。表 2-5 中的技术变化（techch）绝大多数年份值均大于 1，平均值为 1.007，说明改革开放以来技术创新在农业自然资源生产领域起到了实质性的作用。

表 2-5　1984—2018 年自然资源效率变化的 Malguist 指数分解

年份	effch	pech	sech	techch	年份	effch	pech	sech	techch
1984—1986	1	1	1	1.084	2002—2003	1	1	1	1.076
1986—1987	1	1	1	0.877	2003—2004	1	1	1	0.979
1987—1988	1	1	1	1.007	2004—2005	1	1	1	0.993
1988—1989	1	1	1	1.105	2005—2006	1	1	1	0.974
1989—1990	1	1	1	1.021	2006—2007	1	1	1	0.962
1990—1991	1	1	1	1.111	2007—2008	1	1	1	0.958
1991—1992	1	1	1	1.051	2008—2009	1	1	1	1.024
1992—1993	1	1	1	0.966	2009—2010	1	1	1	0.850
1993—1994	1	1	1	0.829	2010—2011	1	1	1	1.068
1994—1995	1	1	1	1.297	2011—2012	1	1	1	1.081
1995—1996	1	1	1	0.967	2012—2013	1	1	1	1.062
1996—1997	1	1	1	1.181	2013—2014	1	1	1	0.961
1997—1998	1	1	1	0.987	2014—2015	1	1	1	1.042
1998—1999	1	1	1	0.996	2015—2016	1	1	1	0.927
1999—2000	1	1	1	1.068	2016—2017	1	1	1	0.933
2000—2001	1	1	1	0.928	2017—2018	1	1	1	0.927
2001—2002	1	1	1	1.070	平均值	1	1	1	1.007

3. 省域效率分布的面板数据分析

运用面板数据 BCC-DEA 模型测算历年各省份的效率，可以得到省域农业自然资源效率的四个特点：

（1）大多数省份在大多数年份的效率值均为无效值。如表 2-6 所示，1984—2018 年，相对有效的省份包括四川、吉林、山东、黑龙江，它们效率值为 1 的年份个数分别为 23 年、23 年、18 年、16 年，排名依次为第 1 名、第 1 名、第 2 名、第 3 名。情况稍好的省份有上海、江苏，它们效率值是 1 的年份个数均为 14，并列排名第 4。其余省份的效率值为 1 的年份个数较少，多数省份效率值为 1 的年份个数仅为 3 年。

（2）29 省份农业自然资源动态效率固化较为严重。如图 2-7 所示，除
1990 年各省份效率值均为 1 以外，1984—2018 年 24 年间，各年份的效率走势
基本一致，各年份中效率值高的省份一直保持较高水平，效率值低的省份始终
保持较低水平，反映历年各省份的效率在全国所占比例基本恒定不变。但随着
时间推移，效率值在缓慢升高。

（3）29 省份的聚类分析表明不同省份自然资源效率归于不同的类。运用
SPASS 对各省份 1984—2018 年的效率均值作 K-means 聚类分析，将效率划分
为高效区、中效区和低效区 3 类。如表 2-7 所示，属于高效区的省份包括 11
个：辽宁、浙江、湖北、上海、河南、黑龙江、山东、江苏、湖南、吉林、四
川，它们的效率区间为 0.9—1；属于中效区的省份包括 6 个：安徽、贵州、
福建、江西、北京、广东，它们的效率区间为 0.8—0.9；属于低效区的省份
包括 12 个：甘肃、青海、山西、陕西、宁夏、云南、天津、广西、河北、新
疆、西藏、内蒙古，它们的效率区间介于 0.5—0.8 之间。由此看来，我国绝
大多数省份的农业自然资源利用归属于中效率和低效率区间。

（4）29 省份的四大区域划分得出区域农业自然资源效率的收敛发散性。
由变异系数＝标准差/平均值，得到四大区域的收敛发散走势。如图 2-8 所示，
1984—2018 年，无论区域还是全国，前 8 年的资源效率呈向下收敛趋势，收
敛值向 0 靠拢；之后 10 年的资源效率值呈向上发散趋势；再往后 4 年的资源
效率呈向下收敛趋势，收敛值向 0 靠拢；最后 13 年的资源效率走势表征为发
散。其中，东部地区效率变异系数值由 1984 年的 0.2 变为 2018 年的 0.1，中
部地区变异系数由 0.25 变为 0.2，西部地区变异系数由 0.4 变为 0.25，东北
地区变异系数由 0.2 变为 0.05。全国的变异系数由 0.3 变为 0.2。表明我国区
域间农业自然资源效率差异分化较为严重，各省份间的资源效率差异分化也较
为严重。

表 2-6　1984—2018 年全国各省（区、市）的效率值有效的年数及排名

省份	效率为 1 年数	排名	省份	效率为 1 年数	排名
四川	23	1	湖南	12	5
吉林	23	1	河南	10	6
山东	18	2	贵州	9	7
黑龙江	16	3	辽宁	7	8
上海	14	4	浙江	5	9
江苏	14	4	新疆	5	9

(续)

省份	效率为1年数	排名	省份	效率为1年数	排名
西藏	5	9	江西	3	11
湖北	4	10	河北	3	11
云南	3	11	广西	3	11
天津	3	11	广东	3	11
陕西	3	11	甘肃	3	11
山西	3	11	福建	3	11
青海	3	11	北京	3	11
宁夏	3	11	安徽	3	11
内蒙古	3	11	—	—	—

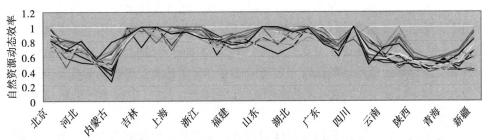

图 2-7 全国部分省（区、市）自然资源动态效率

表 2-7 自然资源效率的 K-means 聚类分析

区域	省份
高效区	辽宁、浙江、湖北、上海、河南、黑龙江、山东、江苏、湖南、吉林、四川
中效区	安徽、贵州、福建、江西、北京、广东
低效区	甘肃、青海、山西、陕西、宁夏、云南、天津、广西、河北、新疆、西藏、内蒙古

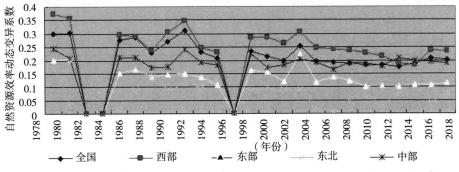

图 2-8 1978—2018 年全国和四大区域自然资源效率的动态变异系数

4. 省域效率的影响因素分析

省域农业自然资源效率的影响因素分析中，基于数据一致性和可得性，本研究最后选用 29 省 2005—2018 年的面板数据，采用 STATA 对随机效应 TOBIT 模型进行参数估计。

如表 2-8 所示，不考虑区域优势，地区经济发展水平的弹性系数为 1.816 5，且在 5% 水平下显著，说明经济发展水平对农业自然资源效率具有显著的正向影响，与原假设相符。市场化程度的弹性系数为 -0.121 9，且在 5% 水平下显著，说明市场化程度对农业自然资源效率具有负向影响，与原假设不符，可能的原因是工业的市场化程度与整个行业的市场化程度和农业的市场化程度不一致，工业的市场化对农业的市场化存在挤出效应。在表 2-8 中的产业结构比重对资源利用效率的影响不甚明显。

如表 2-9 所示，考虑区域虚拟变量后，地区经济发展水平对资源效率的影响不再明显；工业市场化程度依然对资源效率具有负向作用，弹性系数为 -0.140 1，在 1% 水平下显著；产业结构比重对资源效率的影响作用依然不显著。东部和西部地区的区位对资源效率存在显著的负向影响，弹性系数分别为 -0.126 9、-0.229 2，显著水平分别为 10%、1%；中部地区的区位效应不显著。

总体来看，工业的市场化程度对农业自然资源效率起阻碍作用，不考虑区位因素的地区经济发展水平对自然资源效率起促进作用，考虑区位因素的东部和西部地区在农业自然资源效率上存在阻碍。

表 2-8 　自然资源效率影响因素的 TOBIT 回归结果（不包含虚拟变量）

变量	系数	标准差	T 值	P 值
常数项	0.849 6***	0.059 5	14.28	0.000
Industry _ pro	0.024 3	0.135 1	0.18	0.857
gdp _ pro	1.816 5**	0.801 5	2.27	0.023
Marketization _ pro	-0.121 9**	0.054 0	-2.26	0.024

注：***代表 1% 的显著水平，**代表 5% 的显著水平，* 代表 10% 的显著水平。

表 2-9 　农业自然资源效率影响因素的 TOBIT 回归结果（包含区域虚拟变量）

变量	系数	标准差	T 值	P 值
常数项	1.025 1***	0.080 2	12.79	0.000
Industry _ pro	0.083 2	0.138 8	0.60	0.549

（续）

变量	系数	标准差	T 值	P 值
gdp _ pro	1. 331 1	0. 843 0	1. 58	0. 114
Marketization _ pro	−0. 140 1***	0. 053 9	−2. 60	0. 009
d1	−0. 126 9*	0. 072 9	−1. 74	0. 082
d2	−0. 114 8	0. 073 0	−1. 57	0. 116
d3	−0. 229 2***	0. 068 2	12. 79	0. 001

注：***代表 1%的显著水平，**代表 5%的显著水平，* 代表 10%的显著水平。

四、研究结论与启示

综上分析，农业自然资源在农业粮食生产中具有举重若轻的地位。

（1）我国农业自然资源利用整体表现出一定的特征。如从气候灾害对农业的影响面积可以判断，气候资源利用总体控制在一定程度上；土地资源和水资源是相对需求比较旺盛的资源。在城镇化和工业化背景下，农业争地和争水的现象将日趋显现，如何缓解土地和水的紧缺对农业造成的不利影响迫在眉睫。如能在资源利用上做好防控工作，建立比较系统的农业自然资源管理信息系统，如天气、土地和水资源管理 GIS 系统，进行统一管理和动态监测，将利于资源优化配置和效率提升。

（2）我国农业自然资源效率存在较大提升空间。从全国范围来看，虽然历年资源效率呈现增长趋势，但绝大多数年份的效率为无效值。与此同时，历年自然资源的效率贡献中纯技术效率相比于规模效率来说贡献更大，几乎所有年份的资源投入与粮食产出的关系均为规模报酬递增，相邻年份的资源效率变化中体现出技术创新在农业领域实质性发生。因此，应保证和增加农业资源的合理投入，鼓励现有和引进先进农业技术在农业领域的推广和运用，是提高农业资源效率的捷径。

（3）区域农业自然资源效率差异分明。多数年份中多数省份的效率值均为无效，且呈现出省域效率的"高者愈高，低者愈低"的动态局面，大多数省份的农业自然资源利用依然归属于中效率和低效率区间，不论省域间还是区域间的效率水平都表现为发散，没有明显的收敛迹象。因此，需要打破自然资源因地理位置固定而难以流转配置的低效局面，建立比较齐全的土地、水和气候资源流转市场及其相应的衍生工具，以此促进自然资源的虚拟流动配置和效率改进。

（4）自然资源效率与工业市场化水平、经济发展密切相关。总体看来，经济发展水平明显促进自然资源效率提升，工业市场化水平明显阻碍自然资源效率改进，无论经济发达的东部地区，还是经济相对落后的西部地区，自然资源效率均受到了区域优势的阻碍。应不遗余力发展本区经济的同时，改革现存低效和落后的资源管理部门及系统，并对约束资源的体制进行松绑，以此削弱政府取代市场进行资源配置的痼疾。

第四节　基于粮食安全的水资源利用、效率及预测

一、引　言

农业用水名副其实成为我国水资源利用的主导。2004—2013年，我国农业历年用水量均值为3 702.93亿米³，农业历年用水量约占全行业用水量的62.66％。与此同时，我国是严重贫水的国家，人均拥有水资源量仅为世界平均水平的1/4。大米是亚洲季风区理想的粮食作物，稻田灌溉占有重要地位，随着灌溉率的增大，单位亩产的作物产量最终也会增加（Shigetaka Taniyama，2002）。我国作为贫水国，灌溉用水受限，必然对粮食产量形成较大压力。缓解水资源贫乏状态和确保粮食安全，需要人们转变资源利用观。

我国水资源短缺且利用效率低下，虚拟水能成为解决农业用水问题的有效途径（柯兵等，2004；马静等，2004；龙爱华等，2004）。虚拟水概念在地区范围内为土地利用和水资源利用规划提供了一种有用的工具（Emily kate Schendel et al.，2007）。虚拟水是指凝结在商品或服务中无差别的单元水，表示生产给定商品或服务所需水资源的数量（Allan，1998；Wilchens，2001；Chapagain and Hoekstra，2004）。按此定义，粮食生产虚拟水是指生产粮食产品所需要投入水的数量，粮食贸易虚拟水是指凝结在贸易粮食中虚拟水的数量。虚拟水国内外贸易可以同步缓解我国粮食紧平衡状态和水资源短缺状态。

我国粮食虚拟水贸易也不一定遵循比较优势原理。我国是典型的水资源贫乏国，中国农产品贸易整体上属于净虚拟水进口国（Andrew Biro，2012），符合比较优势原理。但富水区域不一定有经济上的激励来生产粮食进行出口（Wichelns，2004）。如亚马孙河流域有丰富的水，但土地较贫弱，因而不可能成为粮食出口地区；足够的土地和较长的生产季节的地区，即使水资源贫乏，也可以成为较低生产成本的农产品的出口者（Duchin，López-morales，2012）。我国区域和省际虚拟水贸易是否符合资源禀赋理论或比较优势原理值得探讨。

本研究与以往同类研究不同之处在于，从全国、省际和区域的角度，定量

分析了我国粮食虚拟水状况，实证分析了粮食虚拟水贸易与粮食生产灌溉水效率、农业用水生态环境效率间的关系。据此提出政策措施，以期利用虚拟水工具缓解我国粮食安全问题。

二、中国粮食需求、虚拟水及其国际贸易的现状

（一）中国粮食需求与虚拟水名义缺口量

中国省际粮食生产基本能自给，多数省份粮食自给率超 100%。根据《中国经济周刊》估算出的中国粮食自给率的公式：粮食自给率＝粮食产量/（常住人口×200 千克），得如表 2-10 所示的省际粮食自给率。如表 2-10 所示，2010—2018 年间我国经济发达省份粮食自给率均值低于 100%，包括北京、天津、上海、浙江、广东、福建、青海，原因在于这些省份有较高的人口规模和较低的粮食生产；余下 24 省（区、市）的粮食自给率均值均超过 100%，粮食自给率最高的是黑龙江，历年自给率均值为 549.01%，自给率最低的是海南省，历年自给率均值也有 107.12%，原因在于这些省份有相对较高的粮食产量和相对较低的人口规模；历年全国粮食自给率的均值区间为 [176.48，217.31]，说明全国粮食生产自给有余，粮食富余省份有能力通过省际贸易补缺粮食短缺省份。

表 2-10　2010—2018 年省际粮食自给率估算

单位:%

省份	2010 年	2011 年	2012 年	2013 年	2014 年	2015 年	2016 年	2017 年	2018 年	均值
北京	23.51	30.85	34.10	30.46	35.43	33.55	29.49	30.17	27.50	30.56
天津	59.96	65.92	66.74	66.01	63.31	63.63	61.46	59.70	57.25	62.66
河北	182.12	189.65	195.91	204.64	207.88	206.85	206.84	219.09	222.74	203.97
山西	159.22	145.75	159.01	148.41	150.69	137.42	151.80	166.02	176.42	154.97
内蒙古	314.57	345.86	352.97	372.75	435.97	403.08	436.50	481.02	507.73	405.60
辽宁	203.94	206.80	201.94	213.47	215.56	183.25	201.76	232.20	235.87	210.53
吉林	463.27	475.18	499.45	449.41	519.39	448.98	517.46	576.67	607.72	506.40
黑龙江	393.11	404.71	437.67	452.79	552.29	568.87	653.83	726.47	751.37	549.01
上海	28.96	27.88	28.33	26.46	27.02	27.53	25.71	25.99	25.71	27.07
江苏	188.03	186.78	198.63	202.78	204.55	206.79	205.55	209.39	212.91	201.71
浙江	84.76	81.62	87.15	70.67	74.40	74.80	70.75	71.54	70.28	76.22
安徽	220.22	212.85	234.10	237.12	246.40	250.36	258.57	262.69	274.64	244.11
福建	104.35	100.52	97.85	87.92	89.63	90.96	89.62	90.43	87.95	93.25

（续）

省份	2010 年	2011 年	2012 年	2013 年	2014 年	2015 年	2016 年	2017 年	2018 年	均值
江西	194.09	203.78	213.69	217.95	222.51	225.92	219.03	228.68	231.44	217.45
山东	191.54	211.80	217.47	221.46	226.21	227.89	226.10	229.65	232.91	220.56
河南	219.20	244.24	266.72	280.19	284.52	284.02	289.04	295.19	299.73	273.65
湖北	184.28	190.67	194.11	191.74	194.99	201.84	202.15	207.43	211.26	197.61
湖南	197.07	211.71	213.36	211.82	219.83	226.56	216.70	222.83	226.43	216.26
广东	76.28	75.86	73.48	66.50	62.84	64.88	63.04	64.78	65.90	68.17
广西	143.03	159.58	155.03	146.46	144.80	150.66	153.72	153.92	158.58	151.69
海南	116.20	92.39	111.00	105.03	107.44	108.56	103.85	107.14	112.46	107.12
重庆	204.86	208.76	162.13	193.18	203.10	198.88	200.39	193.03	193.29	195.29
四川	194.48	195.51	177.10	186.23	192.92	195.15	200.31	204.45	205.24	194.60
贵州	147.23	154.44	152.14	151.56	161.01	155.15	159.86	126.40	154.92	152.52
云南	170.95	170.21	172.01	161.80	167.14	172.49	166.36	180.70	187.71	172.15
西藏	173.91	176.89	162.11	162.46	162.67	152.87	152.00	154.47	154.06	160.15
陕西	141.26	141.32	146.92	143.98	149.42	151.80	155.93	159.61	165.88	150.68
甘肃	158.53	164.41	158.65	161.68	174.16	177.34	187.17	197.84	215.22	177.22
青海	82.10	85.91	80.57	96.20	91.88	92.14	90.51	90.99	88.57	88.76
宁夏	247.02	251.51	257.37	265.16	266.34	272.47	281.61	280.71	289.80	268.00
新疆	202.88	218.06	220.05	206.92	218.32	266.84	267.88	277.24	285.04	240.36
总平均	176.48	181.33	184.77	184.94	195.89	194.57	201.43	210.53	217.31	—

中国省际粮食供需差异导致虚拟水利用的盈余和亏损，虚拟水整体利用存在净富余。因省际粮食生产自给率的不同，粮食自给有余的省份出现虚拟水的盈余，而粮食自给不足的省份出现虚拟水的亏损。按生产粮食 1 千克需要 1 000 升水（Allan，1998）核算，虚拟水缺口量＝粮食产量×（粮食自给率－1）×1 米^3，得到表 2-11 的省际粮食生产的虚拟水盈亏量。如表 2-11 所示，2010—2018 年间，粮食自给不足的省份存在虚拟水利用缺口，如北京、天津、上海、浙江、广东、福建的平均年虚拟水缺口量分别为 7.5 亿米^3、5.57 亿米^3、8.37 亿米^3、18.65 亿米^3、42.56 亿米^3、4.41 亿米^3；粮食自给富余的省份存在虚拟水利用盈余，其中虚拟水盈余最大的省份为黑龙江，平均年虚拟水富余量为 2 016.03 亿米^3，虚拟水盈余最小的省份为海南，平均年虚拟水富余量也有 1.37 亿米^3；历年全国虚拟水盈亏量的均值区间为［172.90 亿米^3，388.41 亿米^3］，且盈余量随时间推移有增加的趋势，说明全国粮食生

产总的虚拟水利用富足，虚拟水富余的省份完全有能力通过省际贸易出口粮食及虚拟水对其他水资源利用及粮食生产不足的省份进行补缺。

表 2-11　2010—2018 年省际粮食需求中的虚拟水盈亏

单位：10^8 米^3

省份	2010 年	2011 年	2012 年	2013 年	2014 年	2015 年	2016 年	2017 年	2018 年	均值
北京	−5.37	−6.56	−7.20	−7.10	−8.10	−8.29	−8.16	−8.51	−8.25	−7.50
天津	−4.92	−4.69	−4.77	−5.00	−5.46	−5.68	−6.15	−6.52	−6.92	−5.57
河北	203.67	232.96	259.23	297.35	313.48	310.95	317.95	377.82	398.49	301.32
山西	62.89	44.74	63.34	48.75	52.11	35.25	56.21	78.76	97.37	59.94
内蒙古	322.99	408.67	431.29	493.87	716.05	600.61	726.23	909.69	1 030.95	626.71
辽宁	178.78	186.45	175.85	208.22	214.98	132.45	179.65	269.09	281.32	202.98
吉林	911.81	968.41	1 086.50	857.38	1 191.07	858.49	1 186.63	1 511.52	1 697.64	1 141.05
黑龙江	879.62	942.16	1 129.98	1 221.68	1 910.93	2 040.99	2 776.24	3 489.81	3 752.87	2 016.03
上海	−7.55	−7.60	−7.98	−8.03	−8.44	−8.82	−8.80	−9.03	−9.09	−8.37
江苏	249.05	245.99	299.97	321.93	332.00	344.94	341.46	361.84	380.79	319.77
浙江	−12.72	−14.97	−11.36	−21.37	−19.86	−19.89	−22.54	−22.24	−22.88	−18.65
安徽	329.76	294.01	383.62	397.84	442.61	461.59	488.47	510.11	574.41	431.38
福建	3.20	0.37	−1.51	−7.67	−6.76	−6.03	−6.87	−6.44	−7.94	−4.41
江西	156.47	182.34	210.84	224.58	239.89	252.17	232.67	264.15	274.03	226.35
山东	321.92	437.97	475.61	503.91	537.72	552.01	546.73	573.87	599.61	505.48
河南	507.79	660.91	835.27	945.13	990.04	991.68	1 027.83	1 081.84	1 126.20	907.41
湖北	177.00	197.42	207.99	200.49	211.56	235.16	236.60	256.60	271.67	221.61
湖南	256.26	299.23	306.77	301.04	336.12	367.37	332.30	361.05	380.11	326.69
广东	−32.97	−33.68	−36.80	−43.04	−46.20	−46.17	−48.66	−47.93	−47.61	−42.56
广西	60.18	88.61	80.52	64.89	62.48	74.13	75.11	77.10	86.99	74.45
海南	3.08	−1.16	2.04	0.89	1.37	1.61	0.69	1.34	2.49	1.37
重庆	120.01	127.05	56.57	101.38	118.89	112.45	116.06	104.84	106.21	107.05
四川	297.30	306.69	223.08	261.01	291.77	303.97	323.29	343.81	348.87	299.98
贵州	54.30	62.72	58.54	56.76	70.65	76.11	66.58	23.15	59.29	58.68
云南	107.10	106.36	111.05	90.27	101.96	114.31	101.60	135.06	153.41	113.46
西藏	7.10	6.24	5.74	5.86	5.95	4.78	4.74	5.10	5.13	5.63
陕西	42.91	43.10	51.00	46.97	54.91	58.61	65.15	71.22	82.03	57.32
甘肃	47.16	53.90	47.40	50.82	65.89	70.09	83.54	99.27	127.86	71.77

（续）

省份	2010 年	2011 年	2012 年	2013 年	2014 年	2015 年	2016 年	2017 年	2018 年	均值
青海	−1.58	−1.31	−1.72	−0.40	−0.83	−0.81	−0.97	−0.93	−1.16	−1.08
宁夏	42.71	45.42	48.93	53.43	54.76	58.76	64.74	64.87	71.18	56.09
新疆	81.94	103.49	108.31	92.70	110.10	192.20	196.54	217.07	235.56	148.66
总平均	172.90	192.75	212.52	217.89	268.76	263.06	304.67	357.66	388.41	—

中国区域粮食供需差异导致区域虚拟水利用差异较大，整体虚拟水利用存在富余。如表 2-12 所示，2010—2018 年间，中国八大区域粮食生产的虚拟水利用中，除东南地区粮食供需出现缺口导致虚拟水利用出现缺口外，其他区域虚拟水利用皆有富余。其中，区域粮食供需中东南地区历年平均虚拟水缺口量为 31.42 亿米^3。区域粮食供需中虚拟水富余最大的地区为东北地区，平均年富余量为 3 986.76 亿米^3；其次是黄淮海地区和长江中下游地区，虚拟水平均年富余量分别为 2 145.60 亿米^3、1 094.42 亿米^3；虚拟水些许富余的地区有西南和西北，平均年虚拟水富余量分别为 584.79 亿米^3、332.76 亿米^3；虚拟水略微富余的地区有华北和华南，平均年虚拟水富余量分别为 46.86 亿米^3、33.26 亿米^3。说明从区域虚拟水利用及粮食安全来看，因重点加大东南沿海地区的粮食供应和虚拟水补给，其次是加强华北和华南地区的粮食及虚拟水补给。

表 2-12　2010—2018 年八大区域粮食需求中的虚拟水缺口量

单位：10^8米^3

区域	2010 年	2011 年	2012 年	2013 年	2014 年	2015 年	2016 年	2017 年	2018 年	均值
华北	52.60	33.49	51.37	36.65	38.55	21.28	41.90	63.73	82.20	46.86
东北	2 293.20	2 505.69	2 823.62	2 781.15	4 033.03	3 632.54	4 868.75	6 180.11	6 762.78	3 986.76
黄淮海	1 363.14	1 625.85	1 953.73	2 144.23	2 283.85	2 316.23	2 380.98	2 543.64	2 698.71	2 145.60
西北	213.14	244.60	253.92	243.52	284.83	378.85	409.00	451.50	515.47	332.76
东南	−17.07	−22.20	−20.85	−37.07	−35.06	−34.74	−38.21	−37.71	−39.91	−31.42
长江中下游	838.78	924.98	1 025.57	1 048.04	1 119.57	1 199.64	1 142.99	1 243.64	1 306.60	1 094.42
华南	30.29	53.77	45.76	22.74	17.65	29.57	27.14	30.51	41.87	33.26
西南	585.81	609.06	454.98	515.29	589.22	611.62	612.27	611.96	672.91	584.79

注：华北地区包括省份：北京、天津、山西，东北地区包括省份：内蒙古、辽宁、吉林、黑龙江，黄淮海地区包括省份：河北、河南、山东、安徽，西北地区包括省份：陕西、甘肃、青海、宁夏、新疆，东南地区包括省份：上海、浙江、福建，长江中下游地区包括省份：江苏、湖北、湖南、江西，华南地区包括省份：广东、广西、海南，西南地区包括省份：重庆、四川、贵州、云南、西藏。

（二）国内主要粮食产品虚拟水消耗结构

国内粮食产品主要包括稻谷、小麦、玉米、大豆和薯类，它们消耗的虚拟水有结构性差异。马静等（2006）指出南北方和全国的粮食作物虚拟水含量参数：其中全国为生产1千克粮食需要1米³/千克虚拟水，1千克谷物需要0.9米³/千克虚拟水，1千克豆类需要3米³/千克虚拟水，1千克薯类需要0.9米³/千克虚拟水。柯兵等（2004）结合国外最佳田间试验指出，生产1千克干小麦需要1米³/千克虚拟水，1千克水稻需要2米³/千克虚拟水，1千克玉米需要1米³/千克虚拟水。据此估算出省际生产各类粮食产品的虚拟水消耗量。

如表2-13所示，省际和全国粮食产品的虚拟水消耗的量存在较大差异。2010—2018年间，总粮食产品的虚拟水消耗中，消耗量最大的省份前四名为黑龙江、江苏、福建、四川，平均年虚拟水消耗量为680.18亿米³、491.57亿米³、458.25亿米³、458.25亿米³；虚拟水消耗量最小的省份包括北京、天津、广东、青海、河南，总虚拟水消耗量分别为11.17亿米³、16.41亿米³、7.54亿米³、7.54亿米³、2.98亿米³。2010—2018年间，全国分粮食产品的虚拟水消耗中，稻谷的虚拟水耗量最大，其次是玉米和小麦。其中，稻谷、小麦、玉米、大豆、薯类的平均年虚拟水消耗量分别为2 261.22亿米³、605.86亿米³、1 471.70亿米³、380.28亿米³、321.72亿米³。

不同省份的粮食生产虚拟水消耗结构差异较大。如表2-14所示，2010—2018年间不同省份的各类粮食产品的消耗结构比率。从中挑选几个典型省份进行分析：黑龙江的虚拟水消耗集中于稻谷、大豆、玉米，分别占该省虚拟水总消耗的45.57%、26.08%、25.70%；湖北和湖南的虚拟水消耗主要是稻谷，分别占两省虚拟水总消耗的81.19%、93.14%；四川、贵州、云南的虚拟水消耗集中于稻谷和玉米，虚拟水消耗占比分别为64.86%和13.56%、57.47%和23.31%、59.84%和25.05%；青海的虚拟水消耗主要是小麦和薯类，分别占比54.53%、38.12%；西藏的虚拟水主要集中在小麦，占比为85.19%。

不同区域的粮食生产虚拟水结构也存在差异。如表2-15所示，东南、长江中下游和华南的虚拟水消耗主要集中在稻谷，消耗比率分别为88.00%、85.98%、87.96%；西南的虚拟水耗主要集中在稻谷、小麦和玉米，消耗比率分别为49.69%、21.27%、16.90%；华北和西北的虚拟水耗集中在小麦、玉米，消耗比率分别为25.90%、62.18%和30.64%、25.82%；东北的虚拟水耗主要是玉米和稻谷，分别占比为49.55%、31.00%；黄淮海的虚拟水耗主要集中在小麦和玉米，分别占比40.43%、31.04%。各区域主要粮食生产总虚拟水消耗中，虚拟水消耗量最大的是西南地区，平均年消耗量为500.00

亿米³；虚拟水消耗较低的地区包括华北、华南和东南地区，均年虚拟水消耗量均约 300 亿米³；其他区域平均年虚拟水消耗量均接近 400 亿米³。

表 2-13　2010—2018 年省际各类粮食生产平均年虚拟水消耗量

单位：10^8 米³

	北京	天津	河北	山西	内蒙古	辽宁	吉林	黑龙江	上海	江苏	新疆
稻谷	0.06	2.24	10.82	0.12	13.42	94.06	104.71	312.10	17.74	357.35	10.76
小麦	2.73	5.08	120.48	23.42	15.83	0.54	0.18	9.01	1.67	92.12	48.28
玉米	7.68	8.39	141.77	71.08	132.17	117.87	202.33	180.86	0.26	20.89	42.98
大豆	0.53	0.66	10.58	6.59	35.52	11.12	28.69	169.53	0.39	16.99	6.22
薯类	0.17	0.04	8.82	4.07	15.97	4.41	4.51	8.68	0.06	4.22	1.47
总和	11.17	16.41	292.47	105.28	212.91	228.00	340.42	680.18	20.12	491.57	109.71

	浙江	安徽	福建	江西	山东	河南	湖北	湖南	广东	广西
稻谷	28.17	98.99	297.20	86.96	126.97	0.11	16.76	0.69	0	13.07
小麦	0	5.89	43.29	5.37	9.15	2.54	40.02	25.93	4.08	6.99
玉米	0.76	23.96	62.27	35.25	53.44	0.22	49.60	31.70	0.59	14.92
大豆	0.26	4.93	14.70	4.28	6.77	0	10.86	4.51	0	0.38
薯类	2.90	24.54	40.79	19.07	16.15	0.07	6.73	18.15	2.87	3.38
总和	32.09	158.31	458.25	150.93	212.48	2.98	123.97	80.98	7.54	38.74

	海南	重庆	四川	贵州	云南	西藏	陕西	甘肃	青海	宁夏	全国
稻谷	28.17	98.99	297.20	86.96	126.97	0.11	16.76	0.69	0	13.07	2 261.22
小麦	0	5.89	43.29	5.37	9.15	2.54	40.02	25.93	4.08	6.99	605.86
玉米	0.76	23.96	62.27	35.25	53.44	0.22	49.60	31.70	0.59	14.92	1 471.70
大豆	0.26	4.93	14.70	4.28	6.77	0.04	10.86	4.51	0	0.38	380.28
薯类	2.90	24.54	40.79	19.07	16.15	0.07	6.73	18.15	2.87	3.38	321.72
总和	32.09	158.31	458.25	150.93	212.48	2.98	123.97	80.98	7.54	38.74	—

表 2-14　2010—2018 年省际平均年生产各类粮食的虚拟水消耗占比

单位：%

	北京	天津	河北	山西	内蒙古	辽宁	吉林	黑龙江	上海	江苏
稻谷	0.58	13.69	3.71	0.12	6.35	41.30	30.77	45.57	88.21	72.77
小麦	24.49	30.91	41.24	22.30	7.48	0.24	0.05	1.37	8.22	18.65
玉米	68.25	50.99	48.32	67.30	61.63	51.61	59.26	25.70	1.29	4.25
大豆	5.06	4.14	3.69	6.35	16.90	4.92	8.59	26.08	1.97	3.46
薯类	1.62	0.27	3.03	3.93	7.64	1.93	1.32	1.28	0.31	0.87

（续）

	浙江	安徽	福建	江西	山东	河南	湖北	湖南	广东	广西
稻谷	90.27	60.00	85.51	96.81	4.82	15.21	81.19	93.14	89.00	87.17
小麦	1.58	23.84	0.11	0.06	45.31	51.31	7.80	0.18	0.03	0.03
玉米	1.25	6.95	1.19	0.20	42.34	26.54	6.00	2.84	2.78	8.26
大豆	4.01	7.63	3.85	1.55	3.42	4.34	2.37	1.61	1.93	2.45
薯类	2.89	1.57	9.34	1.37	0.04	2.59	2.65	2.23	6.25	2.09

	海南	重庆	四川	贵州	云南	西藏	陕西	甘肃	青海	宁夏	新疆
稻谷	87.72	62.47	64.86	57.47	59.84	3.80	13.56	0.88	0	33.75	9.96
小麦	0	3.78	9.47	3.58	4.32	85.19	32.34	4.41	54.53	18.29	43.65
玉米	2.36	15.17	13.56	23.31	25.05	7.39	39.96	4.16	7.35	38.29	39.35
大豆	0.82	3.11	3.20	2.79	3.17	1.23	8.72	0.71	0	0.99	5.71
薯类	9.10	15.48	8.91	12.85	7.61	2.39	0.14	2.60	38.12	8.68	1.33

表 2-15　2010—2018 年八大区域各粮食生产虚拟水消耗结构占比

单位：%

	华北	东北	黄淮海	西北	东南	长江中下游	华南	西南
稻谷（10^8米^3）	4.80	31.00	20.94	11.63	88.00	85.98	87.96	49.69
小麦（10^8米^3）	25.90	2.29	40.43	30.64	3.30	6.67	0.02	21.27
玉米（10^8米^3）	62.18	49.55	31.04	25.82	1.24	3.32	4.47	16.90
大豆（10^8米^3）	5.18	14.12	4.77	3.23	3.28	2.25	1.73	2.70
薯类（10^8米^3）	1.94	3.04	1.81	10.17	4.18	1.78	5.81	9.45
平均年虚拟水总消耗（10^8米^3）	300.00	399.99	395.90	407.48	300.00	400.00	299.99	500.00

（三）粮食虚拟水对外进出口贸易

加入世界贸易组织以来，我国一直是粮食净进口国，粮食进口量逐年增大，粮食对外依存度逐年增加，虚拟水进口也呈逐年增加趋势。如表 2-16 所示，我国粮食净进口量基本上逐年递增，粮食进出口净额由 2010 年的 6 420 万吨，持续增加到 2018 年的 10 393 万吨，平均年进口增幅约为 6.21%。与净进口量增加相对应的是，我国粮食对外依存度逐年提高，粮食对外依存度＝净进口量/总需求量，总需求量按每年每人 400 千克粮食核算，2010 年我国粮食对外依存度为 9.50%，2018 年我国粮食对外依存度达 13.80%，粮食对外依存度显示有进一步增大的趋势。粮食净出口反映我国虚拟水的利用，2010—2018 年间我国虚拟水一直处于净进口状态，2010 年虚拟水进口量为 642.0 亿米³，2018 年虚拟水进口量为 1 039.3 亿米³，8 年间虚拟水进口量增加六成多。

表 2-16　2010—2018 年全国粮食及虚拟水实际对外贸易量

	2010 年	2011 年	2012 年	2013 年	2014 年	2015 年	2016 年	2017 年	2018 年
全国粮食进口（万吨）	6 695	6 103	8 025	7 796	9 091	11 439	10 590	12 112	10 851
全国粮食出口（万吨）	275	287	277	143	113	78	116	276	458
全国粮食净进口（万吨）	6 420	5 816	7 748	7 653	8 978	11 361	10 474	11 836	10 393
粮食对外依存度（%）	9.50	8.61	11.43	11.07	12.41	14.81	13.82	14.23	13.80
全国净进口虚拟水（10^8 米³）	642.0	581.6	774.8	765.3	375.2	1 136.0	1 047.4	1 183.6	1 039.3

　　虚拟水进口量和结构存在差异。如表 2-17 所示，2010—2018 年间全国虚拟水进口的主要产品是大豆，平均年净进口量为 1 169.07 亿米³，小麦和玉米的虚拟水进口量仅为 20.71 亿米³、14.59 亿米³，虚拟水进口最小的产品是玉米，平均年进口量为 9.75 亿米³。选取典型省份的虚拟水进口量考察发现，大多数省份虚拟水进口主角为大豆，其中山东大豆的年虚拟水进口量最大，为 238.79 亿米³。内蒙古虚拟水贸易中仅有大米，平均年进口量为 0.01 亿米³，反映在结构上则虚拟水消耗中大米占比为 100%（见表 2-18）；山西和陕西的虚拟水贸易中仅有大豆，平均年虚拟水进口量分别为 2.60 亿米³、4.76 亿米³，同样反映在虚拟水消耗结构上则大豆占比均为 100%（见表 2-18）；宁夏无粮食虚拟水进口贸易。另外，各省份的不同粮食产品的平均年虚拟水消耗占比见表 2-18。此外，2010—2018 年间各省份粮食总虚拟水平均年进口量统计中，山东省虚拟水进口量最大，为 241.03 亿米³，其次是江苏、广东、广西，平均年虚拟水进口量分别为 229.33 亿米³、196.38 亿米³、100.48 亿米³。

表 2-17　2010—2018 年省际各粮食产品平均年虚拟水进口量

单位：10^8 米³

	北京	天津	河北	山西	内蒙古	辽宁	吉林	黑龙江	上海	江苏	新疆
大米	1.65	0.09	0.01		0.01	0.05	0	0	0.08	0.32	0

（续）

	北京	天津	河北	山西	内蒙古	辽宁	吉林	黑龙江	上海	江苏	新疆
小麦	5.11	0.22	0.72	0	0	1.53	0.04	0.01	0.13	1.90	0.02
玉米	0.55	0.04	0	0	0	0.21	0	0	0.95	0.98	0
大豆	9.57	52.42	74.42	2.60	0	69.90	13.00	0.56	13.71	226.13	0.30
总进口	16.88	52.77	75.15	2.60	0.01	71.69	13.04	0.57	14.87	229.33	0.32

	浙江	安徽	福建	江西	山东	河南	湖北	湖南	广东	广西
大米	0.24	0.04	0.96	0.01	0.03	0.01	0.01	0.10	10.02	0.21
小麦	0.87	0.01	0.60	0	1.31	0.04	0	0	7.71	0.25
玉米	0.39	0.08	0.67	0.12	0.90	0.02	0.01	0.10	3.15	0.41
大豆	53.13	1.54	76.50	1.24	238.79	29.52	3.30	1.03	175.50	99.61
总进口	54.63	1.67	78.73	1.37	241.03	29.59	3.32	1.23	196.38	100.48

	海南	重庆	四川	贵州	云南	西藏	陕西	甘肃	青海	宁夏	全国
大米	0.10	0.01	0.01	0	0.53	0.07	0	0	0.03	0	14.59
小麦	0.01	0	0	0	0	0.01	0	0.22	0	0	20.71
玉米	0.11	0.13	0.36	0.11	0.42	0	0	0	0.04	0	9.75
大豆	0	13.74	7.46	0	0.34	0	4.76	0	0	0	1 169.07
总进口	0.22	13.88	7.83	0.11	1.29	0.08	4.76	0.22	0.07	0	—

表 2-18　2010—2018 年省际各粮食产品平均年虚拟水进口占比

单位：%

	北京	天津	河北	山西	内蒙古	辽宁	吉林	黑龙江	上海	江苏	新疆
大米	9.77	0.17	0.01	0	100.00	0.07	0	0	0.54	0.14	0
小麦	30.28	0.42	0.96	0	0	2.13	0.31	1.75	0.87	0.83	6.25
玉米	3.26	0.08	0	0	0	0.29	0	0	6.39	0.43	0
大豆	56.69	99.33	99.03	100.00	0	97.51	99.69	98.25	92.2	98.6	93.75

	浙江	安徽	福建	江西	山东	河南	湖北	湖南	广东	广西
大米	0.44	2.40	1.22	0.73	0.02	0.03	0.30	8.13	5.10	0.21
小麦	1.59	0.60	0.76	0	0.54	0.14	0	0	3.93	0.25
玉米	0.71	4.79	0.85	8.76	0.37	0.07	0.30	8.13	1.60	0.41
大豆	97.26	92.21	97.17	90.51	99.07	99.76	99.40	83.74	89.37	99.13

（续）

	海南	重庆	四川	贵州	云南	西藏	陕西	甘肃	青海	宁夏
大米	45.45	0.07	0.13	0	41.08	87.50	0	0	42.86	0
小麦	4.55	0	0	0	0	12.50	0	100.00	0	0
玉米	50.00	0.94	4.60	100.00	32.56	0	0	0	57.14	0
大豆	0	98.99	95.27	0	26.36	0	100.00	0	0	0

中国八大区域虚拟水进口结构表现出一定特点。如表 2-19 所示，总体来看，八大区域虚拟水进口中大豆占绝对优势，各区域大豆虚拟水消耗比重区间为 90%～100%。尽管各区域大豆虚拟水占比接近，但各区域总的虚拟水进口量差距较大，虚拟水进口量最大的区域为黄淮海地区，2010—2018 年总进口量为 347.44 亿米^3；其次为长江中下游和华南地区，总进口量分别为 297.08 亿米^3、235.25 亿米^3；虚拟水进口最少的地方为西北地区，总进口量为 5.37 亿米^3。

表 2-19　2010—2018 年八大区域各粮食产品虚拟水进口结构占比

单位：%、10^8 米^3

	华北	东北	黄淮海	西北	东南	长江中下游	华南	西南
大米	2.41	0.07	0.03	0.56	0.86	0.19	3.48	2.67
小麦	7.38	1.85	0.60	4.47	1.08	0.81	2.68	0.05
玉米	0.82	0.25	0.29	0.74	1.36	0.51	1.24	4.40
大豆	89.39	97.83	99.08	94.23	96.70	98.49	92.60	92.88
总进口量	72.25	85.31	347.44	5.37	148.23	235.25	297.08	23.19

中国粮食的虚拟水出口结构表现出一定特点。如表 2-20 所示，2010—2018 年间，总粮食出口中，平均年虚拟水出口量最多的省份为山东、江苏、广东，平均年出口量分别为 40.73 亿米^3、33.66 亿米^3、29.70 亿米^3；其他省份的虚拟水出口量较小。各省份不同粮食产品出口的虚拟水占比见表 2-21。值得注意的是，2010—2018 年间，分粮食产品虚拟水出口中，大豆虚拟水出口占绝对优势，年出口量为 192.38 亿米^3，大米、小麦、玉米的虚拟水出口量均较小，平均年出口量分别为 23.75 亿米^3、9.61 亿米^3、23.68 亿米^3。

表 2-20　2010—2018 年省际各粮食产品虚拟水出口量

单位：10^8 米^3

	北京	天津	河北	山西	内蒙古	辽宁	吉林	黑龙江	上海	江苏	新疆
大米	1.66	0.01	0.03	0.02	0.13	2.31	2.15	10.81	0.07	0.52	0.39

（续）

	北京	天津	河北	山西	内蒙古	辽宁	吉林	黑龙江	上海	江苏	新疆
小麦	0.30	0.11	0.33	0	0.17	0.22	0.08	3.26	0.04	0.77	0.01
玉米	0.45	0.01	0.44	0.06	2.68	3.53	12.92	1.94	0.01	0	0
大豆	0.34	10.04	11.5	0.61	0.15	17.23	4.69	5.24	2.41	32.37	0
总出口	2.75	10.17	12.3	0.69	3.13	23.29	19.84	21.25	2.53	33.66	0.40

	浙江	安徽	福建	江西	山东	河南	湖北	湖南	广东	广西
大米	0.04	0.54	0.10	3.15	0.01	0	0.12	0.04	1.17	0.06
小麦	0.07	0.46	0.04	0	1.14	0.22	0	0	2.31	0.02
玉米	0	0	0.15	0	0.32	0	0	0	1.08	0
大豆	7.41	0.19	11.93	0.03	39.26	4.62	0.27	0	25.14	15.02
总出口	7.52	1.19	12.22	3.18	40.73	4.84	0.39	0.04	29.70	15.10

	海南	重庆	四川	贵州	云南	西藏	陕西	甘肃	青海	宁夏	总量
大米	0	0.01	0.29	0	0.12	0	0	0	0	0	23.75
小麦	0	0	0	0	0.01	0	0	0.05	0	0	9.61
玉米	0	0	0	0	0.08	0	0	0.01	0	0	23.68
大豆	0	1.59	1.22	0	0.18	0	0.94	0	0	0	192.38
总出口	0	1.60	1.51	0	0.39	0	0.95	0.05	0	0	—

表 2-21　2010—2018 年省际各粮食产品虚拟水出口结构占比

单位：%

	北京	天津	河北	山西	内蒙古	辽宁	吉林	黑龙江	上海	江苏	新疆
大米	60.36	0.10	0.24	2.90	4.15	9.92	10.84	50.87	2.77	1.54	97.50
小麦	10.92	1.08	2.68	0	5.43	0.94	0.40	15.34	1.58	2.29	2.50
玉米	16.36	0.10	3.58	8.70	85.63	15.16	65.12	9.13	0.40	0	0
大豆	12.36	98.72	93.5	88.40	4.79	73.98	23.64	24.66	95.25	96.17	0

	浙江	安徽	福建	江西	山东	河南	湖北	湖南	广东	广西
大米	0.53	45.38	0.82	99.06	0.02	0	30.77	100.00	3.94	0.40
小麦	0.93	38.66	0.33	0	2.80	4.55	0	0	7.78	0.13
玉米	0	0	1.23	0	0.79	0	0	0	3.64	0
大豆	98.54	15.96	97.62	0.94	96.39	95.45	69.23	0	84.64	99.47

(续)

	海南	重庆	四川	贵州	云南	西藏	陕西	甘肃	青海	宁夏
大米	0	0.63	19.21	0	30.77	0	0	0	0	0
小麦	0	0	0	0	2.57	0	0	100.00	0	0
玉米	0	0	0	0	20.51	0	1.05	0	0	0
大豆	0	99.37	80.79	0	46.15	0	98.95	0	0	0

中国八大区域粮食产品出口中虚拟水表现出不同的量和结构。如表 2-22 所示，华北、西南、西北、长江中下游地区出口虚拟水主要载体是大豆和大米，两者虚拟水占比分别超过该区总虚拟水出口量的 93％、97％、95％、97％；东北虚拟水出口以大豆、玉米和大米为主，三者虚拟水出口量接近总出口量的 95％；黄淮海、东南、华南地区虚拟水出口以大豆为主，虚拟水出口量分别占总出口量的 94.09％、97.67％、89.64％。同时，2010—2018 年间各区虚拟水出口量存在差异，粮食虚拟水出口量最大的地区为东北地区，其次是黄淮海和华南地区，出口量分别为 59.06 亿米^3、44.80 亿米^3；虚拟水出口较小的地区为西南和西北，平均年出口量分别为 3.50 亿米^3、1.40 亿米^3。

表 2-22　2010—2018 年八大区域各粮食产品虚拟水出口结构

	华北	东北	黄淮海	西北	东南	长江中下游	华南	西南
大米（％）	12.42	22.81	0.98	27.86	0.94	10.28	2.75	12.00
小麦（％）	3.01	5.53	3.64	4.29	0.67	2.07	5.20	0.29
玉米（％）	3.82	31.21	1.29	0.71	1.44	0	2.41	2.29
大豆（％）	80.75	40.45	94.09	67.14	97.67	87.66	89.64	85.43
总出口量（亿米^3）	13.61	67.51	59.06	1.40	22.27	37.27	44.80	3.50

省际虚拟水各类粮食产品存在进出口净额量差异。如表 2-23 所示，2010—2018 年间各省份平均年虚拟水进出口净额量（进出口净额量＝进口量－出口量）中，大米虚拟水净进口省份数量与净出口省份数量相当，净进口量最大的省份是广东，净进口量为 8.85 亿米^3，净出口量最大的省份是黑龙江，净出口量为 10.81 亿米^3。小麦虚拟水净进口省份数量明显多于净出口省份数量，净进口量最大的省份是广东，其次是北京，净进口量分别为 5.40 亿米^3、4.81 亿米^3；净出口量最大的省份是黑龙江，净出口量为 3.25 亿米^3。玉米虚拟水净进口省份数量与净出口省份数的数量相当，净进口量最大的省份是广东，净进口量为 2.07 亿米^3；净出口量最大的省份是吉林，净出口量为

12.92 亿米^3。大豆虚拟水净进口省份数量明显多于净出口省份数量，净进口量最大的省份依次为山东、江苏、广东，净进口量分别为 199.53 亿米^3、193.76 亿米^3、150.36 亿米^3；净出口量最大的省份是黑龙江，净出口量为 4.68 亿米^3。各省份各类粮食产品的总虚拟水净出口净额量正值居多，说明绝大多数省为粮食净进口省，历年净进口量最大的省份依次为山东、江苏、广东，净进口量依次为 200.30 亿米^3、195.67 亿米^3、166.68 亿米^3；历年虚拟水属于净出口的省份仅包括黑龙江、吉林、内蒙古、江西、新疆，平均年净出口量分别为 20.68 亿米^3、6.80 亿米^3、3.12 亿米^3、0.08 亿米^3。2010—2018 年各粮食产品看虚拟水全国净额量，只有玉米和大米产品属于虚拟水净出口，平均年净出口量分别为 13.82 亿米^3、9.16 亿米^3；大豆和小麦属于虚拟水净进口，平均年净出口量分别为 976.69 亿米^3、11.1 亿米^3；总体看来，我国属于粮食产品虚拟水净进口国，大米、小麦、玉米和大豆的平均年虚拟水进口总量为 964.81 亿米^3。

表 2-23　2010—2018 年省际各粮食产品平均年虚拟水进出口净额

单位：10^8 米^3

省份	大米	小麦	玉米	大豆	分省净额
北京	−0.01	4.81	0.21	9.23	14.13
天津	0.08	0.11	0.03	42.38	42.60
河北	−0.02	0.39	−0.44	62.92	62.85
山西	−0.02	0	−0.06	1.99	1.91
内蒙古	−0.12	−0.17	−2.68	−0.15	−3.12
辽宁	−2.26	1.31	−3.32	52.67	48.40
吉林	−2.15	−0.04	−12.92	8.31	−6.80
黑龙江	−10.81	−3.25	−1.94	−4.68	−20.68
上海	0.01	0.09	0.94	11.30	12.34
江苏	−0.20	1.13	0.98	193.76	195.67
浙江	0.20	0.80	0.39	45.72	47.11
安徽	−0.50	−0.45	0.08	1.35	0.48
福建	0.86	0.56	0.52	64.57	66.51
江西	−3.14	0	0.12	1.21	−1.81
山东	0.02	0.17	0.58	199.53	200.30
河南	0.01	−0.18	0.02	24.90	24.75

（续）

省份	大米	小麦	玉米	大豆	分省净额
湖北	−0.11	0	0.01	3.03	2.93
湖南	0.06	0	0.10	1.03	1.19
广东	8.85	5.40	2.07	150.36	166.68
广西	0.15	0.23	0.41	84.59	85.38
海南	0.10	0.01	0.11	0	0.22
重庆	0	0	0.13	12.15	12.28
四川	−0.28	0	0.36	6.24	6.32
贵州	0	0	0.11	0	0.11
云南	0.41	−0.01	0.34	0.16	0.90
西藏	0.07	0.01	0	0	0.08
陕西	0	0	−0.01	3.82	3.81
甘肃	0	0.17	0	0	0.17
青海	0.03	0	0.04	0	0.07
宁夏	0	0	0	0	0
新疆	−0.39	0.01	0	0.30	−0.08
全国净额	−9.16	11.1	−13.82	976.69	—

中国八大区域不同粮食产品虚拟水进出口净额存在一定差异。如表 2-24 所示，大米属于虚拟水净进口的区域有华南、东南、西南、华北，净进口量分别为 9.10 亿米³、1.07 亿米³、0.20 亿米³、0.05 亿米³；属于虚拟水净出口的区域有东北、长江中下游、黄淮海、西北地区，虚拟水净出口量分别为 15.34 亿米³、3.39 亿米³、0.49 亿米³、0.36 亿米³。小麦属于虚拟水净进口的地区有华南、华北、东南、长江中下游、西北地区，虚拟水净进口量分别为 5.64 亿米³、4.92 亿米³、1.45 亿米³、1.13 亿米³、0.18 亿米³；属于虚拟水净出口的区域有东北和黄淮海地区，虚拟水净出口量分别为 2.15 亿米³、0.07 亿米³。玉米属于虚拟水净进口的地区包括华南、东南、长江中下游、西南、黄淮海、华北、西北地区，虚拟水净进口量分别为 2.59 亿米³、1.85 亿米³、1.21 亿米³、0.94 亿米³、0.24 亿米³、0.18 亿米³、0.03 亿米³；属于虚拟水净出口的地区只有东北，虚拟水净出口量为 20.86 亿米³。大豆属于虚拟水净进口的地区包括所有区域，其中黄淮海和华南地区净进口量最多，分别为 288.7 亿米³、234.95 亿米³。

表 2-24 2010—2018 年八大区域各粮食产品平均年虚拟水实际进出口净额

单位：10^8 米^3

区域	大米	小麦	玉米	大豆
华北	0.05	4.92	0.18	53.60
东北	−15.34	−2.15	−20.86	56.15
黄淮海	−0.49	−0.07	0.24	288.70
西北	−0.36	0.18	0.03	4.12
东南	1.07	1.45	1.85	121.59
长江中下游	−3.39	1.13	1.21	199.03
华南	9.10	5.64	2.59	234.95
西南	0.20	0	0.94	18.55

（四）水资源贫富与虚拟水贸易的关系检视

富水区不一定出口虚拟水，贫水区不一定进口虚拟水，我国省际虚拟水国际贸易不符合 H-O 理论。与世界年人均水资源拥有量 8 800 米^3 相比，我国年人均水资源拥有量仅为世界平均值的 1/4，为 2 200 米^3，我国属于贫水国。按国际人均标准衡量，我国省际年人均水资源拥有量，超过世界平均值的省份仅有西藏和青海，属于富水区，年人均水资源拥有量分别为 152 180.89 米^3、13 308.70 米^3。其他省份的年人均水资源拥有量最高也仅为国际标准值的一半左右，如海南、云南、新疆、福建、江西、广西，年人均水资源拥有量分别为 4 185.34 米^3、4 158.54 米^3、4 290.88 米^3、3 257.64 米^3、3 362.37 米^3、3 666.46 米^3，由于这些省份的年人均水资源拥有量在国内相对富裕，所以定义这些省份为水资源中水区。年人均水资源拥有量高于 1 000 米^3 的省份属于水资源较贫的区域，剩下省份的年人均水资源拥有量均低于 1 000 米^3 的省份为水资源贫水区。同时，定义各省份虚拟水出口量较多的省份为虚拟水进口类型中的"多"，虚拟水进口量较少的省份的虚拟水进口类型为"少"，其他省份为虚拟水进口类型中的"中"；虚拟水出口量较多的省份定义为出口类型中的"强"，出口量较少的省份定义为出口类型中的"弱"，其他省份为虚拟水出口类型中的"中"。如表 2-25 所示，水资源贫乏地区的虚拟水进口量不一定多，如山西、安徽、陕西、甘肃、宁夏等省份，人均年水资源量不到 1 000 米^3，是典型的贫水区，但它们均属于虚拟水进口最少的区域之一，各省份虚拟水平均年进口量均不超过 3 亿米^3。水资源富足的地区的虚拟水出口量不一定多，如西藏和青海，两省份人均年水资源拥有量分别为 152 180.89 米^3、

13 308.70 亿米^3，属于典型的富水区，但它们的虚拟水出口量均为 0。总体看来，水资源的贫富差距不一定完全满足对应的虚拟水进出口来弥补，我国虚拟水贸易不符合资源要素禀赋理论。据此推断，我国省际水资源的贫富差距没有完全通过国际贸易来补充，而是通过省际贸易进行了补缺。

表 2-25 省际水资源与虚拟水国际贸易情况

省份	人均水资源 （米^3）	水贫富类型	进口量 （10^8 米^3）	进口类型	出口量 （10^8 米^3）	出口类型
北京	152.02	贫	16.88	中	2.75	弱
天津	128.22	贫	52.77	中	10.17	中
河北	213.61	贫	75.15	中	12.30	中
山西	278.74	贫	2.60	少	0.69	弱
内蒙古	1 699.94	较贫	0.01	少	3.13	弱
辽宁	791.88	贫	71.69	中	23.29	强
吉林	1 495.86	较贫	13.04	中	19.84	强
黑龙江	1 857.11	较贫	0.57	少	21.25	强
上海	159.39	贫	14.87	中	2.53	弱
江苏	521.37	贫	229.33	多	33.66	强
浙江	1 913.30	较贫	54.63	中	7.52	弱
安徽	1 123.85	较贫	1.67	少	1.19	弱
福建	3 257.64	中	78.73	中	12.22	中
江西	3 362.37	中	1.37	少	3.18	弱
山东	342.54	贫	241.03	多	40.73	强
河南	421.70	贫	29.59	中	4.84	弱
湖北	1 587.47	较贫	3.32	少	0.39	弱
湖南	2 500.18	较贫	1.23	少	0.04	弱
广东	1 854.94	较贫	196.38	多	29.70	强
广西	3 666.46	中	100.48	多	15.10	中
海南	4 185.34	中	0.22	少	0	弱
重庆	1 776.53	较贫	13.88	中	1.60	弱
四川	2 991.42	较贫	7.83	少	1.51	弱
贵州	2 501.36	较贫	0.11	少	0	弱
云南	4 158.54	中	1.29	少	0.39	弱
西藏	152 180.89	富	0.08	少	0	弱

（续）

省份	人均水资源（米^3）	水贫富类型	进口量（10^8 米^3）	进口类型	出口量（10^8 米^3）	出口类型
陕西	1 093.18	贫	4.76	少	0.95	弱
甘肃	846.60	贫	0.22	少	0.05	弱
青海	13 308.70	富	0.07	少	0	弱
宁夏	155.38	贫	0	少	0	弱
新疆	4 290.88	中	0.32	少	0.40	弱

区域虚拟水国际贸易也不完全符合 H-O 理论。如表 2-26 所示，其中，华北地区人均水资源平均年拥有量为 215.91 米^3，为水资源贫困地区，但区域虚拟水进口量相对较少，平均年进口量为 72.25 亿米^3；黄淮海地区人均水资源平均年拥有量为 485.91 米^3，也为水资源贫困地区，但区域虚拟水进口相对较多，平均年进口量为 347.44 亿米^3。西南地区与其他区域比较，为典型的水资源相对富裕的中水区，年人均水资源拥有量为 5 233.49 米^3，但区域虚拟水出口量较少，平均年出口量仅有 3.5 亿米^3。由此看来，区域虚拟水国际贸易不完全与资源要素禀赋理论相一致，据此推断，我国区域虚拟水贫富差距没有完全通过国际贸易进行补缺，省际虚拟水贸易也是进行水资源贫富补缺的重要途径。

整体看来，我国属于水资源贫困国家，虚拟水贸易整体上符合 H-O 理论。我国年人均水资源拥有量约为 2 200 米^3，历年粮食虚拟水净进口量为 964.81 亿米^3，足以补充北京、天津、上海、福建、浙江、广东的虚拟水缺口，整体来说，历年粮食及虚拟水贸易对我国粮食相对短缺及水资源不足均可以进行充分的补充且有剩余。

表 2-26　八大区域水资源与虚拟水国际贸易情况

区域	人均水资源（米^3）	水贫富类型	进口量（10^8 米^3）	进口类型	出口量（10^8 米^3）	出口类型
华北	215.91	贫	72.25	少	13.61	弱
东北	1 409.07	较贫	85.31	少	67.51	强
黄淮海	485.91	贫	347.44	多	59.06	强
西北	2 381.97	较贫	5.37	少	1.40	弱
东南	2 019.50	较贫	148.23	中	22.27	中
长江中下游	1812.18	较贫	235.25	多	37.27	中

(续)

区域	人均水资源 （米^3）	水贫富类型	进口量 （10^8 米^3）	进口类型	出口量 （10^8 米^3）	出口类型
华南	2 537.01	较贫	297.08	多	44.80	中
西南	5 233.49	中	23.19	少	3.50	弱

三、水资源利用效率的测算及其与虚拟水贸易的关系

（一）数据来源与变量说明

本研究选用 2009—2018 年 10 年间的省际面板数据作为研究依据，选用的变量包括由稻谷、小麦、玉米、薯类组成的粮食产量（Y）、农业机械总动力（K）、农林牧渔从业人员替代的农业劳动力人数（L）、农药投入量（P）、化肥施用量（F）和农业生产用水（W）。所有的数据均来自《中国农村统计年鉴（2009—2018）》和国家统计局网站。如表 2-27 所示，本研究对全国省际农业用水和粮食产量进行统计分析发现，各省份平均年农业用水量是 115.24 亿米^3，各省份平均年农业用水量标准差为 94.64 亿米^3，说明各省份用水量相对存在较大的差异。历年各省份平均年粮食产量为 3 383.67 万吨，历年各省份平均年粮食产量标准差为 2 726.85 万吨，表明各省份的粮食产量存在较大的差异。另外，新疆维吾尔自治区农业用水量达到本区总用水量的 95.19%，使其成为农业用水最多的省份，但粮食整体产量不高；北京市粮食产量最小，但农业用水量也仅占总供水量的 25.95%，表明不同省份农业用水效率的不均衡。

表 2-27　2009—2018 年省际农业用水量和粮食产量统计

	最大值	最小值	标准差	均值
农业用水量（10^8 米^3）	561.75	9.31	94.64	115.24
农业用水占总供水量（%）	95.19	25.95	—	—
粮食产量（万吨）	17 523.00	1 404.00	2 726.85	3 383.67

（二）研究方法

Battese and Coelli（1992）建立基于面板数据的随机生成前沿函数，模型形式表达如下：

$$Y_{it} = x_{it}\beta + V_{it} - U_{it}, \quad i = 1, \cdots N, \ t = 1, \cdots T \qquad (2\text{-}11)$$

其中，Y_{it} 表示第 i 个公司 t 时期的产出量，x_{it} 表示第 i 个公司 t 时期的投

入数量的 $K \times 1$ 阶向量，β 为待估计参数，V_{it} 属于随机效应误差项，假设它是独立的且服从正态分布 $N(0, \delta_v^2)$：

$$U_{it} = U_i \exp[-\eta(t - T)] \tag{2-12}$$

其中，U_i 属于产品生产技术无效率项，假设它服从在 0 处截断的正态分布 $N(\mu, \delta_U^2)$，η 为待估计参数。

检验随机前沿生产函数在研究中是否适用，需检验似然率 γ 的显著性，γ 形式如下：

$$\gamma = \frac{\delta_U^2}{\delta_U^2 + \delta_V^2} \tag{2-13}$$

若随机前沿生产函数形式假设无效，则 $\gamma = 0$ 被接受，此时 $\delta_U^2 = 0$，U_{it} 项应该从原随机前沿生产函数模型中移除，其参数估计只需采用普通最小二乘法；若随机前沿生产函数有效，只需检验 $\gamma \neq 0$，相应参数估计采用极大似然法。

Kaneko 等（2004）基于分省数据和 C-D 函数建立了农业用水效率的随机前沿生产函数。据此，本研究采用常规的 C-D 函数形式构造省际粮食生产的随机前沿生产函数，取对数形式如下：

$$\ln Y_{it} = \beta_0 + \beta_1 \ln K_{it} + \beta_2 \ln L_{it} + \beta_3 \ln P_{it} + \beta_4 \ln F_{it} + \beta_5 \ln W_{it} + V_{it} - U_{it}$$
$$\tag{2-14}$$

其中，Y_{it} 表示 t 时期 i 省的粮食产量，K_{it} 表示 t 时期 i 省的农业机械总动力，L_{it} 表示 t 时期 i 省的劳动力投入量，P_{it} 表示 t 时期 i 省的农药投入量，F_{it} 表示 t 时期 i 省的化肥施用量，W_{it} 表示 t 时期 i 省的实际农业用水量。

Kopp（1981）定义农业用水效率（WE_{it}）等于技术上可行的最小水资源使用量（$\overline{W}_{it}$）与实际使用量（W_{it}）的比值。假设最小水资源量为 $\overline{W}_{it}$，相应得到实际有效的粮食产量 $\overline{Y}_{it}$，模型形式如下：

$$\ln \overline{Y}_{it} = \beta_c + \beta_k \ln K_{it} + \beta_l \ln L_{it} + \beta_p \ln P_{it} + \beta_f \ln F_{it} + \beta_w \ln \overline{W}_{it} + V_{it}$$
$$\tag{2-15}$$

假设（4）式与（5）式的用水效率相等，则农业生产用水效率的估计公式为：

$$\ln WE_{it} = \ln(\overline{W}_{it}/W_{it}) = \ln \overline{W}_{it} - \ln W_{it} = -U_{it}/\beta_w$$
$$WE_{it} = \exp(-U_{it}/\beta_w) \tag{2-16}$$

与此同时，农业生产技术效率（TE_{it}）为实际有效粮食产出（$\overline{Y}_{it}$）与名义粮食产出（Y_{it}）的比值，同样依据（4）式与（5）式相等，得到农业生产技术效率估计式：

$$\ln TE_{it} = \ln(\overline{Y}_{it}/Y_{it}) = \ln\overline{Y}_{it} - \ln Y_{it} = -U_{it}$$
$$TE_{it} = \exp(-U_{it}) \qquad\qquad (2-17)$$

（三）结果分析

运用 Hausman 检验随机前沿生产函数，结果发现固定效应模型优于随机效率模型。粮食生产固定效应模型的参数估计如表 2-28。总体看来模型的拟合程度较好，参数多在 1％和 10％的水平下显著。在所有要素投入中，只有劳动力对粮食生产产生负向影响，且较为显著。农药投入对粮食生产影响不显著。水资源投入对粮食生产的影响程度稍低，影响系数为 0.029，在接近 15％水平下显著。

表 2-28　随机前沿生产函数的估计结果

变量	系数	标准误
常数项	2.994 188 0****	0.074 700
劳动力	−0.387 264 4****	0.049 784
农业机械	0.083 720 1**	0.042 327
化肥	0.018 076 4****	0.085 061
农药	0.642 200 6	0.022 008
水	0.029 387 1*	0.275 371
观察值个数	310	

F 检验：F（30 274）＝141.76　Prob＞F＝0.000 0

说明：＊、＊＊、＊＊＊、＊＊＊＊分别代表 15％、10％、5％、1％的显著水平。

通过随机前沿面板数据生产函数估计省际粮食生产的技术效率和用水效率，结果如表 2-29。如表 2-29 所示，省际粮食生产技术效率普遍高于用水效率，从总均值来看，粮食省际技术效率为 0.970，粮食生产用水效率为 0.702。粮食生产技术效率和粮食生产用水效率均为有效的省份仅包括 7 个省份，它们分别是辽宁、上海、江苏、湖南、广东、广西、新疆，其他省份粮食生产技术效率和用水效率均无效，存在改进空间，尤其用水效率改进的空间较大。

表 2-29　省际粮食生产的技术效率和用水效率

	北京	天津	河北	山西	内蒙古	辽宁	吉林	黑龙江
T	0.836	0.886	0.950	0.965	0.950	1	0.998	0.987
Tw	0.071	0.167	0.469	0.591	0.469	1	0.971	0.824

（续）

	上海	江苏	浙江	安徽	福建	江西	山东	河南
T	1	1	0.929	0.929	0.950	0.960	0.968	0.973
Tw	1	1	0.337	0.337	0.469	0.547	0.618	0.667

	湖北	湖南	广东	广西	海南	重庆	四川	贵州
T	0.985	1	1	1	0.968	0.970	0.974	0.982
Tw	0.800	1	1	1	0.618	0.638	0.678	0.765

	云南	西藏	陕西	甘肃	青海	宁夏	新疆	总均值
T	0.982	0.982	0.980	0.981	0.988	0.990	1	0.970
Tw	0.765	0.765	0.742	0.753	0.837	0.862	1	0.702

注：T、Tw分别代表粮食生产技术效率和粮食生产用水效率。

根据不同省份粮食生产技术效率和用水效率，各区域粮食生产技术效率和用水效率可相应得到。如表 2-30 所示，依平均水平来看，粮食生产技术效率较高的地区为华南、西北、长江中下游、东北地区，它们的技术效率均在 0.98 以上；粮食生产技术效率稍高的地区为西南、东南、黄淮海地区，它们的技术效率在 0.90～0.98 之间；粮食生产技术效率较低的地区为华北，效率值为 0.896。与此同时，粮食生产用水效率较高的地区为华南、西北、长江中下游、东北地区，它们的用水效率均大于 0.8；用水效率稍高的地区为西南、东南，它们的用水效率介于 0.6～0.8 之间；用水效率最低的省份为黄淮海、华北，它们的用水效率处于 0.6 以下。比较不同区域粮食生产技术效率和用水效率发现，技术效率较低的省份的用水效率也较低，但技术效率较高的省份的用水效率不一定高。依据效率最值统计，华北、黄淮海、西南地区各省份的农业技术效率和用水效率存在普遍无效的现象，亟须大力改进。

表 2-30　八大区域粮食生产的技术效率和用水效率

区域	粮食生产技术效率			粮食生产用水效率		
	均值	最小值	最大值	均值	最小值	最大值
华北	0.896	0.836	0.965	0.276	0.071	0.591
东北	0.984	0.950	1	0.816	0.469	1
黄淮海	0.955	0.929	0.973	0.523	0.337	0.667
西北	0.988	0.980	1	0.839	0.742	1
东南	0.960	0.929	1	0.602	0.337	1
长江中下游	0.986	0.960	1	0.837	0.547	1

（续）

区域	粮食生产技术效率			粮食生产用水效率		
	均值	最小值	最大值	均值	最小值	最大值
华南	0.989	0.968	1	0.873	0.618	1
西南	0.978	0.970	0.982	0.722	0.638	0.765

（四）水资源效率与虚拟水贸易的关系

运用截面数据 TOBIT 模型检验粮食生产灌溉用水效率与粮食进出口贸易的关系。其中，以 2009—2018 年整体用水效率为被解释变量，分别以 2009—2018 年全国大米虚拟水进出口贸易净额、小麦虚拟水进出口贸易净额、玉米虚拟水进出口贸易净额和大豆虚拟水进出口贸易净额为解释变量，数据来源于上文分析，统计数据如表 2-31。运用表 2-31 的数据进行 TOBIT 回归分析，得到表 2-32 的回归结果。如表 2-32 所示，大米、大豆的回归系数为正，小麦和玉米的回归系数为负，说明用水效率越高，大米和大豆及其虚拟水净进口量越多；用水效率越高，小麦和玉米及其虚拟水净进口量越少。以上分析反映，我国粮食生产用水效率对粮食产品贸易结构具有一定影响；我国用水效率的提高主要应该针对小麦和玉米品种，既可以有效节水，也可以进一步减少小麦和玉米的对外依存度。

表 2-31　2009—2018 年全国生产用水效率与粮食及虚拟水进出口贸易

省份	用水效率	大米贸易	小麦贸易	玉米贸易	大豆贸易
北京	0.070 849	−0.01	4.81	0.21	9.23
天津	0.167 168	0.08	0.11	0.03	42.38
河北	0.468 587	−0.02	0.39	−0.44	62.92
山西	0.590 661	−0.02	0	−0.06	1.99
内蒙古	0.468 587	−0.12	−0.17	−2.68	−0.15
辽宁	1	−2.26	1.31	−3.32	52.67
吉林	0.970 847	−2.15	−0.04	−12.92	8.31
黑龙江	0.824 170	−10.81	−3.25	−1.94	−4.68
上海	1	0.01	0.09	0.94	11.30
江苏	1	−0.20	1.13	0.98	193.76
浙江	0.336 762	0.20	0.80	0.39	45.72
安徽	0.336 762	−0.50	−0.45	0.08	1.35

（续）

省份	用水效率	大米贸易	小麦贸易	玉米贸易	大豆贸易
福建	0.468 587	0.86	0.56	0.52	64.57
江西	0.547 012	−3.14	0	0.12	1.21
山东	0.618 387	0.02	0.17	0.58	199.53
河南	0.667 309	0.01	−0.18	0.02	24.90
湖北	0.799 830	−0.11	0	0.01	3.03
湖南	1	0.06	0	0.10	1.03
广东	1	8.85	5.40	2.07	150.36
广西	1	0.15	0.23	0.41	84.59
海南	0.618 387	0.10	0.01	0.11	0
重庆	0.637 540	0	0	0.13	12.15
四川	0.677 516	−0.28	0	0.36	6.24
贵州	0.764 575	0	0	0.11	0
云南	0.764 575	0.41	−0.01	0.34	0.16
西藏	0.764 575	0.07	0.01	0	0
陕西	0.741 883	0	0	−0.01	3.82
甘肃	0.753 150	0	0.17	0	0
青海	0.836 596	0.03	0	0.04	0
宁夏	0.861 976	0	0	0	0
新疆	1	−0.39	0.01	0	0.30

表 2-32　各粮食产品的 TOBIT 回归分析结果

大米		小麦		玉米		大豆	
常数项	系数项	常数项	系数项	常数项	系数项	常数项	系数项
0.702 323 4	0.001 718	0.709 588	−0.021 710	0.694 490	−0.016 430	0.682 963	0.000 598 0
(0.045 312 2)	(0.017 154)	(0.046 069)	(0.031 254)	(0.045 151)	(0.017 933)	(0.051 562)	(0.000 814 8)

说明：括号内为标准差，各项系数的显著水平均较微弱。

四、水资源生态环境效率与虚拟水贸易关系

（一）研究方法

运用 DEA 方法测度粮食生产用水效率时，定义水资源生态效率测度变量包括：投入变量——水投入，产出变量——粮食产量＋环境正影响；定义水资

源环境效率测度变量包括：投入变量——常规投入变量＋水投入，产出变量——环境正影响。其中，常规变量为省际的劳动、农机动力、农药和化肥的投入，环境正影响用省际农业用水污染量的倒数表示。则基于投入导向、规模报酬可变 BCC-DEA 效率模型测算（模型形式见前文），分别得到省际粮食生产用水的生态效率和环境效率。

（二）相关数据整理与变量说明

数据主要来源于《中国统计年鉴》《中国农村统计年鉴》和国家统计局网站。其中，粮食生产用水的污水排放主要来自农田径流，主要是指雨水或灌溉水流过农田表面后排出的水流，农田径流中主要含有氮、磷和农药等污染物。2010—2018 年全国农业废水平均年排放量约占总废水排放量的 0.03％。据此推算各省份的农业用水废水排放量，省际农业废水量＝省际废水总量×0.03％。统计 2010—2018 年省际农业废水情况，农业废水平均年排放量为18.64 亿吨，最小排放量为 0.27 亿吨，最大排放量为 83.86 亿吨，标准差为15.39 亿吨，反应省际农业污水排放量存在较大的差距。

（三）结果分析

如表 2-33 所示，省际粮食生产用水的生态效率和环境效率普遍偏低。其中，除西藏自治区的环境效率值为有效外，其他省份的环境效率均处于无效，且值在 0～0.3 之间居多，全国粮食生产用水环境效率均值仅为 0.094，环境效率存在巨大提升空间。除西藏自治区的生态效率有效外，其他省份的生态效率均处于无效，但值相对于环境效率值稍高，大多处在 0.1～0.5 之间，全国粮食生产用水生态效率均值为 0.364，反映粮食生产用水中生态效率比环境效率占优势，生态效率仍然存在较大提升空间。

表 2-33　2010—2018 年省际粮食生产水资源的生态效率与环境效率

省份	环境效率	生态效率
北京	0.175	0.177
天津	0.256	0.360
河北	0.004	0.308
山西	0.037	0.585
内蒙古	0.037	0.186
辽宁	0.008	0.356
吉林	0.023	0.671

（续）

省份	环境效率	生态效率
黑龙江	0.012	0.286
上海	0.076	0.126
江苏	0.002	0.174
浙江	0.004	0.138
安徽	0.006	0.400
福建	0.007	0.126
江西	0.009	0.230
山东	0.003	0.405
河南	0.004	0.607
湖北	0.004	0.283
湖南	0.002	0.232
广东	0.001	0.103
广西	0.003	0.118
海南	0.161	0.172
重庆	0.042	1
四川	0.004	0.461
贵州	0.040	0.415
云南	0.013	0.247
西藏	1	1
陕西	0.031	0.385
甘肃	0.029	0.167
青海	0.528	0.416
宁夏	0.292	0.435
新疆	0.088	0.705
均值	0.094	0.364

　　如表 2-34 所示，我国区域粮食生产用水的生态效率和环境效率也普遍较低。其中，生态效率最高的地区为西南地区，生态效率最低的地区为东南和华南地区，它们的生态效率值分别为 0.625、0.130、0.131。环境效率最高的地区西南和西北地区，环境效率最低的地区为黄淮海和长江中下游地区，它们的生态效率分别为 0.220、0.194、0.004、0.004。以上分析说明，粮食生产用水的生态效率和环境效率具有非对称性，某一效率高的地区的另一个效率不一

定也较高。这一启示说明，应同步考虑提升生态效率和环境效率使其具有内在一致性。

表 2-34　2010—2018 年八大区域农业用水的生态效率与环境效率

	华北	东北	黄淮海	西北	东南	长江中下游	华南	西南
环境效率	0.156	0.020	0.004	0.194	0.029	0.004	0.055	0.220
生态效率	0.374	0.375	0.430	0.422	0.130	0.230	0.131	0.625

对表 2-26 区域虚拟水进出口额对比发现，虚拟水进口较多的地区环境率较差（如黄淮海、长江中下游、华南、东南地区），可能的原因是这些区域的农业生产用水污染排放量过多；虚拟水出口较少的地区生态效率较高（如西南、西北、华北地区），可能的原因是这些区域具有一定粮食产量的同时，生产用水污染排放量也相对较小。这一现象说明，区域虚拟水进出口的方向与区域粮食生产用水的生态环境效率具有关联性影响。

五、未来十年粮食供需预测与虚拟水供需预测

（一）研究方法

截至 2018 年，我国粮食生产已经实现 15 年丰收的局面，粮食生产和需求仍呈现持续上升的趋势。本研究借鉴预测粮食产品生产和需求的二次移动平均法（吕新业等，2012）估算我国的粮食产品产量和需求量，即未来每年的粮食产品虚拟水供需量＝预测的粮食产品供需量×产品虚拟水折算系数。其中，粮食供需的二次移动平均法模型如下：

$$Y_{t+T}=a_t+b_t T \tag{2-18}$$

$$a_t=2M_t^{(1)}-M_t^{(2)} \tag{2-19}$$

$$b_t=\frac{2}{N-1}(M_t^{(1)}-M_t^{(2)}) \tag{2-20}$$

其中，Y 表示预测的粮食供需量，$M_t^{(1)}$、$M_t^{(2)}$ 分别代表第 t 期的一次移动平均数和二次移动平均数，T 代表预测的时间间隔期，N 代表移动平均的时期数（一般取 $N=3$ 年），式（2-18）中 Y 值由式（2-19）和式（2-20）间接算得。

（二）预测结果分析

1. 粮食及虚拟水供需预测

未来十年我国粮食生产量和消费量呈现缓慢攀升的态势，粮食供需的紧平

衡状态将持续。以 t＝2019 年为基期，先根据 2009—2019 历年的全国粮食总产量数列、全国粮食消费总量数列，分别采用二次移动平均法（吕新业等，2012）进行粮食生产和消费的预测。预测得到 2020—2030 年全国粮食生产量和消费量的额度（见表 2-35）。如表 2-35 所示，未来十年，我国粮食生产量基本以平均年约 1 300 万吨的增加值增长，粮食消费量基本以 300 万吨的增加值增长，2030 年我国粮食产量将接近 7.6 亿吨，人口直接消费量约为 3 亿吨。这表明两点：第一，我国生产的粮食若直接供人口消费，远远能满足现实人口增加的需要；第二，粮食产量增量明显高于消费增量，这一状态与我国近十多年粮食生产消费量的格局相一致，未来粮食供给和需求依然是紧平衡状态。以上分析说明，未来十年我国人口增加，口粮依然能自给，粮食安全在于粮食结构的安全。

随着我国粮食产量和消费量的逐年增长，我国粮食生产虚拟水消耗量和粮食消费虚拟水消耗量稳步增加。如表 2-35 所示，2020—2030 年，我国粮食生产虚拟水由 6 371.22 亿米^3 增加到 7 572.88 亿米^3，平均年增速为 4.85%；我国粮食消费虚拟水由 2 746.82 亿米^3 增加到 3 006.60 亿米^3，平均年增速为 0.86%。表明我国粮食生产虚拟水消耗量远远大于粮食直接消费的虚拟水消耗量，历年人口直接消费粮食占到的虚拟水约为粮食生产虚拟水耗的 1/3，尽管粮食生产和直接消耗出现约 2/3 的虚拟水盈余，但这部分虚拟水大多转移到其他农畜及其他国际贸易产品上。未来十年，随着粮食产量增加，我国虚拟水消耗量也将明显增加，对我国粮食安全生产用水构成较大压力。

表 2-35　2020—2030 年全国粮食供需预测与虚拟水预测

年份	产量 （万吨）	消费量 （万吨）	粮食生产虚拟水 （10^8米^3）	粮食消费虚拟水 （10^8米^3）	虚拟水盈亏 （10^8米^3）
2020	63 712.16	27 468.23	6 371.22	2 746.82	3 624.39
2021	65 113.82	27 728.01	6 511.38	2 772.80	3 738.58
2022	67 515.48	27 987.79	6 751.55	2 798.78	3 952.77
2023	69 217.14	28 247.57	6 921.71	2 824.76	4 096.96
2024	70 318.80	28 507.35	7 031.88	2 850.74	4 181.15
2025	70 720.46	28 767.13	7 072.05	2 876.71	4 195.33
2026	71 122.12	29 026.91	7112.21	2 902.69	4 209.52
2027	72 523.78	29 286.69	7 252.38	2 928.67	4 323.71
2028	73 925.44	29 546.47	7 392.54	2 954.65	4 437.90

（续）

年份	产量 （万吨）	消费量 （万吨）	粮食生产虚拟水 （10^8 米^3）	粮食消费虚拟水 （10^8 米^3）	虚拟水盈亏 （10^8 米^3）
2029	74 327.10	29 806.25	7 432.71	2 980.63	4 452.09
2030	75 728.76	30 066.03	7 572.88	3 006.60	4 566.27
平均	70 384.10	28 767.13	7 038.41	2 876.71	4 161.70

2. 分粮食产品虚拟水消耗预测

未来十年我国稻谷、小麦、玉米和薯类产量将稳步增长，大豆产量会稳步下降。以 t＝2019 年为基期（见表 2-36），预测 2020—2030 年我国不同粮食产品的产量及虚拟水耗量（见表 2-37、表 2-38）。如表 2-37 所示，未来十年，我国粮食除大豆外，其他产品的产量均是逐年增长的。其中，历年产量前三位为玉米、稻谷和小麦，2020—2030 年，玉米产量由 23 712.46 吨增加到 46 334.72 吨，平均年增速为 8.67%；稻谷产量由 21 262.95 吨增加到 27 411.41 吨，平均年增速为 2.63%；小麦产量由 12 530.85 吨增加到 16 250.92 吨，平均年增速为 2.70%。从中可以看出，未来十年我国玉米的产量增长较快，小麦和稻谷的产量依然有较大提升空间。2020—2030 年，各类粮食产品中产量最小的为大豆，产量由 1 691.25 吨下降到 921.68 吨，平均年降幅为 4.14%，反映出我国大豆自给能力呈下降趋势。截至 2019 年，我国大豆对外依存度已超过 80%，未来十年我国大豆的对外依存度继续增加，大豆安全隐患较为严重。

表 2-36　2014—2019 年全国分粮食产品产量的一、二次移动平均

单位：万吨

	2014 年	2015 年	2016 年	2017 年	2018 年	2019 年
稻谷	17 908.76	18 058.84	19 189.57	19 510.30	20 423.59	20 361.22
$M_T^{(1)}$	—	—	18 278.02	18 654.93	19 728.83	20 033.26
$M_T^{(2)}$	—	—	—	—	19 060.45	19 418.41
小麦	9 195.18	9 744.51	11 246.41	11 511.51	12 102.32	12 192.64
$M_T^{(1)}$	—	—	10 506.97	11 007.60	11 589.89	11 786.83
$M_T^{(2)}$	—	—	—	—	11 220.72	11 414.82
玉米	13 028.71	13 936.54	16 591.40	16 397.36	20 561.41	21 848.90
$M_T^{(1)}$	—	—	14 775.63	15 660.58	17 799.99	19 188.01
$M_T^{(2)}$	—	—	—	—	16 212.65	16 925.78

（续）

	2014 年	2015 年	2016 年	2017 年	2018 年	2019 年
大豆	2 232.07	2 157.67	2 043.29	1 930.30	1 730.53	1 595.27
$M_T^{(1)}$	—	—	1 960.50	1 922.37	1 911.75	1 845.16
$M_T^{(2)}$	—	—	—	—	1 925.66	1 922.12
薯类	3 557.67	3 468.51	2 980.23	2 995.48	3 292.78	3 329.35
$M_T^{(1)}$			2 992.52	2 829.76	3 127.55	3 226.65
$M_T^{(2)}$	—	—	—	—	2 929.18	3 028.44

表 2-37　2020—2030 年全国分粮食产品产量预测

单位：万吨

年份	玉米	稻谷	小麦	大豆	薯类
2020	23 712.46	21 262.95	12 530.85	1 691.25	3 623.07
2021	25 974.69	21 877.80	12 902.85	1 614.29	3 821.28
2022	28 236.91	22 492.64	13 274.86	1 537.34	4 019.49
2023	30 499.14	23 107.49	13 646.87	1 460.38	4 217.70
2024	32 761.36	23 722.33	14 018.88	1 383.42	4 415.91
2025	35 023.59	24 337.18	14 390.88	1 306.47	4 614.12
2026	37 285.81	24 952.02	14 762.89	1 229.51	4 812.32
2027	39 548.04	25 566.87	15 134.90	1 152.55	5 010.53
2028	41 810.27	26 181.72	15 506.91	1 075.60	5 208.74
2029	44 072.49	26 796.56	15 878.92	998.64	5 406.95
2030	46 334.72	27 411.41	16 250.92	921.68	5 605.16
平均值	35 966.18	24 593.37	14 545.89	1 274.40	4 696.70

伴随主流粮食产品的产量增长，粮食产品所需的虚拟水同步稳定增长。未来十年，粮食产品虚拟水消耗中，虚拟水消耗量前三位为玉米、小麦和稻谷（见表 2-38）。2020—2030 年，玉米、小麦、稻谷的虚拟水平均年消耗量分别为 4 867.44 亿米^3、4 317.27 亿米^3、3 502.36 亿米^3，三者虚拟水消耗量约占总粮食产品虚拟水消耗量的 94.02%。与上文分析的粮食产品产量相比较，玉米产量较高，消耗的虚拟水量也较大，稻谷产量高于小麦但虚拟水消耗量低于小麦。进一步反映出不同粮食产品的用水效率差异，未来十年提高小麦种植的用

水效率是粮食产品生产用水效率的主攻方向。

表2-38 2020—2030年全国分粮食产品（生产）虚拟水消耗量预测

单位：10^8米^3

年份	玉米	小麦	稻谷	大豆	薯类
2020	4 252.59	3 759.26	2 371.25	507.38	326.08
2021	4 375.56	3 870.86	2 597.47	484.29	343.91
2022	4 498.53	3 982.46	2 823.69	461.20	361.75
2023	4 621.50	4 094.06	3 049.91	438.11	379.59
2024	4 744.47	4 205.66	3 276.14	415.03	397.43
2025	4 867.44	4 317.26	3 502.36	391.94	415.27
2026	4 990.40	4 428.87	3 728.58	368.85	433.11
2027	5 113.37	4 540.47	3 954.80	345.77	450.95
2028	5 236.34	4 652.07	4 181.03	322.68	468.79
2029	5 359.31	4 763.68	4 407.25	299.59	486.63
2030	5 482.28	4 875.28	4 633.47	276.50	504.46
平均值	4 867.44	4 317.27	3 502.36	391.94	415.27

3. 分省粮食产品虚拟水进出口预测

未来十年，我国绝大多数省份为大米净进口和大米虚拟水净进口地区，余下的省份为大米及虚拟水净出口地区。如表2-39所示，未来十年，我国14个省份：天津、辽宁、吉林、黑龙江、江苏、安徽、江西、河南、湖北、海南、重庆、四川、西藏、陕西、新疆，为大米净出口地区，相应的也为大米虚拟水净出口地区。其中，大米虚拟水出口量最大的地区为黑龙江、河南、吉林、江西、辽宁，2020—2030年大米虚拟水平均年净出口量分别为51.50亿米^3、31.66亿米^3、18.31亿米^3、12.24亿米^3、11.13亿米^3。未来十年，虚拟水净进口的省份主要为：内蒙古、广东、浙江、山西、北京，2020—2030年的虚拟水平均年进口量分别为44.84亿米^3、35.60亿米^3、11.42亿米^3、10.07亿米^3、8.33亿米^3，其他省份虽然进口大米及虚拟水，但额度相对较小。从全国总量来看，2020—2030年全国大米平均年虚拟水为净出口，历年平均净出口额约为14.75亿米^3。从中可以看出，我国虚拟水出口的主要载体是大米，大米虚拟水出口的省份主要集中在我国传统的粮食主产区，大米虚拟水进口的地方主要集中在东部经济发达省份。

表 2-39　2020—2030 年全国大米进出口虚拟水净额量预测

单位：10^8 米^3

省份	2020 年	2021 年	2022 年	2023 年	2024 年	2025 年	2026 年	2027 年	2028 年	2029 年	2030 年
北京	2.26	3.47	4.69	5.90	7.12	8.33	9.55	10.76	11.97	13.19	14.40
天津	0.01	0	−0.01	−0.03	−0.04	−0.05	−0.06	−0.07	−0.08	−0.09	−0.10
河北	0.07	0.10	0.12	0.15	0.17	0.20	0.22	0.25	0.27	0.30	0.32
山西	3.78	5.03	6.29	7.55	8.81	10.07	11.33	12.59	13.85	15.10	16.36
内蒙古	16.77	22.38	28.00	33.61	39.22	44.84	50.45	56.06	61.68	67.29	72.90
辽宁	−4.92	−6.16	−7.41	−8.65	−9.89	−11.13	−12.37	−13.62	−14.86	−16.10	−17.34
吉林	−8.16	−10.19	−12.22	−14.25	−16.28	−18.31	−20.34	−22.37	−24.40	−26.43	−28.46
黑龙江	−22.87	−28.60	−34.32	−40.05	−45.78	−51.50	−57.23	−62.96	−68.68	−74.41	−80.14
上海	0.65	0.84	1.04	1.24	1.44	1.64	1.84	2.04	2.24	2.44	2.64
江苏	−1.15	−1.52	−1.89	−2.26	−2.63	−3.00	−3.37	−3.74	−4.11	−4.48	−4.85
浙江	4.31	5.73	7.15	8.58	10.00	11.42	12.84	14.27	15.69	17.11	18.54
安徽	−0.61	−0.76	−0.92	−1.07	−1.22	−1.37	−1.53	−1.68	−1.83	−1.98	−2.14
福建	1.34	1.67	2.01	2.34	2.68	3.01	3.35	3.68	4.02	4.35	4.68
江西	−5.45	−6.81	−8.17	−9.52	−10.88	−12.24	−13.59	−14.95	−16.31	−17.66	−19.02
山东	0.01	0.01	0.01	0.02	0.02	0.02	0.03	0.03	0.03	0.03	0.04
河南	−11.87	−15.83	−19.78	−23.74	−27.70	−31.66	−35.61	−39.57	−43.53	−47.48	−51.44
湖北	−0.08	−0.10	−0.11	−0.13	−0.15	−0.17	−0.18	−0.20	−0.22	−0.24	−0.25
湖南	0.02	0.03	0.04	0.05	0.06	0.06	0.07	0.08	0.09	0.10	0.11
广东	15.82	19.78	23.73	27.69	31.64	35.60	39.55	43.51	47.46	51.42	55.37
广西	0.61	0.82	1.03	1.24	1.44	1.65	1.86	2.07	2.27	2.48	2.69
海南	−0.04	−0.05	−0.06	−0.07	−0.08	−0.09	−0.10	−0.11	−0.12	−0.13	−0.14
重庆	−0.45	−0.60	−0.75	−0.90	−1.06	−1.21	−1.36	−1.51	−1.66	−1.81	−1.96
四川	−0.86	−1.08	−1.29	−1.51	−1.72	−1.94	−2.15	−2.37	−2.58	−2.80	−3.01
贵州	0.01	0.02	0.02	0.03	0.03	0.04	0.04	0.05	0.05	0.06	0.06
云南	0.61	0.77	0.92	1.07	1.22	1.38	1.53	1.68	1.84	1.99	2.14
西藏	0	0	−0.01	−0.01	−0.01	−0.01	−0.01	−0.01	−0.01	−0.01	−0.01
陕西	−0.02	−0.02	−0.03	−0.03	−0.04	−0.04	−0.05	−0.05	−0.06	−0.06	−0.07
甘肃	0.89	1.19	1.49	1.79	2.09	2.39	2.68	2.98	3.28	3.58	3.88
青海	0	0	0	0	0	0	0	0	0	0	0
宁夏	0	0	0	0	0	0	0	0	0	0	0
新疆	−1.19	−1.49	−1.79	−2.09	−2.39	−2.68	−2.98	−3.28	−3.58	−3.88	−4.18
总量	−10.51	−11.37	−12.22	−13.05	−13.93	−14.75	−15.59	−16.44	−17.29	−18.12	−18.98

未来十年，我国小麦虚拟水以进口为主，小麦虚拟水出口仅占较小份额。如表 2-40 所示，2020—2030 年我国绝大多数省份以小麦虚拟水净进口为主，小麦虚拟水进口较多的省份包括广东、黑龙江、山东、江苏，它们虚拟水平均年净进口量分别为 37.44 亿米³、31.17 亿米³、11.91 亿米³、11.57 亿米³。2020—2030 年我国虚拟水净出口省份仅有 4 个：天津、北京、吉林、陕西，它们的虚拟水平均年净出口量都较小，分别为 0.55 亿米³、0.49 亿米³、0.03 亿米³、0.01 亿米³。从全国总量来看，我国属于小麦虚拟水净进口国，2020—2030 年间小麦虚拟水净进口量由 41.98 亿米³ 增长到 164.43 亿米³，平均年增速为 26.52%，反映未来十年中，我国粮食进口虚拟水的载体较大一部分是小麦。

表 2-40　2020—2030 年全国小麦进出口虚拟水净额量预测

单位：10^8米³

省份	2020年	2021年	2022年	2023年	2024年	2025年	2026年	2027年	2028年	2029年	2030年
北京	−0.13	−0.2	−0.28	−0.35	−0.42	−0.49	−0.56	−0.63	−0.70	−0.77	−0.84
天津	−0.25	−0.31	−0.37	−0.43	−0.49	−0.55	−0.61	−0.67	−0.73	−0.79	−0.85
河北	1.50	2.00	2.51	3.01	3.51	4.01	4.51	5.01	5.51	6.01	6.51
山西	0	0	0	0	0	0	0	0	0	0	0
内蒙古	0.51	0.69	0.86	1.04	1.21	1.39	1.56	1.74	1.91	2.09	2.27
辽宁	−0.05	−0.02	0	0.02	0.04	0.06	0.08	0.10	0.12	0.15	0.17
吉林	−0.04	−0.04	−0.04	−0.04	−0.04	−0.03	−0.03	−0.03	−0.03	−0.03	−0.03
黑龙江	11.69	15.58	19.48	23.38	27.27	31.17	35.07	38.96	42.86	46.76	50.65
上海	0.24	0.30	0.36	0.42	0.48	0.54	0.60	0.66	0.72	0.78	0.84
江苏	4.34	5.79	7.23	8.68	10.12	11.57	13.01	14.46	15.90	17.35	18.79
浙江	1.52	1.85	2.18	2.50	2.83	3.16	3.49	3.81	4.14	4.47	4.80
安徽	−0.04	0.07	0.18	0.29	0.40	0.51	0.62	0.73	0.84	0.95	1.06
福建	0.18	0.20	0.22	0.25	0.27	0.29	0.32	0.34	0.36	0.39	0.41
江西	0	0	0	0	0	0	0	0	0	0	0
山东	4.50	5.98	7.46	8.95	10.43	11.91	13.40	14.88	16.36	17.85	19.33
河南	0.63	0.85	1.06	1.27	1.48	1.70	1.91	2.12	2.34	2.55	2.76
湖北	0	0	0	0	0	0	0	0	0	0	0
湖南	0.01	0.01	0.01	0.01	0.02	0.02	0.02	0.02	0.02	0.03	0.03
广东	17.18	21.24	25.29	29.34	33.39	37.44	41.49	45.54	49.59	53.64	57.69
广西	0.08	0.11	0.14	0.17	0.19	0.22	0.25	0.28	0.30	0.33	0.36
海南	0	0	0	0	0	0	0	0	0	0	0

（续）

省份	2020 年	2021 年	2022 年	2023 年	2024 年	2025 年	2026 年	2027 年	2028 年	2029 年	2030 年
重庆	0	0	0	0	0	0	0	0	0	0	0
四川	0	0	0	0	0	0	0	0	0	0	0
贵州	0	0	0	0	0	0	0	0	0	0	0
云南	0.02	0.03	0.04	0.05	0.06	0.07	0.07	0.08	0.09	0.10	0.11
西藏	0	0	0	0	0	0	0	0	0	0	0
陕西	0	−0.01	−0.01	−0.01	−0.01	−0.01	−0.01	−0.01	−0.01	−0.01	−0.01
甘肃	0.02	0.03	0.03	0.04	0.04	0.05	0.05	0.06	0.06	0.07	0.07
青海	0	0	0	0	0	0	0	0	0	0	0
宁夏	0	0	0	0	0	0	0	0	0	0	0
新疆	0.07	0.1	0.12	0.14	0.17	0.19	0.22	0.24	0.26	0.29	0.31
总量	41.98	54.25	66.47	78.73	90.95	103.22	115.46	127.69	139.91	152.21	164.43

未来十年，我国玉米虚拟水以进口为主，玉米虚拟水出口占整体份额较小。如表 2-41 所示，2020—2030 年我国绝大多数省份为玉米虚拟水净进口地区，玉米虚拟水净进口量较多的省份包括吉林、辽宁、内蒙古，未来它们的虚拟水平均年净进口量分别为 66.44 亿米^3、26.24 亿米^3、16.83 亿米^3；玉米虚拟水净出口的省份仅包含陕西和甘肃，它们的虚拟水平均年净出口量分别为 0.07 亿米^3、0.005 亿米^3。从全国总量来看，我国属于玉米虚拟水净进口国，2020—2030 年玉米虚拟水净进口量由 66.62 亿米^3 增加到 270.71 亿米^3，平均年增速为 27.85%，反映未来十年中，我国粮食虚拟水进口中玉米占有一定的份额。

表 2-41　2020—2030 年全国玉米进出口虚拟水净额量预测

单位：10^8米^3

省份	2020 年	2021 年	2022 年	2023 年	2024 年	2025 年	2026 年	2027 年	2028 年	2029 年	2030 年
北京	2.19	2.77	3.35	3.93	4.51	5.09	5.67	6.24	6.82	7.40	7.98
天津	0.28	0.35	0.42	0.49	0.57	0.64	0.71	0.78	0.85	0.93	1.00
河北	1.28	1.72	2.15	2.59	3.02	3.46	3.89	4.33	4.76	5.20	5.63
山西	0.16	0.22	0.28	0.34	0.40	0.46	0.52	0.57	0.63	0.69	0.75
内蒙古	6.28	8.39	10.50	12.61	14.72	16.83	18.94	21.06	23.17	25.28	27.39
辽宁	9.93	13.19	16.45	19.72	22.98	26.24	29.51	32.77	36.03	39.29	42.56
吉林	24.62	32.98	41.35	49.71	58.08	66.44	74.80	83.17	91.53	99.90	108.26

（续）

省份	2020年	2021年	2022年	2023年	2024年	2025年	2026年	2027年	2028年	2029年	2030年
黑龙江	2.13	2.84	3.55	4.27	4.98	5.69	6.40	7.11	7.82	8.53	9.24
上海	3.00	3.75	4.49	5.24	5.98	6.72	7.47	8.21	8.96	9.70	10.45
江苏	3.04	3.80	4.56	5.32	6.08	6.84	7.60	8.36	9.12	9.88	10.64
浙江	2.20	2.75	3.29	3.84	4.39	4.94	5.49	6.04	6.58	7.13	7.68
安徽	0.06	0.07	0.08	0.09	0.11	0.12	0.13	0.14	0.15	0.16	0.17
福建	1.79	2.24	2.69	3.13	3.58	4.03	4.47	4.92	5.37	5.81	6.26
江西	0.06	0.07	0.09	0.10	0.11	0.12	0.14	0.15	0.17	0.18	0.19
山东	0.10	0.12	0.13	0.15	0.17	0.18	0.20	0.22	0.24	0.25	0.27
河南	0	0	0	0	0	0	0	0	0	0	0
湖北	0	0	0	0	0	0	0	0	0	0	0
湖南	0.04	0.05	0.06	0.07	0.08	0.09	0.10	0.11	0.12	0.13	0.14
广东	5.34	6.67	8.01	9.35	10.68	12.02	13.36	14.69	16.03	17.37	18.70
广西	1.57	1.96	2.35	2.74	3.14	3.53	3.92	4.31	4.70	5.09	5.48
海南	0.16	0.20	0.23	0.27	0.31	0.34	0.38	0.41	0.45	0.49	0.52
重庆	0	0	0	0	0	0	0	0	0	0	0
四川	1.04	1.29	1.55	1.80	2.06	2.31	2.56	2.82	3.07	3.33	3.58
贵州	0.79	0.98	1.18	1.37	1.57	1.77	1.96	2.16	2.36	2.55	2.75
云南	0.60	0.66	0.72	0.78	0.84	0.89	0.95	1.01	1.07	1.13	1.19
西藏	0	0	0	0	0	0	0	0	0	0	0
陕西	−0.04	−0.05	−0.05	−0.06	−0.07	−0.07	−0.08	−0.09	−0.09	−0.10	−0.11
甘肃	0	0	0	0	0	0	−0.01	−0.01	−0.01	−0.01	−0.01
青海	0	0	0	0	0	0	0	0	0	0	0
宁夏	0	0	0	0	0	0	0	0	0	0	0
新疆	0	0	0	0	0	0	0	0	0	0	0
总量	66.62	87.02	107.43	127.85	148.29	168.69	189.08	209.48	229.90	250.31	270.71

未来，我国大豆虚拟水进口占主导地位，大豆虚拟水出口仅为零星部分。如表2-42所示，2020—2030年我国绝大多数省份属于大豆虚拟水净进口地区，进口量较多的省份包括：山东、江苏、辽宁、广东、广西、天津、福建，它们的虚拟水平均年净进口量分别为1 152.89亿米^3、997.40亿米^3、457.87亿米^3、413.32亿米^3、409.05亿米^3、383.10亿米^3、360.71亿米^3。大豆虚拟水净出口的地方包含北京、甘肃、海南，其中北京大豆虚拟水净出口量稍

多，平均年出口量为 49.67 亿米³；甘肃和海南大豆虚拟水出口量相对较小，平均年出口量分别为 0.005 亿米³、0.002 亿米³。从全国总量来看，我国属于大豆虚拟水净进口国，2020—2030 年大豆虚拟水净进口量由 2 636.26 亿米³增加到 6 444.01 亿米³，平均年增速为 13.13%，反映我国粮食虚拟水进口量的主要载体是大豆。

表 2-42 2020—2030 年全国大豆进出口虚拟水净额量预测

单位：10^8 米³

省份	2020 年	2021 年	2022 年	2023 年	2024 年	2025 年	2026 年	2027 年	2028 年	2029 年	2030 年
北京	−17.38	−23.84	−30.30	−36.76	−43.21	−49.67	−56.13	−62.59	−69.04	−75.50	−81.96
天津	193.93	231.76	269.60	307.43	345.27	383.10	420.93	458.77	496.60	534.44	572.27
河北	116.61	124.01	131.41	138.81	146.21	153.61	161.01	168.41	175.81	183.21	190.61
山西	17.03	20.96	24.88	28.81	32.74	36.67	40.59	44.52	48.45	52.38	56.30
内蒙古	6.28	8.39	10.50	12.61	14.72	16.83	18.94	21.06	23.17	25.28	27.39
辽宁	236.38	280.68	324.98	369.28	413.58	457.87	502.17	546.47	590.77	635.07	679.37
吉林	79.54	99.30	119.06	138.82	158.59	178.35	198.11	217.87	237.63	257.39	277.15
黑龙江	0.22	0.27	0.32	0.37	0.43	0.48	0.53	0.58	0.64	0.69	0.74
上海	51.29	61.58	71.86	82.15	92.44	102.72	113.01	123.30	133.59	143.87	154.16
江苏	360.60	392.02	423.45	454.87	486.30	517.72	549.15	5 857.00	612.00	643.42	674.85
浙江	105.55	120.05	134.56	149.06	163.57	178.07	192.57	207.08	221.58	236.09	250.59
安徽	6.85	8.52	10.19	11.86	13.53	15.20	16.87	18.55	20.22	21.89	23.56
福建	196.33	229.20	262.08	294.96	327.84	360.71	393.59	426.47	459.34	492.22	525.10
江西	9.08	11.29	13.49	15.70	17.90	20.11	22.32	24.52	26.73	28.94	31.14
山东	636.92	740.12	843.31	946.50	1 049.70	1 152.89	1 256.08	1 359.27	1 462.47	1 565.66	1 668.85
河南	45.52	49.24	52.96	56.68	60.41	64.13	67.85	71.57	75.30	79.02	82.74
湖北	17.21	21.44	25.66	29.89	34.11	38.34	42.56	46.79	51.01	55.24	59.47
湖南	1.44	1.74	2.04	2.34	2.63	2.93	3.23	3.53	3.83	4.12	4.42
广东	284.20	310.02	335.85	361.67	387.49	413.32	439.14	464.96	490.79	516.61	542.43
广西	234.10	269.09	304.08	339.07	374.06	409.05	444.04	479.03	514.02	549.01	584.00
海南	0	0	0	0	0	0	0	0	0	−0.01	−0.01
重庆	19.89	20.94	21.98	23.03	24.07	25.12	26.16	27.21	28.26	29.30	30.35
四川	20.92	24.48	28.04	31.61	35.17	38.74	42.30	45.86	49.43	52.99	56.55
贵州	0	0	0	0	0	0	0	0	0	0	0

（续）

省份	2020年	2021年	2022年	2023年	2024年	2025年	2026年	2027年	2028年	2029年	2030年
云南	2.85	3.54	4.22	4.91	5.60	6.29	6.97	7.66	8.35	9.04	9.72
西藏	0	0	0	0	0	0	0	0	0	0	0
陕西	9.10	10.10	11.10	12.10	13.10	14.10	15.10	16.10	17.10	18.10	19.10
甘肃	0	0	0	0	0	0	−0.01	−0.01	−0.01	−0.01	−0.01
青海	0	0	0	0	0	0	0	0	0	0	0
宁夏	0	0	0	0	0	0	0	0	0	0	0
新疆	1.80	2.13	2.47	2.80	3.13	3.47	3.80	4.13	4.47	4.80	5.13
总量	2 636.26	3 017.03	3 397.79	3 778.57	4 159.38	4 540.15	4 920.88	5 301.68	5 682.51	6 063.26	6 444.01

六、研究结论与启示

（一）研究结论

通过以上研究，虚拟水与粮食生产、贸易及粮食生产水资源效率的关系得到进一步的澄清，可以得到如下结论：

（1）按照人口粮食需求核算，我国粮食自给基本达到，多数省份粮食及虚拟水富余，可以进行省际贸易，补缺其他省份缺口；

（2）全国稻谷生产虚拟水消耗量最大，西南地区粮食生产虚拟水消耗最多，黑龙江省粮食生产虚拟水消耗最多；

（3）全国虚拟水净进口量呈逐年上升趋势，全国进口大豆所需虚拟水量最大，江苏省、黄淮海地区进口粮食虚拟水量最大；全国出口大豆所需虚拟水量最大，江苏省、东北地区出口粮食所需虚拟水量最大；

（4）全国整体虚拟水贸易符合 H-O 资源禀赋理论，省际和区域虚拟水国际贸易不符合 H-O 理论；

（5）我国粮食生产用水效率与技术效率处于较低水平，粮食生产用水效率最低的是华北地区；粮食生产用水效率越高，有利于小麦和玉米虚拟水净进口量的减少，有利于大米和大豆虚拟水净进口量的提高；

（6）我国粮食生产用水生态效率较差，环境效率更差，虚拟水出口较少的区域生态效率较高，虚拟水进口较多的区域环境效率较低；

（7）未来十年，我国粮食及虚拟水供需处于紧平衡状态，粮食生产虚拟水消耗最多的是玉米和小麦，大米、小麦、玉米和大豆均处于虚拟水净进口状态，大豆是虚拟水进口的核心载体。

（二）启示

（1）不能以单一的国际贸易理论指导我国虚拟水利用，应该结合各省份具体情况，综合利用国内外虚拟水贸易，确保嵌入水的国内外流动，从而缓解区域水短缺和粮食供需紧张状态。

（2）确保粮食生产用水效率、环境效率和生态效率的同步提高，不能以牺牲国内水资源的生态环境，换回国外或区外的虚拟水补给，因而国内生态环境和国际贸易需要同等重视。

（3）把握我国虚拟水生产和贸易的产品、省份与区域的规律，应该结合我国粮食消费结构和粮食进出口结构，制定粮食安全供应和虚拟水巧用相结合的方案。

第五节 基于粮食安全的能源利用
及其效率评价
一、引 言

随着我国经济发展和人民生活水平的提高，粮食需求的数量和质量也同步提高。在此新形势下，粮食生产及其质量的安全问题日益凸显。能源是粮食生产中不可或缺的生产要素，因而能源对确保粮食生产数量的稳定起到一定作用。同时，粮食生产中投入更多的清洁能源和有机能源，将保证产出的粮食的质量更为安全。我国农药、化肥等化石形式的能源过度使用，产生了较严重的环境污染（包括非期望的碳排放），农业领域的节能减排刻不容缓。

相关农业能源的研究文献可以作为分析粮食安全用能的理论基础：

能源在农业中利用的研究。国外较多学者研究了农业能源的利用，认为农业能源包括各种矿物燃料、农药、化肥、农机用能、灌溉用能和生物能等。例如，Piero 和 Mario（1997）研究了不同国家农业部门的化石能源利用情况，并在土地和劳动力禀赋受约束下评估化石能源的相对重要性，发现如果一个国家土地禀赋相对于劳动力禀赋较差时，其化石能源需求相对较强。Wendell（2000）研究了美国的农业能源使用，他认为到餐桌上的食物经过了较多的能源密集投入，农作物生产中的机械用能、灌溉用能、化学肥料等归为能源密集投入的部分。Paul（2003）研究了热带地区的农业能源及二氧化碳排放，发现农业机械、灌溉、施肥和化学农药等农业能源的利用仅占该地区商用能源量的 3.9％，且农业能源中化学肥料占到 70％。Josef（2012）研究了欧洲农业生产中使用的生物质能，他发现生物质能在低温环境下如不添加化学剂，其燃烧不充分从而造成能源浪费。

农业能源消耗量的测算方法。国际上核算能源消耗的指标主要是能量法（Pimental，1983；Cleveland，1995；Refsgaard，1998；Dalgaard，2001）和能值法（Odum，1986；Lan，1998；Jiang，2007；Chen et al.，2009）。其中，能量法是将各个能源投入量乘以相应能耗系数，能耗系数一般为热值单位吨标准煤或千卡，加总各个标准煤或千卡从而得到总能源消耗量（Locheretz，1980）。其中，矿物燃料主要包括汽油、柴油、燃料油、液化石油气、天然气、软质煤和硬质煤（Cervinka，1980），各个能源消耗量等于具体投入的能源物质数量乘以其相应的能耗系数。农用机械能量，一般采用农业机械千克重量乘以相应的能耗系数（Pimental，1976）。同样，农药和化肥的能耗量按其物质使用量乘以相应的能耗系数得到。能值（emergy）是指为形成一定的焦耳能量所需要吸收的太阳能焦耳数量（Odum，1987）。矿物燃料煤、石油、天然气等虽然物质不同，但它们均是吸收太阳能转变而来，用太阳能焦耳量可以把不同质的能源换算为同质的太阳能。能值法即是按照各资源对应的能值转化率，将不同度量单位的物质转化为能值单位太阳能焦耳（sej）。前者能量法较为简单，相应的能量数据可以直接或间接得到，但其把不同质的能源换算为相同的热量值缺乏一定的理论依据；后者能值法把不同质的能源归为同质的太阳能来计算能源消耗，有一定的理论依据，但其计算相对复杂（Mark T. Browna et al.，2004；Hau et al.，2004）。

农业能源效率的测度。测量农业能源效率的工具较为多样。传统的 DEA（data envelopment analysis）方法的生产前沿面是非随机的，忽略测量误差和其他统计噪声的影响，得出的能源效率存在偏误。继 Ferrier 和 Lovell（1990）提出随机前沿分析（stochastic frontier analysis，SFA）计算效率后，Fare 等（1994）在考虑生产前沿面未知情况下，采用包括误差项的随机前沿生产函数模型代表未知的前沿面，且误差项包含真实噪声和无效率项两部分，估计参数模型及其误差项可以得到准确的能源效率。但传统 DEA 方法和 SFA 方法均忽略非期望产出。现有文献，纳入非期望产出的估算能源效率的方法有 SBM（slacks-based measure）和超效率 DEA（super efficiency data envelopment analysis，SE-DEA）。SBM 模型克服传统 DEA 模型中各要素变化只能是径向和角度的弊端，它通过在目标函数中引入各投入和各产出的松弛变量，从而构造变量变化的非径向、非角度的基于松弛的效率评价模型（Tone，2001）。Hu 和 Wang（2006）定义全要素能源效率（total factor energy efficiency）实际上为方向距离函数后，较多学者用包含非期望产出的 SBM 方向距离函数来测算全国、区域和行业层面的全要素能源效率（Azadehd，2007；Wei，2007；雷鸣，2013）。而经扩展的 DEA 方法中的超效率 DEA 模型（Tone，2002；武春友等，2009），它克服了 SBM 模型中效率值为 1 的决策单元不能进一步判断哪个单元更为有效的缺陷。

不同于以往研究的是，本研究考虑粮食生产中直接和间接的化石燃料消耗及碳排放，运用包含非期望碳排放的 SE-DEA 模型评估粮食安全生产的能耗及其效率，据此深入探讨粮食安全生产范围内的节能空间和减排空间。

二、能源在农业中利用的基本情况

（一）能源消费状况

改革开放以来，我国农业用能消费的主力能源是煤炭、石油和电力。消耗比率如下：

煤炭：1.81%；

石油：1980—2007 年 5.76%，2008—2010 年 3.07%；

电力：1980—2007 年 9.38%，2008—2010 年 3.36%。

长期来看，农业能源消费中的煤炭比重下降趋势不甚明显，而石油和电力消费比重上升趋势较为明显。

（二）能源投入产出弹性

改革开放以来，我国农业用能源的投入产出波动较大，反映农业能源的效率改进不甚平稳。投入产出的异常值与正常值波动情况如下：

异常值：1997—1998 年和 2007—2008 年，值多为较大的负值；

正常值：石油、电力于 2000—2002 年和 2005—2006 年，值＞1，其他年份值在 0～1 间波动；煤炭于 2004—2005 年，值＞1，其他年份值在 0～1 间波动。

总体来看，我国农业的能源消耗效率有待提高并进行较为平稳的效率控制。

（三）农业用能的结构

我国农业用能结构呈现多元化的特点。总体看来包括以下四大类：

第一类，以煤消耗为主，主要以原煤为代表；

第二类，以油品消费为主，主要包括汽油、柴油和液化石油气；

第三类，以气消费为主，主要是天然气；

第四类，以电力消耗为主，主要是煤电为主的农业用电。

与此同时，我国农业用能结构呈现出地域化的特点：

天然气，主要分布于重庆、四川、陕西等省份，零星天然气用能的省份包括湖南、新疆等；

热力，主要分布于内蒙古、河南等省份，零星热力用能的省份包括宁夏和新疆；

非四大类主流能源的其他能源，主要分布于湖南和福建等省份。

（四）农业用能的趋势

随着农业产值的逐年增加（如图 2-9），我国农业用能量和农业用能能效整体呈现逐年上升的态势。

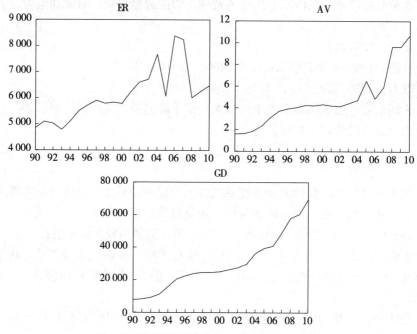

注：农业能效用农业产值除以农业总用能量得到。

图 2-9 中国农业用能量、农业用能能效、农业产值趋势

三、农业能源消耗及其碳排放量特征分析

化石燃料（f）及其碳排量（fc）、农用电力（g）及其碳排量（gc）、机械灌溉设施（m）及其碳排量（mc）、农药（p）及其碳排量（pc）、化肥（c）及其碳排量（cc）的数据统计发现，我国农业能源消耗及其碳排放的总体结构特征是：电力消耗是总能源消耗的主体，机械碳排量是能耗排放量的主导（如图 2-10、图 2-11 所示）。具体特征如下：

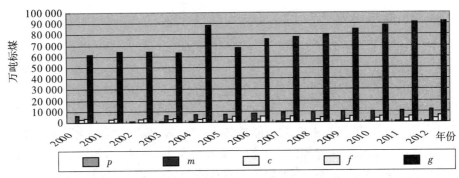

图 2-10　2000—2012 年中国农业能源消耗量

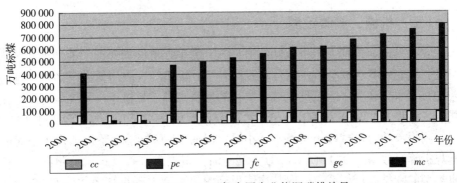

图 2-11　2000—2012 年中国农业能源碳排放量

（一）化石燃料

农业中消耗的化石燃料归纳为四类能源消耗：煤耗以原煤为主、油耗以柴油为主、气耗以天然气为主和其他能源。其中，原煤、柴油、天然气标煤折算系数分别为 0.714 3 万吨标煤/万吨、1.457 1 万吨标煤/万吨、13.3 万吨标煤/亿米^3。化石燃料碳排放计算按 IPCC 准则，原煤、柴油、天然气和其他能源的碳折算系数分别为 2.69 吨二氧化碳/吨、3.228 吨二氧化碳/吨、20.9 万吨二氧化碳/亿米^3、2.772 5 吨二氧化碳/吨标煤。省际农业矿物能源消耗量＝煤耗＋油耗＋气耗＋其他能源；省际农业矿物能源碳排量＝煤耗碳排＋油耗碳排＋气耗碳排＋其他能源碳排。2000—2012 年，矿物能耗总量较为平稳，历年平均值为 4 588.36 万吨标煤，占历年能耗总值的比例为 4.98%。2000—2012 年，矿物碳排放总量呈加速上升趋势，历年平均值为 12 824.19 万吨，2012 年较 2000 年排放量上涨 69.04%。总体来看，农业矿物燃料消耗总量较小，碳排放量基数小但增速相对较快。

（二）农用电力

农业电力主要来源于以火电为主的外购电力，包括农林牧渔水利用电。根据 IPCC 标准，电力标煤折算系数为 1 亿千瓦·时＝1.229 万吨标煤；外购电力碳排放折算系数为 88.25 万吨二氧化碳/亿千瓦·时。2000—2012 年，农业电力消耗量高位缓慢上升，平均年消耗量为 76 796.532 万吨标煤，平均年增长率为 3.82%，年能耗占农业总能耗的 83.63%；2000—2012 年，电力碳排放量占碳排放总量次主导地位，平均年排放量为 295 046.5 万吨，约占排放总量的 19.53%。总体来看，农业电力是农业能源的主体，其间接的碳排量仅次于机械能。

（三）机械、灌溉设施

农机总动力包括农用机械和灌溉设施。其中，机械类含大、中、小型拖拉机及其配套农具、联合收割机和机动脱粒机；灌溉类含农用排灌电动机、排灌柴油机、水泵和节水灌溉类机械。整机的原料来源、整机生产及维修均需消耗能源。假设农忙时节为每年的五、六月份和十月份，农机动力每天工作 10 小时，则每台动力机械每年工作 900 小时。根据 IPCC 标准，整机工作 1 小时的标煤折算系数为 1.229 吨标煤/万千瓦·时。根据朱虹等（2010）测算不同整机类型的碳排放折算系数，取其均值得到农机总动力碳折算系数为 0.862 202 千克/千瓦·时。2000—2012 年，机械和灌溉能总量平稳上升，历年均值为 7 344.873 万吨标煤，平均年上涨率约为 7.31%；2000—2012 年，机械和灌溉碳排放量较大，历年均值为 513 296.4 万吨，约占排放总量的 76.40%。总体来看，农机灌溉能基数较大，仅次于电力能耗，其碳排放量占主导地位。

（四）农药、化肥

农用化肥施用包括氮肥、磷肥、钾肥和复合肥。氮磷钾肥的热值转化率分别为5 740千卡/千克、2 030千卡/千克、2 150千卡/千克；复合肥由氮磷钾肥混合生成，热值转化率为三者的均值为3 306.67千卡/千克。农用化肥能量＝Σ各肥料施用量×各自热值转化率。农药使用量标煤折算公式为 1 千克农药＝24 000 千卡，1 千克标煤＝7 000 千卡。根据美国橡树岭国家实验室碳折算系数：农药为 4.934 1 吨二氧化碳/吨，化肥为 0.895 6 吨二氧化碳/吨。2000—2012 年，农药消耗量处于较低位平稳上升的态势，平均年消耗量为 525.633 5 万吨标煤，平均年增长率为 3.17%；化肥消耗量处于相对低位稳定状态，平均年消耗量为 2 895.045 万吨标煤，约占年能源消耗总量的 3.18%。2000—

2012 年，农药碳排放量处于低位缓慢上升阶段，平均年碳排放量为 755.998 4 万吨；化肥碳排放量处于较低位缓慢抬升阶段，平均年碳排放量为 2 592.802 万吨。总体来看，农药消耗量和碳排放量处于最低水平，化肥消耗量和碳排量处于较低水平。

四、农业能源消耗效率及节能减排空间实证分析

(一) 数据来源和变量选择

选取样本为 2006—2018 年中国 30 个省份（西藏自治区除外）。数据来源于历年《中国统计年鉴》、《中国能源统计年鉴》、部分省份的统计年鉴和国泰安数据库。选取的主要考察变量见表 2-43。如表 2-43 所示，省际农业总产值和劳动力投入均存在较大的数量差异。农业强省最大农业产值为 7 938.11 亿元，农业弱省最小农业产值为 56.98 亿元；农业劳动力充沛省份人员投入量最大为 10 526.78 万人，农业劳动力不足省份人员投入量最小为 4.64 万人。省际能源消耗和资本存量均存在相对较小的数量差异。历年各个省份农业资本存量平均值为 511.43 亿元；历年各个省份能源消耗平均值为 188.58 万吨标准煤。

表 2-43 主要变量与统计量

变量	样本量	平均值	标准差	最小值	最大值
农业总产值（亿元）	390	1 619.58	1 417.21	56.98	7 938.11
能源能耗（万吨/标煤）	390	188.58	123.98	7.95	680.96
资本存量（亿元）	390	511.43	406.13	17.31	1 765.48
劳动力投入（万人）	390	1 986.66	1 827.89	4.64	10 526.78

对表 2-43 中的主要变量整理简单介绍如下：

1. 农业总产值（Y）

省际农业总产值由省际农林牧渔总产值代替。各省份产值以 2006 年为基期水平，分别利用各省份农林牧渔价格指数进行数值平减。

2. 能源消耗（E）

农业用能主要包括煤耗、油耗、气耗、电力和其他能源。其中，总煤消耗以原煤为主，按 1 万吨原煤＝0.714 3 万吨标煤折算；总油消耗以农用柴油为主，按 1 万吨柴油＝1.457 1 万吨标煤折算；农业气耗为天然气，按 1 亿米^{3}天然气＝13.3 万吨标煤换算；农业用电，按 1 亿千瓦·时＝1.228 4 万吨标煤换算。统一转化为热值单位万吨标煤后，省际农业总能源消耗量＝煤耗＋油

耗＋气耗＋电力消耗＋其他能源消耗。

3. 资本存量（K）

农业部门的资本存量估计根据张军等（2004）采用的永续盘存法估算：

$$K_{it} = K_{i,t-1}(1-\delta_{it}) + I_{it} \qquad (2\text{-}21)$$

式（2-21）中，K_{it} 代表 i 省第 t 年的资本存量，$K_{i,t-1}$ 为该省上一期的资本存量；I_{it} 为 i 省第 t 年的农业固定资产原值，其计算方法是农村居民家庭拥有农业生产性固定资产原值（单位：元/户）乘以乡村户数（单位：万户）。固定资产 δ_{it} 为该省第 t 年的经济折旧率，根据张军估算的中国省际固定资产总额的平均年折旧率为 9.6%，假设该值也符合农业固定资产的平均年折旧水平。各省份农业资本期初值利用 Harberger（1978）的假定思想得到，即基于稳定状态的产出增长率与资本存量的增长率相等。本研究采用下式估计期初农业资本存量（单位：亿元）：

$$K_{i0} = I_{i0}/(g_i + \delta) \qquad (2\text{-}22)$$

$$g_i = \sqrt[n]{Y_{it}/Y_{0t}} - 1 \qquad (2\text{-}23)$$

其中，K_{i0} 代表 i 省的期初资本存量，I_{i0} 代表期初固定资产投资，δ 代表经济折旧率；g_i 代表实际产出增长率，也是资本增长率，Y_{it} 代表 i 省计算期农业总产值，Y_{0t} 代表该省期初农业总产值，n 代表计算年份与期初的时间间隔。

利用式（2-22）和式（2-23）估算省际农业资本存量期初值（见表 2-44）。利用式（2-21）估算省际其他年份农业资本存量值。按本研究的需要假定以 2006 年农业资本存量为期初值，后续值均以 2006 年不变价格水平为基准，并运用各省份各年的固定资产投资价格指数进行相应折算。

表 2-44　2006 和 2018 年省际农业资本存量估算值对比

年份	山东	河北	黑龙江	吉林	浙江	广东	江苏	福建	天津	海南
2006 年	3 917.54	2 999.06	1 001.86	923.43	2 347.62	1 711.70	2 314.32	762.10	241.37	182.15
2018 年	4 206.24	2 243.06	2 441.12	1 428.15	1 358.06	1 078.01	1 210.16	729.06	112.61	165.57

年份	河南	湖北	湖南	山西	陕西	江西	重庆	辽宁	北京	上海
2006 年	3 767.15	854.54	1 360.17	745.36	661.57	750.08	574.39	1 027.63	135.95	190.26
2018 年	2 774.78	1 395.84	1 275.98	616.67	611.44	981.35	1 094.31	2 218.06	92.34	30.32

年份	四川	云南	贵州	广西	新疆	安徽	内蒙古	青海	甘肃	宁夏
2006 年	2 620.72	1 299.86	867.74	894.97	631.66	2 345.57	1 113.36	173.46	739.40	228.87
2018 年	3 475.23	2 259.55	1 036.91	1 551.42	1 264.02	2 354.88	1 622.74	228.74	1 001.79	242.98

4. 劳动力投入（L）

农业劳动力由农林牧渔劳动力人数替代。因农业劳动力人口存在流动，计算公式如下：

$$L=(L_{i,\,t-1}+L_{i,\,t})/2 \qquad (2\text{-}24)$$

其中，L 代表当年农业农林牧渔劳动力数量，i 代表省份，t 代表时期。式（2-24）含义表示，当年特定省份农业劳动力投入即为上一年末的人数与当年末人数的平均值。

（二）研究方法

1. 农业能源效率测算主要采用 SE-DEA 方法

假设考察的决策单元 MDU 个数恒定，每个考察单元有 m 个输入变量和 n 个输出变量，x_{ik} 表示第 k 个决策单元的第 i 个输入变量；y_{jk} 表示第 k 个决策单元的第 j 个输出变量。建立基于松弛测量的投入产出线性规划数学模型：

$\min\theta$

$$s.t.\begin{cases} \sum\limits_{\substack{j=1 \\ j\neq L}}^{m}X_j\lambda_j+S_i^-=\theta X_0\,,\ X_k=(x_{1k},\ x_{2k},\ \cdots x_{mk})\,,\ i=1,\ 2\cdots m \\ \sum\limits_{\substack{j=1 \\ j\neq L}}^{n}Y_j\lambda_j-S_r^+=Y_0\,,\ Y_k=(y_{1k},\ y_{2k},\ \cdots y_{nk})\,,\ r=1,\ 2\cdots n \\ S_i^-\geqslant 0\,,\ S_r^+\geqslant 0\,,\ \lambda_j\geqslant 0 \end{cases}$$

$$(2\text{-}25)$$

式（2-25）中，θ 表示能源单元的技术效率。L 表示能源投入产出要素单元。X_0、Y_0 代表放弃能源要素单元前，生产前沿面上的最佳投入和最佳产出。λ_j 代表放弃能源要素单元后，重新构造的有效决策单元组合中第 j 个决策单元的组合比例；S_i^-、S_r^+ 分别代表投入松弛向量和产出松弛向量。模型测度能源效率的含义是：当 MDU 有效时，$S_i^-=S_r^+=0$ 成立，此时 $\theta\geqslant 1$；当 MDU 无效时，松弛向量均不为零，此时 $\theta<1$。

2. 基于 DEA-BCC 模型计算节能减排潜力

节能与减排分别采用基于投入方向和产出方向的规模报酬不变的 BCC 模型测算决策单位技术效率。同步计算决策单元效率时，得到两组投入和产出变量的初始值、径向移动、松弛移动和规划值。按照节能原则和减排原则，决策单元的节能量和减排量为：

$$\Delta input_{energy}=E_{original}-E_{project} \qquad (2\text{-}26)$$

$$\Delta output_{carbon}=1/(1/C_{project}-1/C_{original}) \qquad (2\text{-}27)$$

式（2-26）左侧代表节约的能源量，右侧代表初始能源投入与规划能源投入的差额；式（2-27）左侧代表碳排放节约量，右侧代表正向最佳碳产出（倒数表示）与正向实际碳产出（倒数表示）的差额的倒数。则相应的节能空间和减排空间可表示为式（2-28）和式（2-29）：

$$E' = (E_{original} - E_{project})/E_{original} \qquad (2\text{-}28)$$

$$C' = \left[1/(1/C_{project} - 1/C_{original}) \right]/C_{original} \qquad (2\text{-}29)$$

（三）结果分析

1. 包含非期望碳排放的 DEA 效率

用包含非期望碳排放的 SE-DEA 模型测算各省份农业能源利用效率，得到表 2-45 所示结果。如表 2-45 所示，2006—2018 年效率值由 0.15 上升到 0.62，全国农业能源效率依然较低，但整体呈现上升的趋势。从省际来看，各省份效率普遍偏低，但呈上升趋势，效率稍高的省份主要集中在东部工业区，效率最低的省份集中在西部农业区。截至 2018 年，农业能源效率有效的省份包含上海、江苏，效率值分别为 1.08、1.04；效率稍高的省份包含辽宁、四川、湖北、黑龙江、吉林，其效率值均大于或等于 0.80，其他省份的农业能效均低于 0.80%。

表 2-45　2006—2018 年全国农业能源的利用效率

省份	2006 年	2007 年	2008 年	2009 年	2010 年	2011 年	2012 年	2013 年	2014 年	2015 年	2016 年	2017 年	2018 年
北京	0.31	0.37	0.38	0.48	0.55	0.53	0.44	0.49	0.55	0.55	0.65	0.72	0.75
天津	0.24	0.26	0.28	0.32	0.38	0.39	0.34	0.37	0.41	0.44	0.55	0.61	0.58
河北	0.13	0.14	0.14	0.16	0.20	0.22	0.21	0.27	0.30	0.32	0.41	0.50	0.51
山西	0.07	0.08	0.06	0.10	0.08	0.12	0.09	0.12	0.13	0.22	0.26	0.34	0.30
内蒙古	0.15	0.15	0.15	0.18	0.21	0.30	0.29	0.35	0.40	0.44	0.50	0.60	0.65
辽宁	0.22	0.24	0.26	0.29	0.33	0.39	0.39	0.49	0.55	0.65	0.78	0.94	0.94
吉林	0.18	0.17	0.19	0.26	0.29	0.32	0.37	0.46	0.48	0.59	0.89	1.02	0.80
黑龙江	0.12	0.12	0.13	0.24	0.26	0.31	0.31	0.39	0.44	0.52	0.59	0.75	0.82
上海	0.33	0.37	0.39	0.43	0.47	0.44	0.50	0.64	0.70	0.73	0.84	1.96	1.08
江苏	0.19	0.20	0.22	0.29	0.32	0.37	0.40	0.49	0.58	0.64	0.86	1.30	1.04
浙江	0.17	0.18	0.20	0.20	0.25	0.29	0.29	0.36	0.40	0.44	0.66	0.75	0.65
安徽	0.11	0.11	0.12	0.13	0.16	0.19	0.19	0.25	0.29	0.33	0.62	0.76	0.48
福建	0.24	0.25	0.27	0.29	0.34	0.40	0.40	0.47	0.55	0.56	0.82	0.92	0.77
江西	0.11	0.12	0.13	0.13	0.16	0.19	0.21	0.25	0.30	0.32	0.49	0.67	0.55

（续）

省份	2006 年	2007 年	2008 年	2009 年	2010 年	2011 年	2012 年	2013 年	2014 年	2015 年	2016 年	2017 年	2018 年
山东	0.14	0.15	0.16	0.18	0.23	0.27	0.29	0.35	0.41	0.44	0.54	0.60	0.59
河南	0.09	0.10	0.10	0.10	0.13	0.18	0.18	0.21	0.26	0.28	0.45	0.51	0.38
湖北	0.15	0.15	0.16	0.19	0.25	0.25	0.26	0.33	0.44	0.47	0.60	0.80	0.83
湖南	0.11	0.11	0.12	0.13	0.16	0.17	0.17	0.22	0.28	0.27	0.33	0.58	0.40
广东	0.19	0.19	0.20	0.25	0.27	0.25	0.26	0.28	0.33	0.34	0.43	0.72	0.50
广西	0.12	0.12	0.13	0.16	0.21	0.23	0.27	0.33	0.39	0.37	0.58	0.78	0.54
海南	0.31	0.34	0.39	0.33	0.40	0.40	0.39	0.44	0.52	0.52	0.61	0.99	0.77
重庆	0.10	0.11	0.12	0.13	0.25	0.26	0.27	0.27	0.40	0.43	0.78	0.92	0.69
四川	0.15	0.17	0.18	0.23	0.27	0.29	0.31	0.45	0.56	0.53	0.85	1.10	0.87
贵州	0.08	0.09	0.09	0.10	0.11	0.12	0.13	0.22	0.28	0.31	0.76	0.94	0.51
云南	0.11	0.12	0.12	0.14	0.17	0.20	0.24	0.28	0.34	0.49	0.63	0.51
陕西	0.09	0.09	0.09	0.10	0.12	0.14	0.15	0.18	0.23	0.25	0.37	0.65	0.44
甘肃	0.07	0.07	0.08	0.09	0.09	0.11	0.12	0.14	0.16	0.18	0.22	0.25	0.27
青海	0.06	0.07	0.08	0.09	0.10	0.11	0.12	0.14	0.19	0.19	0.25	0.28	0.30
宁夏	0.07	0.07	0.08	0.10	0.14	0.14	0.15	0.18	0.23	0.28	0.36	0.43	0.42
新疆	0.21	0.21	0.22	0.29	0.31	0.33	0.35	0.41	0.42	0.46	0.65	0.62	0.66
全国平均	0.15	0.16	0.18	0.20	0.24	0.26	0.27	0.33	0.38	0.41	0.57	0.75	0.62

2. 节能减排空间核算

农业生产用能中较大一部分是用于粮食生产，粮食在一定安全产值范围内可以相应的缩减能源的投入和碳排放量。表 2-46 和表 2-47 可近似看作粮食生产中的节能潜力和前排潜力。总体来看，粮食生产中不同省份的节能和减排潜力具有较大差异，全国范围内仍具有一定的节能潜力和减排潜力。

如表 2-46 所示，2006—2018 年我国 30 个省份（西藏自治区除外）农业能源的最佳规划水平。其中，除北京、上海、海南、青海外，其他省份历年均存在较大的节能潜力。节能空间在 80% 以上的省份包括重庆、陕西、甘肃，它们每年分别可节约标准煤 185 554.80 吨、246 710.10 吨、478 029.90 吨；节能空间在 60%～80% 的省份包括山西、安徽、江西、河南、湖北、湖南、广西、贵州、云南、宁夏，它们每年分别可节约标煤 262 291.40 吨、206 042.40 吨、289 819.10 万吨、612 280.80 吨、327 243.40 吨、332 091.10 吨、124 897.90 吨、141 777.50 吨、108 577.50 吨、63 144.97 吨；节能空间在 0～60% 之间的省份包括天津、河北、内蒙古、辽宁、吉林、黑龙江、江

苏、浙江、福建、山东、广东、四川、新疆，它们每年分别可节约标煤
15 531.25 吨、440 222.10 吨、101 441.10 吨、57 485.65 吨、32 790.52 吨、
88 999.58 吨、309 845.50 吨、131 132.40 吨、144 884.00 吨、409 150.20
吨、240 025.20 吨、114 951.60 吨、84 467.07 吨。全国来看，平均每年可节
约标煤 5 549 387.04 吨。

表 2-46　2006—2018 年全国农业节能量与节能空间

省份	能源初始值 （吨标准煤）	能源规划值 （吨标准煤）	节能量 （吨标准煤）	节能空间 （%）
北京	204 353.80	204 353.80	0	0
天津	106 998.70	91 467.42	15 531.25	15
河北	836 190.50	395 968.30	440 222.10	53
山西	340 931.00	78 639.62	262 291.40	77
内蒙古	219 523.10	118 082.00	101 441.10	46
辽宁	261 644.20	204 158.60	57 485.65	22
吉林	95 563.53	62 773.01	32 790.52	34
黑龙江	165 876.60	76 877.06	88 999.58	54
上海	120 933.70	120 933.70	0	0
江苏	828 073.20	518 227.70	309 845.50	37
浙江	292 535.90	161 403.40	131 132.40	45
安徽	327 905.80	121 863.40	206 042.40	63
福建	248 498.20	103 614.20	144 884.00	58
江西	365 763.50	75 944.35	289 819.10	79
山东	812 346.10	403 195.90	409 150.20	50
河南	895 705.50	283 424.70	612 280.80	68
湖北	439 685.10	112 441.60	327 243.40	74
湖南	454 127.30	122 036.20	332 091.10	73
广东	559 520.30	319 495.10	240 025.20	43
广西	207 704.80	82 806.89	124 897.90	60
海南	31 160.09	31 160.09	0	0
重庆	226 773.00	41 218.14	185 554.80	82
四川	256 127.00	141 175.40	114 951.60	45
贵州	183 029.60	41 252.11	141 777.50	77
云南	176 589.50	68 011.99	108 577.50	61
陕西	293 148.60	46 438.46	246 710.10	84
甘肃	522 224.60	44 194.65	478 029.90	92

（续）

省份	能源初始值 （吨标准煤）	能源规划值 （吨标准煤）	节能量 （吨标准煤）	节能空间 （%）
青海	22 770.55	22 770.55	0	0
宁夏	100 375.00	37 230.05	63 144.97	63
新疆	288 932.00	204 464.90	84 467.07	29
全国总量	9 885 010.77	4 335 623.29	5 549 387.04	——

　　如表 2-47 所示，2006—2018 年我国 30 个省份（西藏自治区除外）农业用能非期望碳排放的最佳规划水平。其中，除山西、福建、江西、湖北、湖南、广西、重庆、陕西、甘肃外，其他省份均不具有碳减排潜力。碳减排潜力较高的省份是江西和湖北，平均年减排空间分别为 57%、52%，平均年减排量分别为 4 580 487.00 吨、4 339 424.00 吨；具有一定减排潜力的省份包括山西、福建、湖南、广西、重庆、陕西、甘肃，它们的平均年减排量分别为 1 255 517.00 吨、77 425.06 吨、3 207 362.00 吨、1 104 211.00 吨、346 045.40 吨、1 426 608.00 吨、2 502 688.00 吨。全国来看，平均每年可减的碳排放量为 18 839 767.46 吨。

表 2-47　2006—2017 年省际农业碳减排量及减排空间

省份	碳排初始值（吨）	碳排规划值（吨）	碳减排量（吨）	减排空间（%）
北京	1 772 035.67	1 772 035.67	0	0
天津	1 399 954.88	1 399 954.88	0	0
河北	17 833 544.66	17 833 544.66	0	0
山西	5 841 150.96	4 585 633.61	1 255 517.00	21
内蒙古	5 126 663.64	5 126 663.64	0	0
辽宁	4 890 499.74	4 890 499.74	0	0
吉林	3 575 072.26	3 575 072.26	0	0
黑龙江	6 286 575.25	6 286 575.25	0	0
上海	1 093 616.57	1 093 616.57	0	0
江苏	11 274 901.77	11 274 901.77	0	0
浙江	5 354 777.35	5 354 777.35	0	0
安徽	9 318 124.83	9 318 124.83	0	0
福建	3 643 674.99	3 566 249.93	77 425.06	2
江西	8 090 487.60	3 510 000.41	4 580 487.00	57
山东	20 294 392.65	20 294 392.65	0	0
河南	18 829 676.73	18 829 676.73	0	0

（续）

省份	碳排初始值（吨）	碳排规划值（吨）	碳减排量（吨）	减排空间（%）
湖北	8 338 249.40	3 998 825.17	4 339 424.00	52
湖南	9 572 274.40	6 364 912.64	3 207 362.00	34
广东	7 470 860.47	7 470 860.47	0	0
广西	5 292 238.37	4 188 027.67	1 104 211.00	21
海南	852 383.98	852 383.98	0	0
重庆	3 033 899.61	2 687 854.26	346 045.40	11
四川	6 328 086.04	6 328 086.04	0	0
贵州	3 622 080.98	3 622 080.98	0	0
云南	4 541 648.44	4 541 648.44	0	0
陕西	4 522 439.06	3 095 831.15	1 426 608.00	32
甘肃	6 247 815.49	3 745 127.60	2 502 688.00	40
青海	801 453.29	801 453.29	0	0
宁夏	1 572 751.71	1 572 751.71	0	0
新疆	4 081 419.12	4 081 419.12	0	0
全国总量	190 902 749.90	172 062 982.50	18 839 767.46	—

如表 2-48 所示，不同区域具有不同的节能与减排空间。其中，黄淮海和长江中下游地区的节能空间最大，平均年节能量为 1 667 696.00 吨标煤、1 258 999.00 吨标煤。节能空间大的区域减排空间不一定大，减排空间最大的区域是长江中下游、西北地区，平均年碳减排量为 12 127 273.00 吨、3 929 296.00 吨。

表 2-48　2006—2018 年八大区域平均年节能量和减排量分布

	黄淮海	长江中下游	西北	西南	华南	东北	华北	东南
节能量（吨标准煤）	1 667 696.00	1 258 999.00	872 352.00	550 861.40	364 923.10	280 716.90	277 822.70	276 016.40
碳减排量（吨）	0	12 127 273.00	3 929 296.00	346 045.40	1 104 211.00	0	1 255 517.00	77 425.06

五、研究结论及启示

（一）研究结论

以上分析表明，农业能源对粮食生产有正产出，不合理利用也将产生较多污染环境的碳排放。本研究具体得到关于农业能源利用的如下结论：

（1）农业能源虽然占全国总能源消耗的比率较小，但有自身的消耗结构，总体以化石能源利用为主。

（2）全国能源效率普遍偏低，省际能源效率间差距较大，全国和省际能源效率均有上升的趋势，全国和区域能源效率均呈现收敛趋势，高能源效率的省份大多集中在东部地区，西部大多省份处于较低能源效率区。

（3）省际分布情况中，农业能源消耗的节能空间整体大于减排空间，节能空间最大的区域是黄淮海地区，减排空间最大的区域是长江中下游地区。

（二）启示

依据上文分析及相关结论，保证粮食安全生产的能源利用应注重以下几点：

（1）重视农业能源利用及改进，推广运用较清洁的能源在农业中的利用。随着农业持续发展，现代化与机械化程度的加深，能源促进农业短期增长的效果显著，依靠智慧能源和清洁能源，将能保证农业长期可持续发展。

（2）发展替代能源和依靠技术进步是提高农业能源效率的有效措施。节约化石能源，发展生物质能源在农业中的利用；依靠先进技术掌握国内外能源信息、提高能源热值及燃烧程度；制定农业能源效率标杆，争取达到同等产值消耗同等能源的国际平均水平。

（3）减少农业碳排放和加大农业碳封存。农业能源是农业活动中的人为碳排放因素，减少碳排放量，除转变石油化学农业的发展模式外，还应在固碳或碳封存方面做文章。其中，发展碳交易市场，把农业碳排量纳入交易中，是解决农业碳问题的有效市场方案。

第六节　粮食安全与资源利用协调发展的措施
一、粮食安全的一个框架

本书初步提出中国粮食安全的资源利用思路。中国粮食安全，包括粮食生产安全、粮食质量安全和粮食贸易安全三方面。为达到此三个方面的粮食安全要求，总体思路是，综合利用两种资源、两个市场，达到资源效率与粮食安全的协同发展。其中，两种资源，一种是实体的自然资源水、土地、气候和能源，另一种是虚拟的自然资源，包括虚拟水、虚拟土地、虚拟能源和虚拟气候资源；两个市场，是指国内和国外两个市场，国内市场利用的主要是实体资源，国外市场利用的主要是虚拟资源。国内实体资源利用，主要是确保粮食生产安全和粮食质量安全，重点在提升整体资源的利用效率和各单独资源的利用效率；国外虚拟资源利用，主要是确保粮食贸易安全和质量安全，重点在通过国际贸易，利用国外粮食生产处于比较优势的嵌入资源（虚拟资源），弥补国内粮食生产处于比较劣势的实体资源。通过综合高效利用两种资源和两个市场，可以达到粮食安全与资源利用的协调发展。两者关系的具体框架图如图2-12所示。

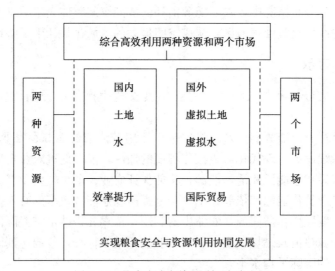

图 2-12　粮食安全与资源利用框架图

二、粮食安全的三大原则

（一）转变资源利用观看待粮食安全

过去较长一段时间内，我国追求粗放型经济增长方式，经济发展依靠过量资源投入，以高能耗、高污染和牺牲环境为代价。农业经济依靠石油化学农业发展模式，虽取得粮食产量的逐年增长，但土壤和水源受到严重污染，石油化学农业发展不具有可持续性。在此背景下，粮食数量和质量安全的实现，需要大家确立新的资源利用观。首先，确立两种资源观。过去，单单依靠我国本土自然资源进行粮食生产，显得较为吃力，仅实现了粮食生产和需求的紧平衡状态。现在，应认识到依靠国外自然资源进行粮食生产，也是利用境外资源的一种手段。按比较优势原理，我国劳动密集型农产品在国际上具有比较优势，土地密集型农产品、水耗密集型农产品和能耗密集型农产品在国际上具有比较劣势，因而，我国应该利用丰富的传统人力资源，同时利用国外优秀的自然资源

（土地、水和能源），来服务于我国的粮食安全。其次，集约利用国内自然资源。过去，粗放的资源利用方式不可持续，我国农业资源利用中，土地、水等资源处于稀缺、滥用和污染三者相杂合的情况，需要人们对农业资源进行精心地再规划，农业自然资源（土地、水、能源和气候）应统筹规划，进行精细管理和集约利用。再次，利用境外虚拟自然资源。国外优秀的自然资源以虚拟资源的形式（虚拟水、虚拟能源、虚拟土地和虚拟气候）内嵌在粮食产品中，进行国外虚拟资源利用，需通过国际农产品贸易来实现。不同的粮食产品国际贸易，内嵌的虚拟资源各异，我国应该综合考虑本国粮食产品的消费习惯、本国粮食生产占劣势的资源和贸易粮食内含的虚拟资源，最终决定进口哪些粮食产品，这样既能满足粮食需求，也利用了境外资源弥补国内资源的短板。

（二）提升自然资源效率保障粮食安全

过去，一味依靠资源的粗放投入来实现粮食产量和牺牲环境的做法不可取，必须让粮食生产走上资源节约和环境友好的可持续发展道路。而实现此目标，最切实可行的办法就是提升资源利用效率。首先，综合提高整体资源的技术效率。我国农业自然资源与工业资源利用和城镇化资源利用形成日益竞争的局面，与此同时，我国农业自然资源整体利用效率较低，省份间的效率差异较大，效率提升缓慢，效率出现地区固化的现象。因此，应建立全国统一的农业自然资源管理信息系统，包括气候、土地和水资源 GIS 管理信息系统，进行统一管理和动态监测，将有利于资源的区分、配置和效率提升。同时，鼓励现有农业技术、引进先进农业技术在农业领域的推广和运用，是提高农业资源效率的捷径。打破自然资源因地理位置固定而难以流转配置的低效局面，应建立比较齐全的土地、水和气候资源流转市场及其相应的衍生工具，以此促进自然资源的虚拟流动配置和效率改进。在促进地区经济发展的同时，应对资源系列约束的体制进行松绑，以此削弱政府取代市场进行资源配置的痼疾。其次，提升单个自然资源的技术效率。我国气候灾害频发，土地、水资源和能源人均占有量均远远低于世界平均水平，利用有限的资源维护粮食安全生计，需提高单独自然资源的利用效率，达到同步缓解我国资源短缺和粮食紧张的局面。一是提升土地、水、能源和气候资源单独的效率。利用随机前沿生产函数方法，确定全国土地、水、能源和气候资源利用效率的技术值，并与粮食生产技术效率值相比较，确定单独自然资源利用效率与粮食生产技术效率的大小关系；同时，利用包含非期望产出的 DEA 方法，测算单独自然资源利用的生态效率和环境效率，检验单独自然资源利用的效率、生态效率、环境效率与虚拟资源国际贸易的情况，并对单独虚拟自然资源的国际贸易进行预测。综合以上的分析，提出提升单独自然资源利用效率的途径。总体原则是，单独自然资源的效率提升，应注重自身使用效率、生态效率和环境效率的统一，并掌握单独资源的效率优势所在，进行比较优势上的国际贸易。二是提升利用虚拟土地、虚拟水、虚拟能源和虚拟气候资源单独的效率。由于我国在土地、水、能源和气候资源方面均处于比较劣势，用自然资源生产等量粮食产品的机会成本，与国际等量粮食产品价格相比较，一般值大于1；而用传统资源生产等量粮食产品的机会成本，与国际等量粮食产品价格相比较，一般值小于1。说明利用国际粮食产品的内含虚拟资源成本更低，因而内含自然资源的粮食产品均应该多进口，而内含传统资源劳动力和资本的粮食产品均应多出口。

（三）利用国际贸易补充粮食安全

我国粮食总体能自给，粮食综合对外依存度为 28％，而大豆产品对外依存度高达 80％。随着我国人口数量的增长，生活水平提高，城镇化建设和体力劳动者的增加，今后各类粮食产品消费有持续上涨的趋势。国内有限的资源维持增长的粮食需求，必然使资源和粮食双重紧张。事实上，加入世界贸易组织后，我国已成为农产品净进口国，维护国内粮食安全，在自给有余前提下，顺势而为进口粮食产品，是对我国粮食安全的有益补充。我国现今主要粮食产品进口国为发达的西方国家，以美国和欧盟为主，今后农产品应实现进口国家多元化。同时，进口的粮食产品仍应以内含我国较紧张的虚拟自然资源为主。

三、保障粮食安全的政策建议

（一）遵循农业生态文明力保粮食生产安全和自给能力

我国大量使用农药、化肥，对耕地、环境造成破坏；工业化和城镇化的生产、生活排放的污染物，对耕地、水造成污染（陈锡文，2014）。农业生产所排放的污染物差不多占到整个国家各种污染物排放的一半左右，农业环境的恢复和治理作为生态文明建设，已成为我国改革的重大任务之一（陈锡文，2014）。在农业环境治理中，重要的是对土地进行治理，尤其是重金属超标的土地、占用湿地的农地、占用陡坡林地的耕地、地下水超标的面上土地等，均需休养生息，甚至退出生产（陈锡文，2014）。这意味着中国粮食生产的自然资源不仅不能增加，反而会减少，粮食生产的耕地和水资源可能进一步下降（陈锡文，2014）。在资源减少和受污染的情况下，高效利用自然资源是确保粮食生产安全及自给能力的有效途径。首先，应加大自然资源治理。分别进行土壤、水资源、能源和气候的分项治理，做到土壤清洁、水源清洁、能源清洁和气候灾害可控。其次，重新规划自然资源生产利用。农业用地、商业用地、工业用地、宅基地、生态用地等土地利用途径要明晰，保障农业用地的同时，确保农业生产中的粮食生产用地安全；农业用水、生活用水、工业用水、生态用水等利用途径要明晰，保证农业用水途径的同时，确保农业中的粮食生产用水安全；农业能源、生活能源、工业能源、服务业能源等能源利用途径要明晰，保障农业能源利用的同时，确保粮食生产用能安全；建立专职的农业气象服务台网，监测预报农业气候变化，以便采取防控灾害发生的应急措施。再次，辅以先进技术提高自然资源利用效率。土地施肥应利用人畜家禽和植物腐殖质等有机粪肥替代；作物灭虫抗病技术应采用非化学类药物形式，采用物理、生物科技替代；作物全生命周期过程中应采用生物燃料、生物质能作为动力替代化石能源；水资源利用中应采取先进的采水、节水和灌溉技术；气候资源利用中主要是采用卫星气象技术提前分析气象趋势，防止气候灾害造成和受灾面积的扩大。

（二）利用产业间贸易方式补给紧俏粮食产品进口

早期西方资本主义国家通过出口工业品，换回农产品，实现较大的利润"剪刀差"。现今欧美发达国家依靠熟练劳动、人力资本、先进技术、高额补贴等优势，已经成为农产品国际贸易的主角，不论进口还是出口，发达国家农产品贸易的数量和产值，均占有绝对优势，发达国家依然是农产品准顺差国。解决我国 13 亿人口吃饭是重要问题，在农产品国际贸易中妄图实现创汇和顺差，不可取。我国农产品国际贸易应该利用贸易来服务贸易。一是用农业贸易中的非粮食产品贸易，服务粮食产品贸易。农产品国际贸易，应该秉承贸易收支平衡的做法，利用我国具有劳动力密集比较优势的农产品出口（蔬果、水产品、茶叶等），置换回我国急需的粮食产品。二是用工业贸易服务粮食贸易。国家应该利用工业及其工业产品外汇，来反哺农业及农产品进口。以上两种形式，粮食产品实现了置换性国际贸易，既有农业贸易自身创汇资金的支撑，也有国家其他外汇的支撑。具体做法上面，国家应该根据非粮食类农产品的总收支（顺差额），划拨等额数量的外汇资金，进口国内需要的紧俏型（资源投入密集型）粮食产品。这样，农产品便实现了通过自身贸易解决自身问题，农产品贸易就具有一定的内在独立自主性。同时，在此独立自主基础上，国家使用其他途径带来的外汇便可以用于进行额外的粮食产品需求购买，是对紧俏粮食产品的有益补充。总之，贸易服务贸易，是通过资金独立的方式，运用农业资金购买农业产品，是现实粮食安全的有力途径之一。

（三）引导粮食产品消费结构变迁弱化口粮安全

首先，我国口粮消费结构变迁不影响口粮自给能力限制。我国北方人喜好面食（小麦），南方人喜爱大米（稻谷），这一传统消费习惯近年来有相互融合的趋势。促进口粮结构南北相互融合的原因，很大一部分在于不同地域人口的广泛流动性。受流动人口的影响，南方人消费的面食增加，北方人消费的大米增加。按口粮中的小麦和大米生产总数核算，人均年消费 200 千克粮食核算，我国口粮自给消费处于绝对安全区间。我国是不缺口粮的，我国口粮自给是安全的（陈锡文，2014）。国家应进一步消除口粮消费的地域性差异，普及口粮消费，让口粮惠及全民。其次，我国粮食短缺是结构性短缺，调整生产和消费结构即可缓解。随着人口数量增长，收入消费水平提高，粮食作为饲养原料向高端营养转化以及粮食的工业用途增加，粮食产品出现了需求紧张的局面，总的来说形成了人与人争粮、畜与人争粮和工业与人争粮的情势，名义上加剧了国民消费的粮食的减少、甚至是口粮的减少。尤其我国 80% 以上的大豆需要从国际进口，凸显出我国粮食产品的结构弱势。缓解粮食结构性短缺，应该适当增加大豆的种植和补贴；减少粮食产品的工业用途，尽量使粮食用于国民的生存消费；让闲散粮食产品饲养牲畜，转化出更高端营养价值的肉、禽、蛋、奶；引导有能力的消费者消费更多的高端营养产品。再次，我国主打粮食产品外的其他农产品消费是缓解粮食安全的有益补充。口粮是国民的基本食料，但随着家庭生活水准的提高，口粮消费在家庭食物消费总量中所占的比例越来越小，率先增加的消费是高端的肉、禽、蛋、奶，最后纤维性绿色蔬果将成为家庭健康生活的主要产品。提倡家庭食物消费结构的多元化，增加口粮外的其他食物消费，既健康营养，也可缓解国家粮食供给压力。随着家庭收入提高，短期内粮食需求提高，对口粮造成压力，但长期内有利于家庭转向高端营养和绿色营养消费，反而可以缓解粮食压力。

（四）鼓励农业企业"引进来"和"走出去"夯实粮食安全

首先，开放农业投资领域，允许国外知名农业企业以入股方式进驻我国，开展经营活动。目的是利用国外先进的生产方式和经营理念，提高我国粮食生产和贸易效率。外企入股方式可以多元化，资金、技术、产品、销售网络渠道等均可入股，入股份额应低于 50%；本土农业企业入股份额应超过 50%，以保证本土企业粮食生产及贸易的主体地位。其次，鼓励我国农业企业走出国门，在境外开展粮食生产和贸易。我国农业企业可直接投资国外，利用国外优质资源进行粮食生产，既缓解国内资源压力，也可在国外进行粮食贸易，实现企业利润，弥补国内粮食进口逆差；本土境外企业生产的粮食可率先出口中国，保证一定额度的国内粮食需求；本土境外农业企业网络未来将成为我国进口国外粮食及其虚拟资源的优质渠道。再次，政府应对"引进来"和"走出去"的企业进行一定的政策倾斜。对于粮食生产活动中资源利用效率、生态环境效率高的外资企业，政府应给予一定的评级，对评级高的企业给予一定的税费抵免和适当的粮食收储价格保护。对于"走出去"的企业，政府应给予优惠的金融信贷扶持，可以与企业签订贷款与粮食抵免合同，让境外企业生产的粮食按国际价核算，用粮食产品实物抵消之前的信贷，以此壮大"走出去"企业的国际生存实力，期许其未来更好地为国内粮食安全服务。

附表 2-1（1） 2003—2009 年省际粮食产量

单位：万吨

省份	2003 年	2004 年	2005 年	2006 年	2007 年	2008 年	2009 年
北京	58.0	70.2	94.9	109.2	102.1	125.5	124.8
天津	119.3	122.8	137.5	143.5	147.2	148.9	156.3
河北	2 387.8	2 480.1	2 598.6	2 702.8	2 841.6	2 905.8	2 910.2
山西	958.9	1 062.0	978.0	1 073.3	1 007.1	1 028.0	942.0
内蒙古	1 360.7	1 505.3	1 662.2	1 704.9	1 810.7	2 131.3	1 981.7
辽宁	1 498.3	1 720.0	1 745.8	1 725.0	1 835.0	1 860.3	1 591.0
吉林	2 259.6	2 510.0	2 581.2	2 720.0	2 453.8	2 840.0	2 460.0
黑龙江	2 512.3	3 001.0	3 092.0	3 346.4	3 462.9	4 225.0	4 353.0
上海	98.8	106.3	105.4	111.3	109.2	115.7	121.7
江苏	2 471.9	2 829.1	2 834.6	3 041.4	3 132.2	3 175.5	3 230.1
浙江	793.4	834.9	814.7	884.0	728.6	775.6	789.2
安徽	2 214.8	2 743.0	2 605.3	2 860.7	2 901.4	3 023.3	3 069.9
福建	713.2	736.5	715.4	701.5	635.1	652.3	666.9
江西	1 450.3	1 663.0	1 757.0	1 854.5	1 904.0	1 958.1	2 002.6
山东	3 435.5	3 516.7	3 917.4	4 048.8	4 148.8	4 260.5	4 316.3
河南	3 569.5	4 260.0	4 582.0	5 010.0	5 245.2	5 365.5	5 389.0
湖北	1 921.0	2 100.1	2 177.4	2 210.1	2 185.4	2 227.2	2 309.1
湖南	2 442.7	2 640.0	2 678.6	2 706.2	2 692.5	2 805.0	2 902.7
广东	1 430.4	1 390.0	1 395.0	1 387.6	1 284.7	1 243.4	1 314.5
广西	1 465.1	1 398.5	1 487.3	1 463.2	1 396.6	1 394.7	1 463.2
海南	204.6	190.1	153.0	185.6	177.5	183.5	187.6

（续）

省份	2003 年	2004 年	2005 年	2006 年	2007 年	2008 年	2009 年
重庆	1 087.1	1 144.5	1 168.2	910.5	1 088.0	1 153.2	1 137.2
四川	3 054.1	3 146.7	3 211.1	2 893.4	3 027.0	3 140.0	3 194.6
贵州	1 104.3	1 149.6	1 152.1	1 122.8	1 100.9	1 158.0	1 168.3
云南	1 471.0	1 509.5	1 514.9	1 542.2	1 460.7	1 518.6	1 576.9
西藏	96.6	96.0	93.4	92.4	93.9	95.0	90.5
陕西	968.4	1 040.0	1 043.0	1 087.0	1 067.9	1 111.0	1 131.4
甘肃	789.3	805.5	836.9	808.1	824.0	888.5	906.2
青海	86.8	88.5	93.3	88.3	106.2	101.8	102.7
宁夏	270.2	290.5	299.8	310.9	323.5	329.2	340.7
新疆	775.5	796.5	876.6	902.2	867.0	930.5	1 152.0

附表 2-1（2）　2010—2017 年省际粮食产量

单位：万吨

省份	2010 年	2011 年	2012 年	2013 年	2014 年	2015 年	2016 年	2017 年
北京	115.70	121.80	113.80	96.13	63.94	62.64	53.69	41.12
天津	159.70	161.80	161.80	174.71	175.95	181.75	196.37	212.27
河北	2 975.90	3 172.60	3 246.60	3 364.99	3 360.17	3 363.81	3 460.24	3 829.25
山西	1 085.10	1 193.00	1 274.10	1 312.80	1 330.78	1 259.57	1 318.51	1 355.10
内蒙古	2 158.20	2 387.50	2 528.50	2 773.00	2 753.01	2 827.01	2 780.25	3 254.54
辽宁	1 765.40	2 035.50	2 070.50	2 195.60	1 753.90	2 002.50	2 100.63	2 330.74
吉林	2 842.50	3 171.00	3 343.00	3 551.02	3 532.84	3 647.04	3 717.21	4 154.00
黑龙江	5 012.80	5 570.60	5 761.50	6 004.07	6 242.19	6 323.96	6 058.50	7 410.34
上海	118.40	122.00	122.40	114.15	112.54	112.08	99.16	99.78
江苏	3 235.10	3 307.80	3 372.50	3 422.99	3 490.62	3 561.34	3 466.01	3 610.80
浙江	770.70	781.60	769.80	733.95	757.41	752.23	752.20	580.14
安徽	3 080.50	3 135.50	3 289.10	3 279.60	3 415.83	3 538.12	3 417.40	4 019.71
福建	661.90	672.80	659.30	664.36	667.03	661.10	650.87	487.15
江西	1 954.70	2 052.80	2 084.80	2 116.10	2 143.50	2 148.71	2 138.11	2 221.73
山东	4 335.70	4 426.30	4 511.40	4 528.20	4 596.60	4 712.70	4 700.71	5 374.31
河南	5 437.10	5 542.50	5 638.60	5 713.69	5 772.30	6 067.10	5 946.60	6 524.25
湖北	2 315.80	2 388.50	2 441.80	2 501.30	2 584.17	2 703.28	2 554.12	2 846.13

（续）

省份	2010 年	2011 年	2012 年	2013 年	2014 年	2015 年	2016 年	2017 年
湖南	2 847.50	2 939.40	3 006.50	2 925.74	3 001.26	3 002.93	2 953.20	3 073.60
广东	1 316.50	1 361.00	1 396.30	1 315.90	1 357.34	1 358.13	1 360.22	1 208.56
广西	1 412.30	1 429.90	1 484.90	1 521.80	1 534.41	1 524.75	1 521.30	1 370.49
海南	180.40	188.00	199.50	190.90	186.60	183.99	177.86	138.11
重庆	1 156.10	1 126.90	1 138.50	1 148.13	1 144.54	1 154.89	1 166.00	1 079.88
四川	3 222.90	3 291.60	3 315.00	3 387.10	3 374.90	3 442.80	3 483.50	3 488.90
贵州	1 112.30	876.90	1 079.50	1 029.99	1 138.50	1 180.00	1 192.38	1 242.45
云南	1 531.00	1 673.60	1 749.10	1 824.00	1 860.70	1 876.36	1 902.89	1 843.42
西藏	91.20	93.70	94.90	96.15	97.97	100.63	101.91	106.53
陕西	1 164.90	1 194.70	1 245.10	1 215.80	1 197.78	1 226.79	1 228.29	1 194.20
甘肃	958.30	1 014.60	1 109.70	1 138.90	1 158.65	1 171.13	1 140.59	1 105.90
青海	102.00	103.40	101.50	102.37	104.81	102.72	103.45	102.55
宁夏	356.50	359.00	375.00	373.40	377.90	372.60	370.60	370.05
新疆	1 170.70	1 224.70	1 273.00	1 377.00	1 414.47	1 521.26	1 512.28	1 484.73

附表 2-2（1）　2003—2009 年省际农药施用量

单位：万吨

省份	2003 年	2004 年	2005 年	2006 年	2007 年	2008 年	2009 年
北京	0.52	0.54	0.47	0.47	0.37	0.39	0.40
天津	0.25	0.31	0.33	0.34	0.35	0.38	0.38
河北	7.52	7.57	8.08	8.12	8.35	8.51	8.65
山西	1.95	2.07	2.28	2.30	2.32	2.40	2.53
内蒙古	1.06	1.15	1.48	1.61	1.75	1.91	2.23
辽宁	4.45	4.56	4.58	4.69	5.03	5.25	5.41
吉林	2.36	2.57	2.89	3.45	3.77	4.05	4.24
黑龙江	3.66	4.72	4.75	5.79	8.17	6.24	6.68
上海	0.85	0.66	0.84	0.83	0.81	0.81	0.73
江苏	8.79	9.23	10.33	9.86	9.68	9.38	9.23
浙江	6.17	6.34	6.56	6.62	6.49	6.58	6.55
安徽	7.88	8.46	9.48	9.54	9.91	11.15	11.04
福建	5.53	5.35	5.60	5.65	5.70	5.75	5.78

(续)

省份	2003 年	2004 年	2005 年	2006 年	2007 年	2008 年	2009 年
江西	5.35	6.63	7.53	7.60	8.88	9.67	9.76
山东	17.09	15.39	15.56	17.13	16.57	17.35	16.90
河南	9.87	10.12	10.51	11.16	11.80	11.91	12.14
湖北	9.99	11.26	11.02	13.17	13.56	13.84	13.89
湖南	9.54	10.95	11.33	11.12	10.91	11.28	11.54
广东	8.60	8.50	8.70	9.31	9.92	10.05	10.37
广西	4.98	5.08	5.33	5.46	6.00	6.20	6.22
海南	1.34	1.56	1.81	2.15	2.49	3.24	4.68
重庆	1.95	1.95	1.95	1.96	2.04	2.10	2.20
四川	5.39	5.54	5.63	5.83	6.03	6.08	6.19
贵州	0.90	0.95	0.98	1.06	1.07	1.29	1.25
云南	2.69	2.91	3.06	3.29	3.52	4.29	4.26
西藏	0.06	0.07	0.07	0.09	0.10	0.12	0.09
陕西	0.98	0.97	0.99	1.01	1.07	1.10	1.31
甘肃	1.27	1.63	2.08	2.17	3.53	3.65	3.99
青海	0.17	0.18	0.17	0.19	0.19	0.20	0.20
宁夏	0.16	0.18	0.16	0.19	0.22	0.24	0.24
新疆	1.21	1.23	1.46	1.56	1.66	1.84	1.81

附表 2-2（2）　2010—2015 年省际农药施用量

单位：万吨

省份	2010 年	2011 年	2012 年	2013 年	2014 年	2015 年
北京	0.4	0.39	0.39	0.39	0.36	0.32
天津	0.37	0.38	0.38	0.36	0.36	0.35
河北	8.46	8.30	8.48	8.67	8.63	8.33
山西	2.61	2.84	2.98	3.05	3.10	3.10
内蒙古	2.43	2.45	2.99	3.13	3.09	3.30
辽宁	6.94	5.66	5.91	6.00	6.03	5.99
吉林	4.28	4.56	5.12	5.10	5.95	6.23
黑龙江	7.38	7.80	8.05	8.40	8.74	8.29

（续）

省份	2010 年	2011 年	2012 年	2013 年	2014 年	2015 年
上海	0.70	0.63	0.58	0.50	0.47	0.44
江苏	9.01	8.65	8.37	8.12	7.95	7.81
浙江	6.51	6.24	6.29	6.22	5.87	5.65
安徽	11.66	11.75	11.67	11.78	11.40	11.10
福建	5.82	5.83	5.78	5.78	5.64	5.58
江西	10.65	9.95	10.04	9.99	9.48	9.39
山东	16.49	16.48	16.20	15.84	15.64	15.10
河南	12.49	12.87	12.83	13.01	12.99	12.87
湖北	14.00	13.95	13.95	12.72	12.61	12.07
湖南	11.88	12.04	12.30	12.43	12.43	12.24
广东	10.44	11.41	11.39	11.01	11.27	11.38
广西	6.45	6.62	6.78	6.90	7.20	7.49
海南	4.55	4.69	3.96	4.35	3.99	3.98
重庆	2.09	2.03	1.95	1.84	1.84	1.82
四川	6.22	6.19	6.03	6.00	5.94	5.89
贵州	1.29	1.45	1.45	1.35	1.34	1.37
云南	4.62	4.82	5.53	5.48	5.72	5.86
西藏	0.10	0.10	0.09	0.10	0.10	0.11
陕西	1.24	1.24	1.30	1.30	1.28	1.31
甘肃	4.46	6.84	7.37	7.78	7.78	7.88
青海	0.21	0.20	0.18	0.20	0.19	0.20
宁夏	0.26	0.27	0.27	0.27	0.26	0.26
新疆	1.82	1.93	1.98	2.13	3.04	2.58

附表 2-3（1）　2003—2010 年省际化肥施用量

单位：万吨

省份	2003 年	2004 年	2005 年	2006 年	2007 年	2008 年	2009 年	2010 年
北京	14.32	14.46	14.84	14.84	13.99	13.63	13.82	13.67
天津	17.80	22.85	23.29	24.56	25.82	25.88	25.96	25.54
河北	283.31	289.88	303.39	304.89	311.87	312.40	316.17	322.86

（续）

省份	2003 年	2004 年	2005 年	2006 年	2007 年	2008 年	2009 年	2010 年
山西	89.91	93.44	95.70	98.27	100.83	103.40	104.32	110.37
内蒙古	93.19	104.35	116.72	128.51	140.29	154.10	171.42	177.24
辽宁	112.62	117.85	119.86	121.08	127.47	128.77	133.61	140.08
吉林	122.26	159.09	138.10	146.70	154.39	163.84	174.18	182.80
黑龙江	125.70	143.81	150.92	162.20	175.20	180.73	198.87	214.89
上海	15.87	15.02	14.44	14.53	14.08	14.32	12.56	11.84
江苏	334.67	336.80	340.81	342.01	342.03	340.76	344.00	341.11
浙江	90.38	93.34	94.27	93.98	92.82	92.98	93.60	92.20
安徽	281.28	277.56	285.67	294.29	305.02	307.35	312.79	319.77
福建	120.29	121.67	122.02	120.86	119.69	118.67	120.68	121.04
江西	110.98	123.53	129.39	132.58	132.65	132.97	135.76	137.62
山东	432.65	450.96	467.63	489.82	500.34	476.33	472.86	475.32
河南	467.89	493.16	518.14	540.43	569.68	601.68	628.67	655.15
湖北	270.32	281.92	285.83	292.48	299.90	327.66	340.26	350.77
湖南	188.33	203.18	209.87	214.72	219.58	223.38	231.60	236.57
广东	199.61	201.30	204.62	212.13	219.64	226.60	233.16	237.29
广西	183.69	195.22	201.25	210.66	220.84	222.58	229.32	237.16
海南	33.92	41.06	37.31	39.49	41.67	45.62	46.29	46.43
重庆	71.60	77.02	79.05	80.54	84.32	88.14	91.17	91.82
四川	208.39	214.71	220.92	228.16	238.17	242.84	247.97	248.00
贵州	74.92	74.31	77.41	80.23	82.05	83.09	86.54	86.53
云南	129.22	137.24	142.65	150.39	158.27	167.67	171.39	184.58
西藏	3.19	3.98	4.21	4.40	4.58	4.60	4.69	4.74
陕西	142.73	143.13	147.30	149.73	158.81	165.90	181.32	196.79
甘肃	69.57	72.39	75.92	76.50	80.14	81.37	82.90	85.26
青海	6.85	6.57	6.99	7.17	7.55	8.11	7.96	8.76
宁夏	25.36	27.61	29.93	31.92	34.63	34.75	35.54	37.93
新疆	90.74	99.17	107.77	119.65	131.52	148.89	154.98	167.56

附表 2-3（2） 2011—2017 年省际化肥施用量

单位：万吨

省份	2011 年	2012 年	2013 年	2014 年	2015 年	2016 年	2017 年
北京	13.84	13.67	12.78	11.64	10.53	9.65	8.55
天津	24.39	24.45	24.34	23.27	21.78	21.36	18.01
河北	326.28	329.33	331.04	335.61	335.49	331.79	322.00
山西	114.57	118.28	121.02	119.61	118.55	117.07	112.00
内蒙古	176.94	189.04	202.42	222.67	229.35	234.64	235.04
辽宁	144.64	146.90	151.76	151.55	152.09	148.06	145.47
吉林	195.20	206.73	216.79	226.66	231.24	233.61	231.02
黑龙江	228.44	240.28	244.96	251.93	255.31	252.75	251.20
上海	11.97	10.99	10.78	10.15	9.92	9.16	8.90
江苏	337.21	330.95	326.83	323.61	319.99	312.52	303.85
浙江	92.07	92.15	92.43	89.62	87.52	84.48	82.63
安徽	329.67	333.53	338.40	341.39	338.69	327.01	318.72
福建	120.93	120.87	120.57	122.61	123.80	123.84	116.32
江西	140.77	141.26	141.58	142.87	143.58	141.97	134.97
山东	473.64	476.26	472.66	468.08	463.50	456.46	439.96
河南	673.71	684.43	696.37	705.75	716.09	715.00	706.70
湖北	354.89	354.89	351.93	348.27	333.87	327.96	317.93
湖南	242.49	249.11	248.19	247.80	246.54	246.44	245.26
广东	241.30	245.38	243.91	249.58	256.46	261.02	258.30
广西	242.71	249.04	255.70	258.68	259.86	262.14	263.83
海南	47.73	45.53	47.57	49.46	51.14	50.62	51.36
重庆	95.58	96.02	96.64	97.26	97.72	96.16	95.46
四川	251.23	253.03	251.14	250.19	249.83	248.98	241.95
贵州	94.08	98.17	97.42	101.29	103.69	103.67	95.65
云南	200.47	210.21	219.02	226.86	231.87	235.58	231.94
西藏	4.79	4.99	5.70	5.34	6.03	5.91	5.53
陕西	207.27	239.80	241.73	230.19	231.95	233.05	232.15
甘肃	87.24	92.13	94.71	97.60	97.92	93.42	84.49
青海	8.27	9.30	9.80	9.74	10.13	8.76	8.67
宁夏	38.24	39.44	40.44	39.67	40.09	40.72	40.80
新疆	183.68	192.7	203.22	236.98	248.09	250.21	250.74

附表 2-4（1） 2003—2010 年省际机械总动力

单位：万千瓦

省份	2003 年	2004 年	2005 年	2006 年	2007 年	2008 年	2009 年	2010 年
北京	365.87	340.02	337.71	325.51	300.48	267.05	271.54	276.00
天津	601.66	608.13	611.94	608.42	604.90	596.60	595.00	587.79
河北	7 764.54	8 135.63	8 487.21	8 795.77	9 134.53	9 525.38	9 861.12	10 151.30
山西	1 928.21	2 186.48	2 288.70	2 364.75	2 440.79	2 509.90	2 655.04	2 809.17
内蒙古	1 616.61	1 772.29	1 922.00	2 065.64	2 209.27	2 779.44	2 891.64	3 033.58
辽宁	1 542.33	1 619.47	1 918.05	1 995.30	1 941.69	2 042.68	2 142.93	2 248.66
吉林	1 230.56	1 319.76	1 471.30	1 572.33	1 678.33	1 800.00	2 001.13	2 145.00
黑龙江	1 807.74	1 952.17	2 234.04	2 570.60	2 785.30	3 018.36	3 401.27	3 736.29
上海	112.61	105.15	96.46	97.23	97.68	95.32	99.23	104.06
江苏	3 029.10	3 052.51	3 135.33	3 278.53	3 392.44	3 630.86	3 810.57	3 937.34
浙江	2 039.66	2 026.74	2 111.27	2 293.00	2 331.63	2 343.45	2 384.03	2 427.46
安徽	3 544.66	3 784.44	3 983.83	4 239.93	4 535.30	4 807.46	5 108.85	5 409.78
福建	951.91	981.00	1 000.00	1 031.54	1 063.08	1 112.47	1 175.01	1 206.16
江西	1 220.52	1 465.20	1 781.26	2 137.09	2 506.32	2 946.43	3 358.93	3 805.00
山东	8 336.70	8 751.90	9 199.33	9 555.28	9 917.79	10 350.00	11 080.66	11 628.97
河南	6 953.17	7 521.12	7 934.23	8 309.13	8 718.71	9 429.27	9 817.84	10 195.89
湖北	1 661.75	1 763.61	2 057.37	2 263.15	2 551.08	2 796.99	3 057.24	3 371.00
湖南	2 664.45	2 923.92	3 189.86	3 437.15	3 684.43	4 021.14	4 352.39	4 651.54
广东	1 788.80	1 798.73	1 782.09	1 814.66	1 847.23	2 093.91	2 190.18	2 345.28
广西	1 696.30	1 814.34	1 909.65	2 011.03	2 127.20	2 373.56	2 550.93	2 767.67
海南	221.62	243.94	268.21	298.37	328.53	373.06	396.07	425.24
重庆	695.67	728.31	775.96	820.01	860.31	903.15	967.41	1 071.09
四川	1 891.06	2 006.78	2 181.70	2 344.87	2 523.05	2 687.55	2 952.66	3 155.13
贵州	761.99	797.18	1 011.52	1 207.19	1 411.74	1 537.50	1 606.42	1 730.31
云南	1 542.91	1 608.48	1 666.05	1 763.98	1 861.91	2 013.92	2 159.40	2 411.05
西藏	181.19	191.63	230.86	280.14	329.42	349.64	358.44	378.06
陕西	1 228.08	1 307.01	1 406.27	1 452.43	1 576.07	1 709.88	1 832.98	2 000.00
甘肃	1 255.38	1 321.25	1 406.92	1 466.34	1 577.27	1 686.32	1 822.65	1 977.55
青海	292.43	325.76	327.34	335.07	348.56	355.68	388.68	421.31
宁夏	486.34	528.49	555.14	592.20	629.78	657.89	702.55	729.12
新疆	972.72	1 046.47	1 116.25	1 195.5	1 274.74	1 375.56	1 503.31	1 643.67

附表 2-4（2）　2011—2017 年省际机械总动力

单位：万千瓦

省份	2011 年	2012 年	2013 年	2014 年	2015 年	2016 年	2017 年
北京	265.20	241.10	207.72	195.76	186.05	144.45	133.51
天津	583.87	568.13	554.17	552.33	546.92	469.99	464.65
河北	10 349.19	10 553.81	10 762.72	10 942.86	11 102.81	7 401.97	7 580.58
山西	2 927.30	3 056.09	3 183.30	3 286.20	3 351.65	1 744.26	1 376.30
内蒙古	3 172.70	3 280.56	3 430.57	3 632.55	3 805.11	3 331.10	3 483.55
辽宁	2 399.89	2 526.89	2 631.98	2 730.22	2 813.86	2 168.45	2 215.14
吉林	2 355.04	2 554.65	2 730.04	2 919.09	3 152.54	3 105.26	3 284.65
黑龙江	4 097.84	4 552.93	4 849.28	5 155.52	5 442.29	5 634.27	5 813.76
上海	105.68	112.73	113.17	117.76	119.01	122.31	121.84
江苏	4 106.11	4 214.64	4 405.62	4 649.98	4 825.49	4 906.55	4 991.41
浙江	2 461.25	2 489.40	2 462.20	2 420.13	2 360.73	2 136.69	2 072.27
安徽	5 657.08	5 902.77	6 140.28	6 365.83	6 580.99	6 867.49	6 312.86
福建	1 250.81	1 286.80	1 336.76	1 368.35	1 384.13	1 269.09	1 232.42
江西	4 200.03	4 599.68	2 014.13	2 118.39	2 260.82	2 201.62	2 309.60
山东	12 098.25	12 419.87	12 739.83	13 101.40	13 353.02	9 797.61	10 144.05
河南	10 515.79	10 872.73	11 149.96	11 476.81	11 710.08	9 854.95	10 038.32
湖北	3 571.23	3 842.16	4 081.05	4 292.90	4 468.12	4 187.75	4 335.09
湖南	4 935.59	5 189.24	5 433.99	5 672.10	5 894.06	6 097.54	6 254.83
广东	2 414.82	2 496.68	2 564.89	2 632.37	2 696.79	2 390.50	2 410.77
广西	3 033.15	3 195.91	3 382.98	3 567.49	3 803.18	3 527.26	3 658.33
海南	444.33	479.66	502.10	517.31	511.59	516.57	569.80
重庆	1 140.30	1 162.00	1 198.88	1 243.34	1 299.73	1 318.67	1 352.60
四川	3 426.10	3 694.03	3 953.09	4 160.12	4 404.55	4 267.33	4 420.30
贵州	1 851.40	2 106.65	2 240.80	2 458.40	2 575.15	2 041.06	2 181.43
云南	2 628.39	2 874.45	3 070.33	3 215.03	3 333.04	3 440.64	3 534.53
西藏	427.90	464.95	517.30	570.82	619.69	635.14	523.09
陕西	2 182.85	2 350.17	2 452.72	2 552.13	2 667.27	2 171.90	2 242.51
甘肃	2 136.48	2 279.08	2 418.46	2 545.71	2 684.95	1 903.90	2 018.59
青海	430.69	434.99	410.58	440.90	453.87	458.56	462.35
宁夏	768.73	787.28	801.98	813.02	831.26	580.54	605.38
新疆	1 796.69	1 968.93	2 165.86	2 341.76	2 489.32	2 552.15	2 638.84

附表 2-5　2003—2012 年省际农林牧渔劳动力

单位：万人

省份	2003 年	2004 年	2005 年	2006 年	2007 年	2008 年	2009 年	2010 年	2011 年	2012 年
北京	61.820	58.715	58.240	62.120	63.595	61.680	61.350	60.495	59.085	58.050
天津	80.720	80.850	80.045	78.910	77.625	76.630	75.990	74.775	73.515	73.180
河北	1 656.105	1 630.335	1 576.590	1 532.895	1 496.040	1 478.635	1 475.365	1 465.415	1 445.750	1 433.170
山西	652.200	643.145	638.880	636.560	634.800	635.885	634.735	632.030	637.935	643.430
内蒙古	525.030	519.080	526.480	531.525	536.215	532.650	527.465	534.360	541.430	542.330
辽宁	663.260	676.575	686.100	683.645	675.000	665.680	661.840	662.485	663.595	663.630
吉林	505.805	499.580	499.375	500.930	496.000	491.635	493.445	498.835	506.010	510.170
黑龙江	740.355	720.470	701.405	693.135	682.375	676.580	681.055	680.810	677.615	677.710
上海	76.595	68.480	62.135	52.565	48.930	49.650	46.535	39.805	33.720	33.380
江苏	1 292.225	1 182.570	1 096.565	1 019.825	955.770	913.270	886.340	868.070	840.760	821.690
浙江	901.270	849.795	806.775	759.920	710.480	677.195	659.950	640.490	622.095	616.760
安徽	1 896.030	1 827.620	1 780.805	1 753.960	1 690.325	1 616.235	1 579.425	1 543.950	1 507.430	1 493.010
福建	746.245	729.330	707.455	678.495	651.140	637.005	631.415	625.005	622.050	620.370
江西	977.395	966.115	956.000	944.390	917.630	892.315	876.755	858.900	850.460	849.510
山东	2 317.765	2 222.370	2 113.025	2 028.875	1 980.900	1 970.925	1 988.145	1 988.920	1 987.315	1 981.210
河南	3 357.105	3 278.110	3 181.325	3 083.575	2 974.680	2 873.560	2 795.725	2 726.330	2 676.870	2 655.290
湖北	1 120.840	1 108.210	1 103.745	1 093.795	1 066.740	1 021.715	980.745	932.935	892.885	885.630
湖南	2 008.635	1 986.780	1 963.895	1 936.620	1 906.060	1 884.345	1 872.620	1 864.590	1 862.880	1 863.910
广东	1 549.215	1 534.190	1 529.235	1 533.185	1 532.595	1 535.030	1 529.760	1 495.005	1 435.290	1 402.330
广西	1 549.015	1 528.575	1 509.595	1 503.745	1 504.675	1 519.755	1 540.765	1 551.920	1 551.565	1 546.230
海南	184.475	189.005	192.075	195.015	198.265	200.465	204.255	206.380	207.010	208.730
重庆	832.955	807.010	788.355	758.775	720.475	687.685	662.890	637.905	615.080	604.040
四川	2 458.625	2 390.495	2 342.335	2 290.615	2 232.005	2 190.845	2 164.655	2 139.540	2 108.585	2 086.160
贵州	1 338.010	1 305.295	1 278.290	1 257.585	1 225.350	1 202.840	1 204.570	1 197.675	1 176.795	1 165.320
云南	1 693.135	1 691.975	1 691.935	1 683.660	1 670.695	1 661.680	1 658.490	1 653.645	1 647.870	1 646.280
西藏	221.200	223.600	225.300	224.000	223.000	222.000	221.000	225.000	234.000	238.000
陕西	991.945	973.005	953.135	948.815	937.035	913.840	887.250	861.545	836.390	822.170
甘肃	749.485	761.980	762.290	756.190	746.200	734.480	730.235	728.860	720.120	715.420
青海	135.650	133.325	130.290	126.380	121.925	120.215	120.340	120.530	119.550	118.110
宁夏	148.170	144.900	142.310	138.590	137.130	135.370	130.305	126.340	124.515	123.940
新疆	328.425	335.135	341.730	346.625	351.770	356.365	362.285	371.105	389.215	402.400

附表 2-6（1）　2003—2008 年省际农业用水量

单位：亿米³

省份	2003 年	2004 年	2005 年	2006 年	2007 年	2008 年
北京	12.43	12.97	12.67	12.05	11.73	11.35
天津	12.00	11.98	13.59	13.43	13.84	12.99
河北	141.15	142.94	140.49	143.77	143.91	143.23
山西	33.14	32.93	32.68	34.22	34.32	32.92
内蒙古	145.61	149.43	143.88	142.18	141.77	134.10
辽宁	85.30	85.71	87.16	91.54	91.67	90.89
吉林	64.37	66.44	66.38	70.35	67.53	69.29
黑龙江	172.33	186.25	192.08	208.26	214.75	218.15
上海	19.70	18.81	18.46	18.37	16.21	16.74
江苏	288.68	288.53	263.81	270.69	268.51	287.34
浙江	107.05	107.29	106.73	101.06	100.22	98.73
安徽	121.03	121.74	113.55	136.44	120.56	151.91
福建	104.03	104.20	101.54	97.96	100.94	99.30
江西	130.75	128.54	134.60	132.92	151.35	148.89
山东	154.10	154.29	156.32	169.40	159.71	157.61
河南	123.59	124.54	114.49	140.15	120.07	133.49
湖北	129.97	131.71	142.12	142.96	132.65	142.80
湖南	201.70	202.30	201.33	198.40	193.89	193.19
广东	240.90	240.30	230.65	226.92	224.84	227.74
广西	210.20	210.10	225.38	222.28	208.39	202.91
海南	39.52	37.85	35.14	36.74	35.84	35.63
重庆	21.40	20.32	21.39	18.12	18.75	18.93
四川	121.17	121.17	121.83	121.20	118.71	113.64
贵州	51.16	51.92	50.45	54.33	48.72	51.58
云南	108.72	109.65	108.41	105.57	105.95	105.06
西藏	26.08	25.65	30.27	31.77	33.43	33.94
陕西	48.77	49.72	52.22	56.80	55.51	57.70
甘肃	95.87	96.73	94.98	94.31	96.05	96.93
青海	22.00	21.83	21.06	21.79	20.47	22.37
宁夏	22.20	21.83	72.27	71.73	64.75	67.97
新疆	21.44	21.83	464.36	469.95	476.77	486.15

附表 2-6（2）　2009—2014 年省际农业用水量

单位：亿米³

省份	2009 年	2010 年	2011 年	2012 年	2013 年	2014 年
北京	11.38	10.83	10.20	9.31	9.10	8.20
天津	12.84	10.97	11.55	11.70	12.40	11.70
河北	151.59	152.57	150.22	147.07	137.60	139.20
山西	34.41	37.98	43.40	42.74	43.10	41.50
内蒙古	138.67	134.52	135.94	135.36	132.50	137.50
辽宁	91.12	89.82	89.74	91.49	90.80	89.60
吉林	71.15	73.84	81.64	84.74	88.80	89.80
黑龙江	237.40	249.60	272.26	294.90	308.30	316.10
上海	16.78	16.76	16.47	17.45	16.30	14.60
江苏	300.12	304.23	307.60	305.35	301.90	297.80
浙江	97.28	94.64	92.07	91.29	91.90	88.20
安徽	167.22	166.70	168.38	157.89	162.10	142.80
福建	100.83	97.19	98.62	92.78	95.70	95.60
江西	157.21	151.02	171.74	155.66	175.70	168.60
山东	156.40	154.76	148.92	154.23	149.70	146.60
河南	138.10	125.59	124.60	135.45	141.70	117.60
湖北	149.43	138.29	142.26	146.44	159.60	156.90
湖南	189.25	185.79	183.12	187.95	195.30	200.20
广东	228.71	227.47	224.16	227.58	223.70	224.30
广西	195.26	194.57	193.21	211.87	209.40	209.20
海南	34.03	33.88	33.84	34.69	32.30	33.40
重庆	19.02	19.84	23.62	25.18	24.60	23.70
四川	123.64	127.26	128.44	145.79	139.40	145.40
贵州	50.80	50.05	49.70	47.74	48.20	50.40
云南	103.46	95.32	96.08	103.75	102.70	103.30
西藏	27.45	31.72	27.37	27.08	27.60	27.70
陕西	57.21	55.47	56.22	58.19	58.10	57.90
甘肃	93.77	94.28	93.84	95.10	99.20	97.80
青海	21.61	23.19	23.48	22.48	22.80	21.00
宁夏	65.26	65.05	66.12	61.41	63.40	61.30
新疆	489.39	484.64	488.41	561.75	557.70	551.00

附表 2-7（1）　2003—2010 年省际粮食播种面积

单位：千公顷

省份	2003 年	2004 年	2005 年	2006 年	2007 年	2008 年	2009 年	2010 年
北京	55.1	68.0	94.9	109.2	102.1	226.3	226.3	223.5
天津	118.2	122.1	137.5	141.9	147.2	293.5	306.6	311.8
河北	2 266.5	2 377.0	2 598.6	2 780.6	2 841.6	6 158.1	6 216.5	6 282.2
山西	855.8	984.5	978.0	1 024.5	1 007.1	3 111.3	3 146.7	3 239.2
内蒙古	1 186.2	1 315.5	1 662.2	1 806.8	1 810.7	5 254.5	5 424.0	5 498.7
辽宁	1 431.1	1 675.5	1 745.8	1 797.0	1 835.0	3 035.9	3 124.1	3 179.3
吉林	2 206.7	2 452.3	2 581.2	2 725.8	2 453.8	4 391.2	4 427.7	4 492.2
黑龙江	2 408.1	2 896.0	3 092.0	3 843.5	3 462.9	10 988.9	11 391.0	11 454.7
上海	98.2	105.5	105.4	111.3	109.2	174.5	193.3	179.2
江苏	2 397.5	2 759.8	2 834.6	3 096.0	3 132.2	5 267.1	5 272.0	5 282.4
浙江	742.3	780.3	814.7	769.5	728.6	1 271.6	1 290.1	1 275.8
安徽	2 066.6	2 586.6	2 605.3	2 853.7	2 901.4	6 561.1	6 605.6	6 616.4
福建	565.7	587.3	715.2	632.9	635.1	1 210.6	1 231.0	1 232.3
江西	1 397.9	1 612.1	1 757.0	1 896.6	1 904.0	3 578.1	3 604.6	3 639.1
山东	3 157.7	3 270.8	3 917.4	4 093.0	4 148.8	6 955.6	7 030.1	7 084.8
河南	3 428.0	4 056.0	4 582.0	5 112.3	5 245.2	9 600.0	9 683.6	9 740.2
湖北	1 759.3	1 938.9	2 177.4	2 099.1	2 185.4	3 906.7	4 012.5	4 068.4
湖南	2 281.7	2 493.3	2 678.6	2 654.2	2 692.2	4 588.8	4 799.1	4 809.1
广东	1 253.2	1 209.7	1 395.0	1 242.4	1 284.7	2 499.9	2 538.5	2 531.9
广西	1 405.2	1 340.3	1 487.3	1 427.6	1 396.6	2 973.1	3 067.5	3 061.1
海南	153.7	154.8	153.0	161.9	177.5	421.3	430.4	437.2
重庆	831.5	866.3	1 168.2	808.4	1 088.0	2 215.6	2 229.5	2 243.9
四川	2 596.9	2 684.6	3 211.1	2 859.7	3 027.0	6 430.9	6 419.4	6 402.0
贵州	903.5	936.1	1 152.1	1 038.0	1 100.9	2 919.6	2 984.7	3 039.5
云南	1 298.7	1 318.1	1 514.9	1 457.6	1 460.7	4 095.9	4 200.1	4 274.4
西藏	96.4	92.6	93.4	92.4	93.9	170.6	169.4	170.2
陕西	887.9	956.8	1 043.0	1 041.9	1 067.9	3 126.0	3 134.0	3 159.7
甘肃	639.3	635.0	836.9	808.1	824.0	2 683.0	2 740.0	2 799.8
青海	58.6	59.5	93.3	99.7	106.2	272.0	275.7	274.5
宁夏	247.6	264.1	299.8	322.4	323.8	826.2	826.9	844.1
新疆	761.1	787.1	876.6	896.4	867.0	1 585.2	1 984.7	2 028.6

附表 2-7（2）　2011—2017 年省际粮食播种面积

单位：千公顷

省份	2011 年	2012 年	2013 年	2014 年	2015 年	2016 年	2017 年
北京	209.40	193.90	158.91	120.17	104.45	87.33	66.84
天津	310.80	322.90	332.79	345.82	350.04	357.25	351.40
河北	6 286.10	6 302.40	6 315.87	6 332.00	6 392.48	6 327.41	6 658.52
山西	3 287.90	3 291.50	3 274.30	3 286.38	3 287.19	3 241.42	3 180.92
内蒙古	5 561.50	5 589.40	5 617.30	5 650.99	5 726.67	5 784.79	6 780.92
辽宁	3 169.80	3 169.80	3 226.41	3 235.13	3 297.42	3 231.40	3 467.48
吉林	4 545.10	4 545.10	4 789.90	5 000.72	5 077.95	5 021.66	5 543.97
黑龙江	11 502.90	11 502.90	11 564.36	11 696.41	11 765.23	11 804.74	14 154.28
上海	186.30	187.60	168.51	164.86	161.94	140.07	133.14
江苏	5 319.20	5 336.60	5 360.77	5 376.07	5 424.64	5 432.70	5 527.31
浙江	1 254.10	1 251.60	1 253.74	1 266.81	1 277.85	1 255.40	977.19
安徽	6 621.50	6 622.00	6 625.30	6 628.93	6 632.90	6 644.50	7 321.79
福建	1 226.80	1 201.20	1 202.05	1 197.75	1 193.12	1 176.73	833.22
江西	3 650.10	3 675.90	3 690.85	3 697.34	3 705.60	3 686.21	3 786.32
山东	7 145.80	7 202.30	7 294.58	7 440.04	7 492.10	7 511.45	8 455.60
河南	9 859.90	9 985.20	10 081.81	10 209.82	10 267.15	10 286.15	10 915.13
湖北	4 122.10	4 180.10	4 258.40	4 370.35	4 466.03	4 436.87	4 853.00
湖南	4 879.60	4 908.00	4 936.57	4 975.14	4 944.65	4 890.60	4 978.95
广东	2 530.40	2 540.20	2 507.62	2 507.01	2 505.84	2 509.33	2 169.73
广西	3 072.80	3 069.10	3 076.02	3 067.68	3 059.34	3 023.61	2 853.06
海南	430.60	438.60	421.80	394.01	375.63	360.38	282.48
重庆	2 259.40	2 259.60	2 253.91	2 242.52	2 233.96	2 250.05	2 030.71
四川	6 440.50	6 468.20	6 469.90	6 467.40	6 453.90	6 453.90	6 291.99
贵州	3 055.60	3 054.30	3 118.42	3 138.35	3 114.91	3 113.26	3 052.78
云南	4 326.90	4 399.60	4 499.40	4 508.20	4 487.30	4 481.17	4 169.21
西藏	170.20	170.90	175.87	176.40	178.89	182.94	185.65
陕西	3 134.90	3 127.50	3 105.13	3 076.54	3 073.52	3 068.71	3 019.40
甘肃	2 833.70	2 839.40	2 858.70	2 842.46	2 849.63	2 813.95	2 647.16
青海	279.40	280.20	279.97	280.10	277.06	281.05	282.56
宁夏	852.40	828.30	801.60	771.33	770.42	778.32	722.51
新疆	2 047.50	2 131.20	2 234.80	2 255.85	2 395.02	2 401.13	2 295.86

附表 2-8　1980、2003—2012 年省际成灾和受灾面积总和

单位：千公顷

省份	1980 年	2003 年	2004 年	2005 年	2006 年	2008 年	2009 年	2010 年	2011 年	2012 年
北京	188.7	84	38	87	113	56	17	3	74	118
天津	232.7	238	105	155	90	134	66	33	11	217
河北	4 698.0	4 945	2 554	1 544	3 627	1 986	3 461	1 527	1 911	2 082
山西	4 547.3	1 174	1 388	2 817	1 902	3 171	2 678	1 396	1 560	1 406
内蒙古	6 467.3	5 539	4 927	2 861	6 130	3 815	6 060	2 033	2 946	3 423
辽宁	2 762.7	2 195	2 007	1 558	1 904	838	2 739	756	623	638
吉林	3 251.3	2 673	3 517	1 665	1 898	824	3 234	896	838	851
黑龙江	4 962.0	10 819	4 877	2 975	5 577	3 712	8 368	1 432	2 220	3 258
上海	622.7	1	9	127	127	29	16	21	33	33
江苏	3 796.7	4 541	1 129	2 434	2 672	772	1 396	648	1 365	1 068
浙江	1 428.6	957	1 181	1 706	572	1 594	524	283	590	807
安徽	4 219.3	6 366	1 019	4 498	2 016	1 898	2 586	1 752	1 516	1 709
福建	1 097.4	1 606	891	1 375	1 378	313	568	605	181	246
江西	2 084.0	3 151	1 718	2 039	1 789	3 518	2 345	2 075	1 502	1 072
山东	5 549.4	3 882	2 890	2 493	2 985	906	3 394	2 582	2 533	2 395
河南	5 346.0	7 704	3 098	3 215	2 193	1 620	3 572	1 568	1 858	1 715
湖北	4 756.0	4 982	2 444	3 994	3 588	6 692	2 724	2 466	3 370	2 485
湖南	4 070.0	4 478	1 710	3 258	3 485	7 317	3 230	2 841	3 330	1 867
广东	1 981.4	1 692	1 594	1 256	1 978	2 394	826	724	620	613
广西	3 559.4	2 965	2 909	2 362	2 287	3 435	1 979	1 665	2 076	880
重庆	—	1 562	1 298	1 235	2 404	1 061	681	575	1 097	629
四川	4 586.0	5 569	3 430	3 478	7 101	3 110	3 131	2 324	3 346	1 971
贵州	1 188.6	1 639	989	1 078	1 501	2 810	1 926	1 681	3 934	763
云南	1 102.0	2 303	1 579	4 016	2 407	2 342	3 805	3 215	2 762	2 159
西藏	36.0	4	54	44	29	90	75	51	22	21
陕西	4 084.0	3 296	1 578	2 636	2 093	1 549	1 757	1 122	1 055	697
甘肃	1 946.7	1 808	3 300	2 187	3 561	2 175	2 544	1 304	1 979	1 506
青海	195.4	277	244	140	564	195	218	111	328	242
宁夏	407.4	424	842	818	885	950	422	145	589	363
新疆	635.3	1 284	1 178	869	1 314	3 498	1 893	1 307	926	1 745

第三章 粮食主产区农药和化肥利用效率的实证研究：基于江汉平原的调查

第一节 导 论

一、研究背景、目的及意义

（一）研究背景

我国拥有地球上 7％的耕地，却养活了世界 22％的人口，但人均耕地面积远远达不到国际人均标准，我国的粮食需求压力仍然十分巨大。目前，我国粮食生产主要是以小规模家庭生产为主，在生产水平、科技水平十分有限的条件下，农户们往往采取"高投入—高产出"的生产模式。这样会使得农药和化肥的投入量日益增加，但是我国农药和化肥的利用效率并未得到提高。我国是农药和化肥生产和使用大国，农药和化肥在我国农业生产中是不可或缺的农业生产资料，农药和化肥也是我国粮食产量和粮食质量的重要保障。合理施用化肥，科学添加农药可以预防病虫害、提高农作物的产量。

我国在使用农药、化肥过程中存在许多问题，主要的是农药、化肥的使用效果、使用效率和对环境的影响，即"三 e 问题"（effectiveness, efficiency, environment）。效果问题是指农药、杀虫的防治效果、化肥养分营养的供给效果，效率问题是指农药、化肥的有效利用效率，环境问题是指农药、化肥的使用对人体、水源、土壤、空气等造成的伤害和污染风险。由于农药、化肥使用技术及观念落后，盲目、乱用现象严重，我国农药和化肥的使用量占了全球总量的 35％，我国的农药和化肥平均利用率仅占 33％，低于发达国家 10～15 个百分点。

农药、化肥是一把"双刃剑"。科学使用农药、化肥，会减少农作物的病虫害，提高农作物的产量。但是不科学使用农药、化肥，可能会导致农作物中的化学残留难以分解，会渗透到农作物的生长中。农药、化肥的过度使用，也会导致土壤、水体的富营养化，会影响农作物的生长。近些年我国农作物食品安全事件频发，已经向人们敲响了警钟，如何保证我国食品安全，持续减少农药、化肥的使用量，提高农药、化肥的利用效率，直至完全不用农药、化肥，已经迫在眉睫。

随着网络和交通的不断发展，全球经济逐步一体化，国际贸易往来迅速发展，我国的农产品贸易往来也在日益增加。但是由于我国的农药、化肥使用量过度，使得我国农产品中的化学残留超标，加上国际上日益严格的安全标准也不断加强，已经严重地阻碍了我国农产品的出口，使我国农产品出口屡遭拒收、扣留、退货、索赔等，造成了巨额的经济损失。同时，也影响了我国的国际地位和形象。

（二）研究的主要目的

由于地球上人类生产粮食的可用耕地数量有限，传统农业主张不使用农药、化肥的种植模式，导致农产品的产量极其有限，已经难以满足人类生存所需的基本保障。所以，只有提高单位面积的产量的办法，才能够满足人类基本生存所需。只有通过使用农业农药和化肥，来预防病虫害，促进农作物生长，来提高农作物产量，才是最有效、最直接的办法。

随着我国经济的快速发展，农业污染已经成为我国环境污染的主要污染源之一，而农业污染主要污染源就是由于农药和化肥的使用率不高，过量使用产生的。"民以食为天，食以安为先"。在我国，农产品的质量安全问题已经关系到人们的身体和生命的健康安全。我国农民为了增加粮食产量，大量、盲目施用农药、化肥，由于缺乏专业的农业知识，大多数农民在潜意识里认为只要多施肥、多利用农药，农产品的产量和质量就会提高。从而忽略了在生产当中，农药和化肥会对周围的环境、土壤、空气产生危害，危害人们的身体健康。过去生活水平不高，人们只要填饱肚子，满足生存所需就行了。现如今人们生活水平不断提高，单纯解决温饱问题已经不能满足人们的需求。人们对粮食和食品的质量安全关注度越来越高。近年来，国内粮食、蔬菜体内残留的化学物质越来越多。毒大米、毒木耳、毒食用油，劣质奶制品层出不穷。这样不仅会对消费者的健康带来危害，同时也会影响我国国际贸易，农产品质量安全关系到国家经济发展和国际形象。

我国农药和化肥的利用效率不高，使农户不得不加大对农药和化肥的投入，这样一来，虽然粮食产量会增加，但是增产不增收的现象越来越普遍。甚至有的地方由于长期过量的使用农药和化肥，土壤酸化严重，造成农作物产量下降，品质低劣，使农作物滞销，导致农民不赚钱，甚至亏损。在这样形势下，如何提高农药、化肥的利用效率，减少不必要的农资投入，确保科学、高效、环保使用农资，保证农产品的质量和产量的提高、保证农民收入增加。

（三）研究的意义

农业农药、化肥利用效率偏低，不仅会造成资源浪费，而且也会带来农业面源污染。在我国，由于农药和化肥的利用效率偏低，使得农药和化肥已经成为污染我国环境的主要因素之一。研究农业农药和化肥的利用效率，对于合理分配和使用生产资源、保护水资源、降低农业面源污染，对于合理分配和使用化肥资源、节约资源、保护环境、增加农民收入，实现农业增产目标和可持续发展战略，以及建设社会主义新农村都具有重要的现实意义和积极作用。

改革开放以来，我国粮食产量实现了质的飞跃，从原来的低产低效，到现在的高产高效，其中农药和化肥的作用不可忽略。但是随着农药和化肥的投入量不断增加，对环境也带来了污染。人们在不断提高农产品的产量上，越来越关注农产品的质量。人们通过以往的经验可以总结出，只有科学使用农药和化肥，加快推进农业机械化，减少农药和化肥的使用量，才能提高农业生产效率。这是我国实现农药和化肥控制零增长的必经之路。人们通过实践中发现，减少使用农药和化肥，科学合理使用农药和化肥，不但不会影响到我国农产品的安全，而且会有利于我国农产品的品质，要有利于我国农产品的可持续发展。

2015年3月15日，农业部下发《到2020年化肥使用量零增长行动方案》和《到2020年农药使用量零增长行动方案》。"两个行动"分别提出目标：到2020年，化肥利用率达到40%以上、比2013年提高7个百分点，力争实现农作物化肥使用量零增长；主要农作物农药利用率达到40%以上、比2013年提高5个百分点，力争实现农药使用量零增长。

随着生活水平不断提高，人们开始更加关注粮食的安全问题，对绿色、无污染的食品越来越重视。所以研究农业生产中的农药和化肥的利用效率，从中找出如何减少使用量，提高利用效率，对今后的食品安全问题至关重要。

湖北省作为全国农业大省之一，每年农药和化肥的使用率均位于全国前列，研究湖北省粮食主产区农业农药和化肥的利用效率具有一定的必要性。江汉平原位于湖北省中南部，该地河网密布，湖泊众多，水资源比较丰富，也是国家重要的商品粮种植基地和淡水产品产区。由于农业生产中农药、化肥使用过量或者不合理使用，是导致面源污染和水污染的主要源头。江汉平原作为湖北省粮食主产区，其环境质量的好坏会直接影响当地的水资源状况。因而研究江汉平原农业生产中农药和化肥的利用效率，有着相当重要的现实意义，本研究不仅反映了湖北省江汉平原粮食主产区农药和化肥利用的一般情况，为减少农业面源污染提供相应的对策和建议，还对当地农业生产中使用农药和化肥提出相应的建议，为保护湖北省湖泊，尤其是长江经济带饮用水水质安全提供政策咨询建议。

二、国内外研究现状

(一) 国内研究现状

我国农业农药和化肥施用的强度已经远远高出世界平均水平，农业化肥和农药的过度使用容易产生严重的水体污染。合理施用农药和化肥可以促进农业产量的增加，但化肥、农药的施用不当不仅会造成巨大的资源浪费，而且会对周围的自然环境带来污染，从而危害人类健康。农业生产中农药、化肥过量使用或不合理施用行为导致的水土流失，会使大量的氮、磷、钾等元素不断进入水体，进而造成日益严重的面源污染，对水资源的质量产生严重的影响。农业面源污染的污染源分量虽小但总量很大，同时涉及区域分布较广，污染源的分布相当分散，实际影响范围较大，治理面源污染的难度极高，远远超过其他污染。农业生产中产生的面源污染是当前我国水环境污染的最大污染源，并且已经逐渐成为制约我国经济持续、健康、协调发展的障碍因子之一。

治理由于农药和化肥使用量过多导致的面源污染是长期困扰我国的环境问题之一。人们要学会根据不同地区、不同土壤、不同肥力和虫害的不同，采取因地制宜的方法科学使用农药和化肥，减少不必要的浪费，保护我国的生态环境，改善农民居住环境，保护我国的饮用水水源，保障人们身体健康，扎实推进农业现代化建设，不断推进可持续发展。

国内对农药、化肥利用效率的研究方法较多，包括灰色关联度模型、脱钩理论、面板数据多元回归方法等，也有一些学者采用计量模型对化肥增产的作用进行估计与评价，分析农药、化肥施用量对农业产量的影响。

有一些学者试图建立计量模型分析化肥的利用效率，其中有采用双对数模型对农药、化肥施用量对粮食作物的影响进行的实证分析，认为农药、化肥对粮食的增产作用正在逐步降低；有利用弹性系数测算河南省化肥对粮食产量的贡献系数，研究表明河南省粮食生产的农药、化肥利用效率较低，并呈现下降的趋势；也有一部分人采用随机前沿生产函数对化肥的利用效率进行测量，其中有分别对我国 2006—2009 年粮食主产区的三种粮食作物的农药、化肥利用效率变化情况进行的分析与评价，研究结果认为这些作物的生产水平都普遍较低，并认为教育水平、收入状况、化肥价格、财政支持、种植规模等都是影响化肥利用效率的重要因素；还有学者对中国农业生产中农药、化肥的技术效率及影响因素进行分析，从经济学的角度揭示了中国农业农药、化肥面源污染的形成机制，认为农药、化肥价格、农户收入水平、农业劳动力的转移和农户的种植规模等对农药、化肥施用的技术效率具有正向影响，而农业技术的低效率会阻碍农药、化肥施用技术效率的提高。

(二) 国外研究现状

近年来,一些欧美发达国家率先推出"精确农作"服务。其主要内容是应用民用的全球卫星定位系统,来传送并及时分析一般技术不能解决的问题,因苗情、地块,甚至因地块内不同肥力的部分施用不同配方、不同用量的农药、化肥。从而大大提高了农药、化肥的有效利用率,降低了成本,减少了对环境的污染。欧美发达国家优质高产的农业是在其严格限制农药、化肥使用量的情况下获得的,如欧洲许多国家政府制定了相关法律,限制农药、化肥滥用。

近年来,国外农业的农药、化肥使用量一直呈下降趋势。相比于国外,我国目前农用化肥单位面积平均施用量达到 434 千克/公顷,是发达国家安全上限的 1.93 倍,而且农药、化肥的利用率不高,氮肥利用率仅 30%～35%,很多地方甚至只有 20%～30%,而国外发达国家的利用率一般也在50%左右。

国外学者们对于农业生产技术效率的研究内容和方法都较为丰富,而单独对于农药、化肥利用效率的研究则相对较少,农药、化肥利用效率领域的相关内容并没有受到国外学者的高度重视,主要是从理论和随机前沿生产函数方法两个角度进行分析研究。

有学者从理论的角度,对世界范围的农药、化肥生产和使用效率进行分析,利用农田实验的资料,测算土壤微量元素和 pH 酸碱度,认为部分地区的农药、化肥施用比例严重失调,其中亚洲的发展中国家氮磷钾的施肥比例为6:2:1,氮肥施用过量,磷肥和钾肥的施用不足。

有学者运用随机前沿生产函数的方法,研究发现尽管化肥的边际产出出现负值,而有机肥对粮食作物的增量和土壤质量的改善仍具有正向作用;也有研究通过对 2001—2002 年中国 20 个蔬菜生产主要省份的生产技术效率和环境效率进行测算,认为蔬菜生产的技术效率很高,环境效率相对较低,而只投入农药、化肥的环境效率则更低。

在发达国家要想从事农业生产工作,必须学习农业专业知识,修满一定的学时,取得相关的农业资格证书,并且到政府主管农业部门登记注册,每年定时参加复审,才能从事农业生产工作。在农药和化肥的使用中,必须按时将使用时间和使用数量向国家农业部门报告,并接受农业技术专家的监督,如隐瞒不报,其所受到的处罚是相当严厉的。

有些欧洲国家为了控制农药、化肥的使用量,保障农产品的质量安全,他们还出台了专门的农药税。这些国家对农药、化肥的生产环节、销售环节以及运输环节都加强监管。这些国家的农业部门还会不定期地对农场中的化学残留进行抽样检测，来打击乱用、多用的行为。如发现有违规使用者，都将受到严厉的处罚。

通过以上国内国外研究，大家可以从中了解到，国内外农药和化肥的利用效率有较大差距。欧美发达国家的农药、化肥的利用效率已基本上达到50％～60％。而国内的农药和化肥利用效率仅在20％～30％。国外对农药、化肥的污染监管比较严格，采取的惩罚措施非常严厉，采取的解决对策也相对完善。我国的农药、化肥浪费现象普遍存在，对环境的污染，特别是对水体的污染日益严重。相关的政策法律也存在一定的盲区，有待改善。

从农药、化肥的利用效率来看，国外学者主要是从理论方面进行研究，侧重于研究农药、化肥对环境污染的综合效率，利用计量方法进行的研究相对较少；而国内学者主要是从农学的角度对化肥利用效率进行研究，利用农作物吸收的化肥量计算得到化肥的利用效率。

综上，国内外关于农业生产效率和化肥利用效率的研究都为本研究提供了一定的理论基础，而本研究从微观层面针对省级以下地区——江汉平原样本农户的研究，使得本研究的研究具有更强的现实指导意义；并对其影响因素进行分析，这些都与以往的研究存在一定的差异。

三、主要研究内容及研究方法

（一）主要研究内容

本研究具体的研究内容主要包括以下五个部分：

一是导论。在当前农业生产中农药、化肥使用情况的背景基础上，提出本研究的目的与意义；并且就本研究的研究内容，从国内和国外角度分别对农业生产效率和农药、化肥利用效率相关研究进行文献综述，最后阐明本研究的结构内容和研究方法。

二是理论基础。首先对农药、化肥利用效率进行阐述。其次，重点介绍了什么是化肥、什么是农药以及什么是利用效率。

三是对江汉平原农业农药、化肥利用的现状分析。主要是对江汉平原实地调查，对当地农业生产基本情况、化肥种类和结构以及农业产量与农药、化肥使用量的关系进行分析，对江汉平原及样本农户的农业生产情况进行深入了解。

四是江汉平原农业农药、化肥利用效率影响因素的实证分析。选取人均耕地面积、人均收入水平、亩均农业补贴、户主的受教育程度等，建立数据模型，通过对模型的估计和修正，分析江汉平原样本农户农业生产的农药、化肥利用效率受不同因素的影响情况，并对影响因素的分析进行总结。

五是结论与建议。给出研究的主要结论，并提出相关政策建议。

（二）研究方法

一是文献研究法。通过研究以往国内外相关文献，了解目前研究现状，为本研究提供研究借鉴，同时奠定本研究的理论基础。

二是实地调查法。在本书撰写之前，到实地进行调查，与农户、当地政府进行沟通，并进行实地调查。根据实地调研，对当地农药和化肥的使用情况有了深刻认识，可以收集第一手农民资料，综合分析如何提高农药和化肥的利用率。

三是实证分析法。通过收集相关数据，通过开展统计分析方法和计量方法，探寻变量之间的相互关系，并分析原因，得出相应结论。

第二节　相关理论基础

一、农药的基本概念

农药主要是针对农业生产中用来防治、预防害虫和病毒传播的化学制品，通常可以调节农作物生长，改善土壤成分的化学和物理成分包含在内。农药在广义上的定义是指用于预防、消灭或者控制危害农业、林业的病、虫、草和其他有害生物以及有目地调节、控制、影响植物和有害生物代谢、生长、发育、繁殖过程的化学合成或者来源于生物、其他天然产物及应用生物技术产生的一种物质或者几种物质的混合物及其制剂。狭义上是指在农业生产中，为保障、促进植物和农作物的成长，所施用的杀虫、杀菌、杀灭有害动物、杂草的药物统称。

从农药的发展到传播，国内外都有不同的理解和定义。在我国人们把农药当作是农业生产中的良药，农业生产过程中，农作物遇到不同的病情和不同的虫害，采取高毒的化学制剂来配方农药，所以我国以前简单地把农药理解为"经济毒剂"。国外一些学者把农药归纳为除化肥以外的所有农用化学制品，有的学者把农药称作农业化学品等。但是进入 21 世纪以来，国内外学者都意识到农药会对周围环境带来破坏，但是不使用农药又不能提高生产效率，于是学者们对农药的定义产生了很大的改变，他们开始重视保护环境，开始提倡使用低毒的农药，运用物理农药来替代高毒农药，他们认为现阶段的农药是环境和谐的农药，是高效低污染的农药。

（一）农药在农业生产中的地位

农药作为一种现代农业生产中必不可缺的化学要素，对我国农业生产起着重大的作用。农药在确保我国粮食产量增产，病虫防治上做出了重要贡献。农药的科学使用，及时、有效地控制了病虫危害，为保障粮食安全、保障农产品质量安全做出了重要贡献。

（二）农业中防治病虫害的主要途径

在防治病虫害的过程中，人们不断研发新途径，运用新技术。目前大致分为以下几种：

（1）化学防治。化学防治是用化学药剂的毒性来防治病虫害，就是人们所说的传统的农药。化学防治是植物保护最常用的方法，也是综合防治中一项重要措施，它具有防治效果好、收效快、使用方便、受季节性限制较小、适用于大面积使用等优点，但是化学防治倘若使用不当，能够引起人畜中毒，污染环境，杀伤天敌，造成药害；长期使用农药，可使某些病虫害产生不同程度的抗性等。

（2）物理防治。物理防治是利用简单工具和各种物理因素，如光、热、电、温度、湿度和放射能、声波等防治病虫害的措施。目前，太阳能杀虫灯、电源光控杀虫灯、性诱捕器等物理防治手段在一些大型农场和示范基地等有效范围内推广，但在量大面广的分散经营农田上使用较少。

（3）生物防治。生物防治是通过保护和利用自然界害虫的天敌、繁殖优势天敌、发展性激素等措施达到自然消除病虫害的目的。生物防治对人体、野生生物、传粉昆虫和其他多数益虫几乎没有作用，是环境友好的杀虫剂。

（三）农药的分类

目前，我国农药市场上各种各样的农药琳琅满目，可以大体从以下几个层面来区分农药。

根据农药的毒性可以分为剧毒农药、高毒农药、低毒农药；根据农药的原料可以分为有机农药、无机农药、植物性农药和生物农药；根据农药的形态可以分为固体农药、液体农药、气体农药；根据农药的施用对象可以分为杀虫剂、杀菌剂、除草剂等。

（四）农药使用不当的后果

盲目、过度、不科学使用农药，会对环境带来严重的污染。会对空气、土壤、水源以及农产品带来污染。由于过多使用农药，农药会伴随空气、水源渗透到土壤中，也会导致一些化学残留依附在农作物表面。人们在食用过程中，如果不能及时将其清理干净，会对人体产生危害。

（五）农药的使用分布

农作物中的病虫害分布不同，往往会与所在地区的气候有着至关重要的关系，热带、亚热带、温带都是农作物病虫草害的高发区。所以我国的农药分布也存在着不同地区不同标准的情况。

不同地区农业机械化利用程度不同，科学技术检测不同都会导致农作物的病虫害危害程度不同。农业机械化利用程度低、农业技术检测效率低，病虫害的危害就会更加严重。

综上所述，我国病虫害的高发地区，也是我国农药使用量的高频使用地区，主要分布在湖北、河南、山东、黑龙江以及四川等地区。

二、化肥的相关概念

化肥是化学肥料的简称。是指用化学或者物理方法制成的含有一种或者几种农作物生长需要的营养元素的肥料。

（一）化肥是粮食的"粮食"

化肥是重要的农业生产资料，是粮食的"粮食"。化肥可以提供农作物生产过程中所需要的各种营养。我国耕地面积占地球的7％，养活了世界22％的人口。我国粮食安全问题日益突出，为了保持高效、高产的农业，可以通过施用化肥来提高产量，保障粮食安全。

（二）化肥的分类

我国将化肥按照性质的不同分为：生理酸性肥料、生理碱性肥料以及生理中性肥料。

将化肥按照时效的不同分为：速效化肥、缓效化肥、长效化肥。

将化肥按照原料的不同分为：有机肥料和化学肥料。在我国有机肥料主要包括农家肥料、绿肥等，主要是利用生物物质、动植物废弃物、植物残体等各种有机物质，通过特定方法消除有毒有害物质，提高有益物质含量，全面供农作物生长所需，具有肥效长、改善土壤结构、增加有机质含量、促进微生物繁殖等优点。化学肥料主要是通过人工合成或从矿物质或其他自然资源中提取的含有一种或几种农作物生产所需的营养元素肥料，以单质、化合物或混合物的形态供农户施用，由于其养分高、肥效快、针对不同土壤、符合作物需肥等特点，满足了不同农作物高产的需求，能在一定程度上根据农户意愿对农作物生长过程实现人为控制，并实现农业生产目标而受到广大农户的推崇。

（三）化肥使用不当的后果

由于化肥中含有各种农作物所需的营养成分，如果不加以控制，保证科学的施用，盲目乱用会导致土壤营养成分过多呈现富营养化，从而导致土壤成分失调。使农产品产量降低，环境被破坏。

（四）化肥使用的发展阶段

新中国成立前，我国几乎没有化肥生产企业，大多数地区都采用原始的自然肥来施肥，几乎没有人施用化学肥料。新中国成立后，随着我国经济的快速发展，化学肥料从生产到使用都经历了迅速的发展，我国化肥的发展主要经历了三个阶段：第一个阶段，原始的自然肥是农业生产中主要的生产资料。第二个阶段，原始的自然肥和氮磷肥配合使用阶段。第三个阶段，多种营养元素肥相互配合阶段。

我国粮食需求日益增加，在可以使用的耕地面积极其有限的条件下，为了满足人们的需求，我国的农业生产仍然离不开农业化肥的投入，在我国农业生产中，化肥需求还会逐年增加。

（五）化肥使用的分布

一个地区在农业生产中投入的化肥多少，跟当地的土壤肥力、经济情况以及粮食需求量有关。由于地势的原因，一些地处偏远山区，土壤肥力贫瘠的地区，对化肥的需求非常大。

化肥的分布也跟人们的教育水平有关，高学历的农户在施用化肥中，会科学施用化肥，使农作物高效、保质的生产。而学历不高的农户，在施用化肥中往往会盲目跟随，错误地认为只要加大施用量，农作物就一定会丰收，从而忽略了农作物的安全考虑。目前，我国化肥施用主要分布在黄河和长江中下游地区的山东、河南、河北、湖北等省份，以上省份是我国施用化肥最集中的地区，施用量大约占全国施用化肥总量的一半；其次是安徽、江苏、黑龙江、四川、湖南等省份，这些地区较其他地区的化肥施用量所占比例也较大。

三、资源利用效率的相关理论

（一）效率的主要含义

效率反映的是投入与产出，或者说成本与收益之间的关系，意味着尽可能有效率地利用投入资源以满足产出需求，从本质上来讲，效率的概念涵盖资源的有效配置、市场竞争、投入产出和可持续发展等多方面的能力。技术效率是随着效率研究的进步而出现的另一个概念，是给定投入的实际产出与能获得的最大产出的比值，体现了获得最大产出或最小投入的能力，反映了经济单位在生产过程中真正利用当前技术的程度，揭示经济单位的生产与前沿面的接近状况。农业生产的技术效率体现了农业在生产过程中，不同生产投入要素与产出的关系。

迄今为止，针对技术效率最权威的定义是由经济学家 M. Farrell 从投入角度给出的："技术效率是指在生产技术和市场价格不变的前提下，按照既定的要素投入比例，生产一定数量产品所需的最小成本与实际生产成本的百分比。"随后 Leibens 又从产出角度给出技术效率的定义："技术效率是指实际产出水平与在相同的投入规模、投入比例及市场价格条件下所能达到的最大产出量的百分比。"从产出视角看，技术效率是指在相同投入情况下，实际产出与最优产出的比率，注重产出的最大化；从投入视角看，技术效率是指在相同产出情况下，理想投入与实际投入的比率，注重投入要素的配置与利用，实现最优投入组合。

关于技术效率的测量涉及生产函数的相关理论，而生产函数是在给定技术水平条件下，生产投入与最大产出之间的数量关系。前沿生产函数，即指具有最优投入与产出的生产情况，技术效率体现为在给定生产要素的投入情况下，实际产出与最大产出的距离。在图 3-1 中，起源于原点并通过某个特定点的射线表示某个特定点的生产效率，即射线斜率 y/x 表示生产效率。如果生产单位从点 A 移动到位于有效生产前沿 F 上的有效点 B，射线 y/x 的斜率变大，说明同等生产条件下，有效生产前沿上的点 B 生产效率更高，此时生产效率的提高就来源于生产过程中技术效率的提高；如果生产者从有效生产前沿 F 上的有效点 B 移动到点 C，生产效率提高，而点 C 是射线与生产边界的切点，此时生产效率的变化则来源于规模效率的提高，点 C 就是生产中的最优规模点。如图 3-1 中所示，技术有效的生产单元一定位于有效生产前沿面上，前沿面下方的生产单元是技术无效的。当技术效率等于 1 时，表示生产单位在某生产阶段具有技术有效性，此时生产单元就位于有效生产前沿面上；当技术效率小于 1 时，表示该生产单位在某生产阶段是技术无效的，此时生产单元就不在有效生产前沿面上，存在技术效率的损失。

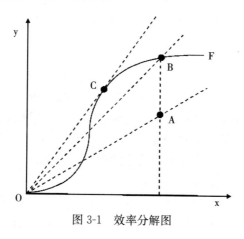

图 3-1　效率分解图

（二）效率的测度

在 Farrel 提出技术效率的测定方法基础之上，一些学者从生产前沿面出发，提出了前沿生产函数的概念，根据是否需要估计参数、前沿的形状不同、随机误差的处理及低效率值的分布不同，将前沿分析方法分为参数前沿分析和非参数前沿分析。

1. 参数前沿分析方法

参数前沿分析方法包括生产函数法和成本函数法，根据模型中是否加入随机变量，又可将生产函数方法分为确定性前沿生产函数和随机前沿生产函数。确定性前沿生产函数采用简单的线性规划法，没有将随机变量作为参考变量来估计生产前沿面；随机前沿生产函数是将生产前沿面看作随机的生产边界，其中随机前沿生产函数方法的应用较为广泛。

针对确定性前沿生产函数方法对数据误差的不敏感性，随机前沿生产函数加入了两种误差项：随机误差项和管理误差项。随机误差项反映的是任何不可控因素对生产带来的影响，这种影响可能是正向，也可能是负向的；管理误差项是技术非效率误差项，反映生产活动是否在前沿生产面上，这往往是由生产中的技术无效造成的。

Battsrs 和 Coelli 在前人的基础上对随机前沿生产函数进行不断的修改，一般表示为：

$$Y_i = f(x_i, \beta)e^{v_i} - u_i \tag{3-1}$$

其中，Y_i 表示生产单元的产出，x_i 表示生产中的投入，β 是待估参数，v_i 和 u_i 分别是随机误差项和管理误差项。

2. 非参数前沿分析方法

非参数前沿生产函数无须建立投入产出之间的函数关系式，是纯数学的线性规划方法，主要包括数据包络分析法和自由处置包法，以数据包络分析方法为代表。

数据包络分析是由美国运筹学家 Charnes 和 Cooper 等在"相对效率评价"的基础上发展起来的，采用数学线性规划的方法对多投入多产出的生产单元进行分析与评价的一种效率测算方法。这种方法仅仅根据观测数据，没有事先确定生产函数形式，只是在生产有效性的基准上，判断生产单元的有效性。目前，数据包络分析方法已成为研究效率的常见分析工具之一。

3. 两种测度方法的区别

数据包络分析方法的数值计算较为简单，并且当不知道投入与产出的代数关系时，这种方法依然能够应用。当假设投入和产出具有一定的函数关系时，可以采用随机前沿生产函数分析确定函数形式，这使得随机前沿生产函数分析方法比数据包络分析方法需要更多的计算。

然而，随机前沿生产函数方法具有两个明显的优势：一是具有统计特性，可以对模型中的参数和模型本身进行检验；二是可以建立随机前沿模型，使得生产前沿面是随机的，而数据包络分析方法的生产前沿面是固定的，忽略了样本之间的差异，没能考虑被忽略变量的影响，这使得采用随机前沿生产函数对跨时期的面板数据的研究更接近现实。但是随机前沿生产函数方法也存在一定的弊端，其往往只处理单输出的情况，对于多输入多输出的数据处理则十分复杂；对于无效单元，参数方法仅能说明无效程度即效率大小，而数据包络分析在这点比它具有优越性。

综上比较，由于农业生产存在外部影响等不确定因素，因此本研究将选择随机前沿生产函数估计湖北省江汉平原样本农户的农业生产过程中的技术效率，并在此基础上计算出农药、化肥利用效率，对不同地区不同时间的农户效率进行分析与评价。

（三）随机前沿生产函数

1995 年，Battese 和 Coelli 通过不断研究，提出了一种较为完善的模型，这种模型可以估计随机前沿生产函数，也可以对技术效率的影响因素进行估计，这一模型的基本形式为：

$$Y_{it} = f(x_{it}, \beta) + (v_{it} - u_{it})$$

$$\text{或 } Y_{it} = f(x_{it}, \beta)e^{v_{it} - u_{it}}, \quad i = 1, 2, \cdots, N; \quad t = 1, 2, \cdots, T$$

$$(3\text{-}2)$$

公式中，Y_{it} 和 x_{it} 分别用来表示生产单位的产出和投入情况；β 是投入要素对应的待估计参数；v_{it} 是随机误差影响，这一变量受到生产中其他未考虑到的任何不可控因素的影响，并且服从正态分布 $N（0，\sigma_v^2）$：

$$u_{it} = u_i e^{-\eta(t-T)} \tag{3-3}$$

u_{it} 为管理误差项，表示生产中技术效率的损失，用来估计技术无效性，服从半负截尾正态分布 $N（m_{it}，\sigma_{it}^2）$：

$$m_{it} = z_{it}\delta \tag{3-4}$$

m_{it} 表示效率损失指数，是关于技术效率影响因素的函数。

令 $\sigma^2 = \sigma_v^2 + \sigma_u^2$，$\gamma = \sigma_u^2 /（\sigma_v^2 + \sigma_u^2）$，$\gamma$ 也是待估参数，用于反映技术无效占复合误差的比例，γ 值的变动范围是（0，1），用于查看是否正确设定函数模型的情况。当 $\gamma = 0$ 时，表明经济单位没有出现技术效率的损失，生产函数位于前沿面上，此时随机误差就是引起经济单元的生产模式与前沿面产生偏离的原因，这种情况下也可以采用普通最小二乘法进行估计；当 $0 < \gamma < 1$ 时，表明经济单元的技术效率出现损失，在上述情况下，为了更好地了解和更好的估计生产函数，可以选用随机前沿生产函数进行估计，然后对技术效率损失的原因进行分析和评价；当 $\gamma = 1$ 时，随机误差项为零，说明生产单位在生产过程中的实际产出与前沿生产面上产出的偏离完全是由生产过程的技术无效产生的。

在随机前沿生产函数的估计中，最重要的是对 $\gamma = 0$ 进行拟然比检验。若拒绝了 $\gamma = 0$，则采用随机前沿生产函数法来进行分析。γ 值越大，技术无效率的影响就越大，此时就越需要利用随机前沿生产函数，对当前研究进行分析。因此，可以通过对模型估计结果的讨论，以确定是否选用随机前沿生产函数分析方法。

各经济单元的技术效率（TE_{it}）表示为：

$$TE_{it} = \frac{f(x_{it}，t)\exp(v_{it} - u_{it})}{f(x_{it}，t)\exp(v_{it})} = \exp(-u_{it}) \tag{3-5}$$

本研究中将农药、化肥的折纯量作为农业生产的投入要素，因此在公式（3-5）的基础上，得到农业生产中的化肥利用效率（FE_{it}），表示为：

$$FE_{it} = \exp(-u_{it}/\beta) \tag{3-6}$$

第三节　江汉平原农业农药和化肥
利用的现状分析

一、数据的来源与样本统计

本研究所使用的数据是 2016 年 11 月对江汉平原地区的湖北省荆州市公安

县、监利县以及潜江市的 3 个乡镇农户基本情况调查的一手数据。调查问卷内容主要包含家庭基本情况、劳动力配置与收入情况、农药和化肥管理、科技的投入、政策的实施等方面的信息，调查对象为公安县的章田寺乡、监利县的新沟镇和潜江市的浩口镇，三个乡镇随机抽取的 14 个村 300 户农户，最终收回有效样本 269 户。样本具体情况如表 3-1。

表 3-1　样本分布情况

地区	行政村（村）	样本量（户）
章田寺乡	章田	17
	胡厂	3
	毛家	36
	永久	23
	孙场	17
新沟镇	杨林关	18
	双岭	18
	严家	18
	东荆	19
	谢家	18
浩口镇	浩口	11
	西河	39
	南湾	19
	永兴	13
3 个乡镇	14 个村	269 户

二、调查方案

（一）调查农户的基本情况

在调查问卷中首先针对江汉平原农户的实际情况，设计了以下几个问题来了解掌握农户基本家庭情况。其中主要内容如下：

调查了解了农户从事农业生产中的男女比例，调查了农户家庭中成员构成（家庭总人数、从事农业劳动人数以及从事农业生产中的不同年龄段），调查了从事农业生产中的劳动者自身的学历及掌握知识的情况，以及从事农业生产中身体健康情况、政治面貌，并且调查了 269 户农户土地资源禀赋（主要从耕地面积、土地块数、单块土地最大、最小面积）等。

表 3-2　调查问卷调查对象基本情况

指标	分组	比例
性别	男	88.00%
	女	12.00%
年龄	20 岁以下	3.62%
	20～36 岁	15.83%
	26～45 岁	42.32%
	45～60 岁	33.03%
	60 岁以上	5.20%
学历	小学以下	37.57%
	初中	45.26%
	高中	13.31%
	大专及以上	3.86%
政治面貌	群众	86.57%
	党员	9.07%
	团员	4.36%

对调查问卷的数据整理后，得到表 3-2。

如表 3-2 所示，从农户性别来看，受调查者中，男性所占样本总数的比例为 88.00%，女性所占样本总数的比例为 12.00%，可以看出在农户家庭中男性在生产中占主导地位，男性是从事农业生产的主要劳动力。男性在日常农业生产中积累了丰富的生产常识与经验。

从农户年龄上，可看出在五个层次的年龄段分布中，主要呈现两头小、中间大的分布格局。20 岁以下的只占样本总数的 3.62%，20～36 岁的占样本总数的 15.83%，26～45 岁的占到样本总数的 42.32%，45～60 岁的占到样本总数的 33.03%，60 岁以上的只占 5.20%。通过以上调查数据，可以得出在农业生产中，主要劳动力人群以中年为主，20 岁以下的年轻人和 60 岁以上的人群占少数。

从农户的文化程度上，可得出小学以下文化程度占样本总数的 37.57%，初中文化程度主要占样本总数的 45.26%，高中文化程度占样本总数的 13.31%，大专及以上的文化程度仅占样本总数的 3.86%。可以看出，这次江汉平原调查区域的农户文化程度普遍偏低，大部分农户文化程度都在高中以下，这会导致农户对农业政策的理解、对科学技术的掌握理解存在一定的偏差和缺陷，不利于江汉平原农药、化肥利用效率的提高。

从政治面貌上看，群众占样本总数的 86.57%，党员占样本总数的 9.07%，团员占样本总数的 4.36%。党员、团员在农业生产中、在政策的理解和宣传过程中，会起到一定的示范作用。但是在调查样本中，党员和团员所占比例偏低，影响程度不明显。

（二）农户使用农药、化肥的情况

主要针对江汉平原农户选择农药、化肥的不同类型、种类，农户们选用药械的类型、质量，农户们在使用农药、化肥过程中的时机，对自身安全和环境友好的认知，在使用过程中的保护措施以及用药习惯等做出调查。

表 3-3　调研对象家庭土地资源禀赋

耕地面积	样本	占全部样本比重	平均面积（亩）	土地平均块数	单块平均面积（亩）
3 亩以下	73	27.14%	2.56	2.6	0.98
3～5 亩	115	42.75%	4.89	4.5	1.08
6～10 亩	54	20.07%	7.96	6.1	1.30
11～20 亩	22	8.17%	15.70	10.4	1.51
21～40 亩	5	1.87%	28.91	12.0	2.41

从表 3-3 可以看出，被调研对象的家庭土地资源分布，大部分是 6 亩以下，6 亩以上的仅占 30% 左右，可以总结归纳为大多数耕地分布过于分散，大规模耕地较小。同时还可以看出，农村耕地规模越小，其单块土地平均面积也越小，总规模为 3 亩以下的样本单块土地平均面积仅为 0.98 亩。这样会不利于大规模机械生产，不利于统一操作，导致农业生产效率偏低。

表 3-4　调查对象对农药认识程度

调查样本对病虫害的辨别能力	样本数	比例
能够完全准确辨别	5	1.99%
能够辨别大部分病虫害	33	12.19%
能够辨别一小半病虫害	133	49.63%
只能辨别一两种病虫害	51	18.78%
完全不认识	47	17.41%

从表 3-4 可以了解到江汉平原地区农户对农药的认识程度，其中只有极少数的人能完全了解病虫害，并且能正确选用农药。大部分的农户认为自己无法辨别病虫害，无法正确选择农药。错误使用农药，会导致环境污染加重、农药

利用率低，不利于农业的可持续发展。

调查发现，一些农户仍然在使用国家禁止使用的高毒农药，大多数农户不能辨别高毒农药。调查中，共发现有 4 种受禁农药仍在使用（见表 3-5）。

表 3-5　调查对象使用高毒农药情况

高毒农药使用	磷胺	久效磷	甲胺磷	对硫磷
选用人数（人）	16	5	62	28
占全部样本比重	5.94%	1.86%	23.05%	10.41%

甲胺磷、对硫磷等高毒农药目前仍在使用，说明我国农业监管部门对农药监管措施仍需加强，对安全使用农药的宣传工作仍需要加强。

调查中还发现，有近 84% 的农户在农业生产中使用的是 16 升的背负式手动喷雾器，且其质量存在问题。半数以上农户在使用农药、化肥过程中不注意自身安全防护。只有 16% 的农户使用柴油、汽油等动力的机动喷雾器，这与前面分析的家庭拥有土地规模在 10 亩以下的农户样本所占比重 89.96% 是基本一致的，这说明农具设备的选用是与土地经营规模相匹配的。

另外调查还发现，大多数农户环境保护意识缺乏，如表 3-6 所示，20.20%的农户经常性地将农药飘洒到邻居地里，63.00% 的农户偶尔将农药飘洒到邻居地里，只有 16.80% 的农户从不将农药飘洒到邻居地里。对于塑料农药容器，有 70.16% 的农户将其随手扔掉，21.14% 的农户将其露天焚烧，8.70% 的农户将其埋掉。对于多余农药的处理方式，有 69.70% 的农户从来没有把剩余的农药随便倒过，有 23.60% 的农户经常把剩余农药倒在地里作物上，有 6.70% 的农户经常把剩余的农药倒在河里。总的来说，江汉平原 269 户农户对环境安全意识淡薄，而农药使用量过多，会导致化学残留在环境中对周围生物系统造成严重的危害，同时加剧病虫害的抗药性，严重影响农业生态的平衡。

表 3-6　调查对象施药行为对环境友好程度

	样本数	比例
农药飘洒到邻居地里情况		
经常	54	20.20%
偶尔	170	63.00%
从不	45	16.80%
塑料农药容器处理方式		
随手扔掉	189	70.16%
露天烧掉	57	21.14%

（续）

	样本数	比例
埋掉	23	8.70%
多余农药处理方式		
从来没有把剩余的农药随便倒过	187	69.70%
经常把剩余的农药倒在地里农作物上	63	23.60%
经常把剩余的农药倒在河里	19	6.70%

从调查的总体情况来看，大多数的农户为保护生态环境，对减少使用农药、化肥是支持的，只有少数农户不愿意保护生态环境。所以只要国家有关部门把相关生态补偿政策落实到位，我国生态保护是能够达到预期的目标的。

调查发现，江汉平原地区农户在农业生产中使用的化肥主要是尿素和二铵，其他复合肥的使用较少。在公安县的章田寺乡、监利县的新沟镇和潜江市的浩口镇三个乡镇 269 户农户 2012 年和 2016 年的农用化肥使用情况如表 3-7 所示。

表 3-7　江汉平原农户农用化肥施用情况

乡镇	年份	尿素（千克）	二铵（千克）	尿素比例	二铵比例
章田寺乡	2012 年	21 106.38	7 602.00	73.52%	26.48%
	2016 年	24 263.25	8 116.98	74.93%	25.07%
	增量	14.96%	6.77%	1.41%	减少
新沟镇	2012 年	24 780.39	6 760.51	78.57%	21.43%
	2016 年	26 538.45	7 853.21	77.17%	22.83%
	增量	7.09%	16.16%	减少	1.40%
浩口镇	2012 年	28 230.22	8969.57	75.89%	24.11%
	2016 年	29 709.47	11 779.80	71.61%	28.39%
	增量	5.24%	31. 33%	减少	4.28%

如表 3-7 所示，从调查的 3 个乡镇每亩田地施用的尿素和二铵的均值来看，整体上化肥的使用量是增加的。这说明江汉平原地区农业生产中主要施用的两种化肥的使用量都有上升的趋势。

根据《国家统计年鉴》和江汉平原地区历年来的农业数据，可发现江汉平原地区 2005—2015 年粮食产量与化肥施用量的变化情况，如下图 3-2 所示。从图 3-2 中可以看出，农药、化肥施用量除了 2009 年下降外，其余年份都处于逐年增加的趋势，而粮食产量在 2010 年、2012 年和 2015 年都出现了下滑，这说明随着农药、化肥使用的逐年增加，粮食的产量并没有得到明显的提高，增产效果不明显说明农药、化肥对粮食产量的提高作用具有局限性，农户对农药、化肥的使用存在盲目性，没有很好地认识农药、化肥对农业产量的影响，同时粮食产量也可能受到天气、自然灾害等其他因素无法度量的因素影响，总之，农业生产中农药、化肥的利用效率是下降的。

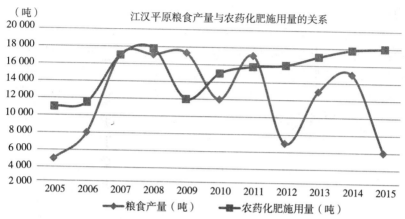

图 3-2　2005—2015 年江汉平原粮食产量与农药、化肥施用量的关系

　　综上所述，通过对 269 户调查问卷，可以了解到不同性别、年龄、文化程度的农户，所采取的农药、化肥的施用方法不同，对农药、化肥使用的认识不同，在施用过程投入的机械设备不同，对科技知识的掌握程度不同，在农药、化肥的使用效率上也有着本质的区别。另外，政府的财政投入、技术指导投入也直接影响着农药、化肥利用效率的高低。

　　通过粮食产量与农药、化肥使用量的关系分析中，发现 2005—2015 年随着农药、化肥的施用量增加，江汉平原地区粮食产量并没有得到相应的提高，这说明农药、化肥对农业增产的效果是有限的，农业化肥利用效率是下降的。从实地调查数据来看，随着农药、化肥施用量的增加，产出也有所增加，但是产出增加的比例并没有与农药、化肥施用增加的比例相一致，农药、化肥的利用效率没有得到很好地发挥。当每亩田地中的农药、化肥施用量达到一定数量之后，粮食产量基本没有再次得到提高，而是维持在较为中等的水平。

第四节　影响江汉平原农业农药和化肥使用效率因素的实证研究

一、农药和化肥的利用效率计量模型设定

前沿生产函数分析方法包括确定性前沿分析方法和随机前沿生产函数分析

方法，本研究考虑农业生产中不可控的因素较多，随机影响较大，因此采用
Battese 和 Coelli 提出的随机前沿生产函数模型，通过一次估计得到技术效率
值，并在此基础上计算出农药、化肥的利用效率。

若采用柯布-道格拉斯函数的对数形式作为随机前沿生产函数模型，其表
达式为：

$$\ln Y = \beta 0 + \Sigma n \beta n \ln X_i + (vi - ui) \qquad (3\text{-}7)$$

而由于柯布-道格拉斯函数的对数形式模型中，投入要素之间的替代弹性
是恒定的，这与农业生产中的实际情况不相符，为了能够灵活地反映投入要素
之间的替代性和产出弹性，本研究选用超越对数生产函数的形式作为随机前沿
生产函数模型，模型设定为：

$$\ln Y_i = \beta_0 + \beta_1 \ln L_i + \beta_2 \ln F_i + \beta_3 \ln P_i + \beta_{12} \ln L_i \ln F_i$$

$$+ \beta_{13} \ln L_i P_i + \beta_{23} \ln L_i P_i + \frac{1}{2} \beta_{11} (\ln L_i)^2$$

$$+ \frac{1}{2} \beta_{22} (\ln F_i) 2 + \frac{1}{2} \beta 33 (\ln P_i) 2$$

$$+ \beta n N + (v_i - u_i) \qquad (3\text{-}8)$$

公式（3-8）中，i 表示 i 个农户，i＝1，2，3，…，269，表示三个乡镇
的 269 户农户。Y_i 表示第 i 个农户的农业粮食产量，L_i 表示第 i 个农户的农
药、化肥投入量，N 表示地区虚拟变量。V_{it} 是噪音误差项，服从正态分布 N
$(0, \sigma_v^2)$，表示在农业生产过程中受到的任何不可控因素产生的随机影响，u_{it}
是管理误差项，服从半负截尾正态分布，表示农业生产过程中技术效率的损
失，是技术非效率项，服从 $N \mid (m_{it}, \sigma_{it}^2) \mid$ 分布，是非负变量，意味着生
产过程中的无效程度。β_0，β_1，β_2，β_3，β_{12}，β_{13}，β_{23}，β_{11}，β_{22}，β_{33}，β_N 是
待估参数。

农业生产的技术效率计算公式为：

$$TE_i = \exp(-u_i) \qquad (3\text{-}9)$$

公式（3-9）中，若 $u_i = 0$，则 $TE_i = 1$，说明该点位于生产前沿面上；若
$u_i > 0$，则 $0 < TE_i < 1$，说明该点位于生产前沿面的下方，存在技术的无
效率。

在公式（3-9）的基础上，可以得到农药、化肥利用效率的计算公式：

$$FE_i = \exp（-u_i / \beta_2） \qquad (3\text{-}10)$$

（一）数据来源与变量的说明

本研究的数据来源于 2017 年 8 月份在湖北省江汉平原地区 3 个县市的 3

个乡镇进行的一次调查问卷。在公安县的章田寺乡、监利县的新沟镇和潜江市的浩口镇随机抽取的 14 个村 300 户农户进行问卷调查，最终收回有效样本 269 户的调查问卷，整理得到了调查数据。

1. 产出变量

本研究选取的农业生产产出的形式是农户的农作物产量，由前述分析发现，江汉平原地区 2012 年和 2016 年的重要粮食作物水稻耕地面积占农作物总耕地面积的比例分别为 98.57% 和 99.15%。因此，本研究选取水稻的产量作为农业产出的数据来源。

2. 投入变量

本研究的着力点是农业生产中的农药、化肥施用不当等产生的环境污染问题，因此选取以下投入变量，以研究其对农业生产技术效率的影响。

劳动力投入变量。L 表示农业生产中劳动力的投入量，用每亩的劳动力数量（日）来表示。劳动力数量包括自家劳动力数量和雇佣劳动力数量，由人数×天数计算得到。

化肥投入变量。F 表示农业生产中化肥的投入量，用每亩化肥的折纯量（千克）来表示。化肥的折纯量包括尿素中的氮肥折纯量和二铵中的氮肥和磷肥折纯量。

农药投入变量。P 表示生产中农药的投入量，用每亩的农药支出（元）来表示。

地区虚拟变量。N 表示地区虚拟变量，按各乡镇排序，分别取 1，2，3，表示不同乡镇之间自然地理条件之间的差异等因素。

（二）模型的回归估计结果及分析

运用 Battese 和 Coelli 编写的 Frontier4.1 软件，对超越对数生产函数模型进行极大拟然估计，2012 年和 2016 年的估计结果如表 3-8。

表 3-8　随机前沿生产函数模型的极大拟然估计结果

lnY	2012 年随机前沿生产函数模型		2016 年随机前沿生产函数模型	
	系数	T 统计量	系数	T 统计量
C	5.823 3	11.877 0***	5.294 4	12.881 6***
$\ln L$	0.066 1	0.350 4	0.280 8	1.835 0*
$\ln F$	0.181 7	1.702 5*	0.182 1	1.959 0*
$\ln P$	0.039 3	0.651 5	0.023 7	0.532 2
$\ln L \ln F$	−0.030 1	−0.625 7	−0.046 2	−1.843 4*

（续）

	2012 年随机前沿生产函数模型		2016 年随机前沿生产函数模型	
$\ln L \ln P$	−0.007 1	−0.726 2	−0.002 3	−0.341 2
$\mathrm{Ln}F\ln P$	−0.009 3	−0.594 2	0.000 7	0.067 3
$1/2\ (\ln L)^2$	−0.011 8	−0.549 2	−0.043 0	−0.727 2
$1/2\ (\ln F)^2$	0.054 3	2.597 4***	0.041 5	4.307 8***
$1/2\ (\ln P)^2$	−0.010 0	−0.715 8	0.002 3	0.356 4
N	0.081 8	1.719 9*	0.075 3	2.945 7***
σ^2	1.221 2	10.440 4***	0.278 8	7.024 4***
γ	0.954 2	88.157 7***	0.836 4	13.586 1***
LR 检验值	177.732 6***		17.134 9*	

注：LR 检验值为极大拟然统计量。假设：H_0：$\gamma = 0$，则该生产单元具有技术有效性，H_1：$\gamma >$ 0，则该生产单元存在技术无效性。* 表示在 10% 的水平下显著，** 表示在 5% 的水平下显著，*** 表示在 1% 的水平下显著。

以上两个模型中，γ 值和极大拟然统计量 LR 都具有较高的显著性，说明这两个生产函数模型比较适合本研究。

从 2012 年的随机前沿生产函数模型来看，γ 的估计值为 0.954 2，t 值在 1% 的水平下显著，这说明采用随机前沿生产函数方法传统的 OLS 方法更适合于本研究。而估计值为 0.954 2，表示农户在农业生产中确实存在技术效率的损失，混合误差项中有 95.42% 来自技术的无效率性，只有 4.58% 来自外部的不可控因素影响的随机误差项。

极大拟然统计量 LR 是用来证明生产函数模型是否显著，并且也是评判模型中是否存在技术非效率的依据。当检验值 LR 大于临界值 $\chi^2\ (2\alpha)$ 时，则说明该生产函数存在技术的非有效性，表中的 LR 值为 177.732 6，显著大于临界值，这说明所选择的生产函数模型比较符合江汉平原样本农户的农业生产情况，样本农户的农业生产中存在技术非有效性。

农药、化肥的投入和地区变量在 10% 的水平下显著，这说明江汉平原地区农业生产中的技术效率受到农药、化肥施用量和地区的影响。农药、化肥投入变量的系数为 0.181 7，这说明江汉平原地区农业生产中农药、化肥的施用量对技术效率有正向作用。地区变量的系数为 0.081 8，显著为正，这说明农业生产的技术效率在 3 个乡之间存在差异，地区差异会对农业生产的技术效率产生影响。

从 2016 年的随机前沿生产函数模型来看，γ 的估计值为 0.836 4，在 1%

的水平通过 T 检验，这说明在农业生产中技术的非有效性是造成农户的实际产出与最大产出的主要原因。极大拟然值为 17.134 9，也显著大于临界值，这说明江汉平原样本农户 2016 年农业生产中的确存在技术的非有效性。γ 和极大拟然值都通过检验，说明该随机前沿生产函数比较适合本研究进一步的分析和研究。

从系数的 T 检验来看，劳动力投入和农药、化肥的投入系数在 10% 的水平下通过 T 检验，地区变量在 1% 的水平下通过检验，三个变量对应的系数分别为 0.280 8、0.182 1、0.075 3，这说明劳动力和农药、化肥投入对农业生产的技术效率具有正向作用，劳动力和农药、化肥施用量的增加会提高农业生产技术效率。同时地区变量为正值，这说明江汉平原地区不同乡镇之间农户的技术效率存在显著差异。

二、农业生产效率分析

为比较 2012 年和 2016 年江汉平原地区 3 个乡镇的农业生产技术效率值，本研究计算出 2012 年和 2016 年 3 个乡镇的技术效率的最大值、最小值、平均值和变异系数，如表 3-9，且分别计算出 3 个乡镇的综合技术效率的分布情况，如表 3-10。

表 3-9　2012 年和 2016 年农户农业生产技术效率分乡镇的统计

TE	章田寺乡		新沟镇		浩口镇	
	2012 年	2016 年	2012 年	2016 年	2012 年	2016 年
最大值	0.875 5	0.949 5	0.952 2	0.891 1	0.907 4	0.918 8
最小值	0.051 2	0.132 6	0.136 7	0.269 4	0.000 1	0.403 5
平均值	0.600 2	0.718 5	0.561 3	0.698 3	0.560 9	0.711 1
变异系数	0.245 2	0.207 3	0.278 7	0.194 2	0.317 8	0.204 3

表 3-10　2012 年和 2016 年农户农业生产技术效率分乡镇的频数分布

频数分布	章田寺乡		新沟镇		浩口镇	
	2012 年	2016 年	2012 年	2016 年	2012 年	2016 年
$0 \leqslant TE < 0.2$	2	1	3	0	2	0
$0.2 \leqslant TE < 0.4$	7	3	12	2	12	0
$0.4 \leqslant TE < 0.6$	35	11	37	22	34	21
$0.6 \leqslant TE < 0.8$	49	42	33	41	28	31
$0.8 \leqslant TE \leqslant 1$	3	39	6	26	6	30

从整体上分析，根据前面模型的估计结果，可以计算出 2012 年和 2016 年江汉平原地区 3 个乡镇农业生产技术效率均值分别为 0.575 1，0.709 4，这表明在投入不变的情况下，若不存在技术效率的损失，农业产出还能提高42.49％和 29.06％。

如表 3-10 所示，3 个乡镇样本农户 2016 年技术效率的平均值都要高于2012 年，这可能与农业科技水平的提高和施用更高效的化肥有关。2016 年章田寺乡和浩口镇的技术效率均值分别为 0.718 5 和 0.711 1，均高于总样本的技术效率均值；2012 年只有章田寺乡农户的技术效率均值高于三个乡镇的技术效率均值，新沟镇和浩口镇的技术效率均值均低于 0.57，这不仅说明江汉平原地区样本农户 2016 年的技术效率均值高于 2012 年，也说明章田寺乡样本农户的技术效率要高于其余两个乡镇的样本农户。

如表 3-10 所示，2016 年乡镇样本农户的技术效率最大值与最小值之间的差距较 2012 年在缩小，但是差距依旧较大，如章田寺乡 2016 年样本农户的农业生产技术效率值最大值为 0.949 5，而最小值只有 0.132 6。从变异系数来看，3 个乡镇样本农户 2016 年农业生产技术效率的变异系数明显小于 2012年，这说明这 3 个乡镇样本农户农业生产之间的技术效率分布的均衡性得到了改善。

从技术效率的频数分布来看，2016 年 3 个乡镇技术效率值在 0.8 以上的农户较 2012 年有了很大的提高，分别占到 40.63％、28.57％和 36.59％。2016 年技术效率值大多集中在 0.6 以上，而 2012 年则大多集中在 0.4～0.8之间，这说明农业生产中高技术效率的农户在增加。

三、农药和化肥利用效率分析

在公式（3-9）随机前沿生产函数模型估计的参数结果基础上，本研究计算出 2012 年和 2016 年 3 个乡镇样本农户的农药、化肥利用效率，并且分别计算出 3 个乡镇农药、化肥利用效率最值、平均值、变异系数，如表 3-11。

表 3-11　2012 年和 2016 年农户农药、化肥利用效率表

FE	章田寺乡		新沟镇		浩口镇	
	2012 年	2016 年	2012 年	2016 年	2012 年	2016 年
最大值	0.481 0	0.752 1	0.763 5	0.531 0	0.585 8	0.628 0
最小值	0.000 1	0.000 1	0.000 1	0.000 7	0.000 1	0.006 8
平均值	0.098 6	0.233 9	0.083 7	0.196 1	0.098 0	0.229 2
变异系数	0.903 4	0.730 5	1.373 1	0.730 8	1.304 5	0.815 0

表 3-12　2012 年和 2016 年农户农药化肥利用效率表

频数分布	章田寺乡		新沟镇		浩口镇	
	2012 年	2016 年	2012 年	2016 年	2012 年	2016 年
0≤FE<0.1	55	29	71	29	52	31
0.1≤FE<0.2	29	18	10	21	17	11
0.2≤FE<0.4	11	33	8	32	9	20
0.4≤FE<0.6	1	15	1	9	4	19
0.6≤FE<0.8	0	1	1	0	0	1
0.8≤FE≤1	0	0	0	0	0	0

　　根据模型结果得到的整合技术效率值和参数，分别计算出 2012 年和 2016 年江汉平原三个乡镇的农药、化肥利用效率平均值分别是 0.093 37、0.219 68。从平均值可以发现，尽管 2016 年农药、化肥的利用效率有了较大的改观，但是农药、化肥的利用效率依旧较低。

　　如表 3-11 所示，2016 年 3 个乡镇的农药、化肥利用效率较 2012 年有明显改观，但农户农药、化肥利用效率的最大值和最小值的差距并没有明显改变，最大值的波动较大，最小利用效率值没有得到明显的提高。从变异系数看，3 个乡镇 2016 年的变异系数都要明显小于 2012 年，这说明每个乡镇农户之间的农药、化肥利用效率值分布相对集中，有了一定的改善。

　　如表 3-12 所示，从表频数的分布来看，2016 年 3 个乡镇农药、化肥利用效率在 0~0.1 的农户数量减少了，而在 0.2~0.6 的农户数量增加了，这说明 2016 年农户整体的农药、化肥利用效率得到了提高，农药、化肥利用效率值偏低的农户减少了。

四、影响农药和化肥利用效率因素的实证分析

（一）主要影响因素

　　根据以上分析，发现实地调查的 3 个乡镇的农药、化肥利用效率水平各不相同，差异较大，并且随机前沿函数模型中农药、化肥投入和地区变量的系数都较为显著。因此，接下来本研究将在 2012 年、2016 年 3 个乡镇样本农户的农药、化肥利用效率数据基础上，分析农药、化肥利用效率的影响因素。

　　由于农药、化肥利用效率值是基于每亩田地农业产量的数据得到的，因此，本研究将考虑如下因素作为江汉平原样本农户农药、化肥利用效率的影响因素。

一是人均耕地面积。人均耕地面积是影响农户生产中农药、化肥利用效率的重要因素。人均耕地面积的规模大小，直接影响农药、化肥的利用效率。若人均耕地面积的规模较大，可能会有效地节省单位面积的固体投入成本，从而提高农药、化肥的利用效率。反之，导致农业产量过度依赖农药、化肥的施用效果，低质农药、化肥的过度使用导致农药、化肥利用效率降低。

二是人均收入水平。收入水平是决定农户农业生产支出的重要因素。人均收入水平的提高会导致农户购买需求的变化，在这种情况下，当农户选择购买更多农药、化肥，并加大使用量，可能会使农业产量得到一定的提高，但是农药、化肥的利用效率则可能会降低；当农户选择购买更高效的农药、化肥品种，以替代原先相对低效的农药、化肥品种时，不仅能使农业的产量得到提高，而且也会相应地提高农药、化肥的利用效率。

三是亩均农业补贴。农业补贴对农药、化肥利用效率的影响与农民人均收入水平对农药、化肥利用效率的影响类似，都属于由收入引起的农药、化肥支出意愿的变化而导致农药、化肥利用效率的变化。在实地调查时发现，农业补贴主要包括良种补贴、农机补贴、农资补贴和其他农业补贴，由于地块不同或者调查统计的误差，导致农户之间的亩均农业补贴存在一定的差异。农业补贴的增加，一方面可能会使农户选择购买更优良的品种、更高效的农药、化肥等农业生产要素的投入，另一方面也可能会使一些农户选择增加更多的农药、化肥等要素的投入，将质与量分离，过于追求量的增加，而忽视质的提高，这可能会导致农药、化肥利用效率的降低。

四是亩均农药、化肥使用量。在实地调查中发现，施用高质量的农药、化肥会导致农药、化肥利用效率得到相应的提升，反之施用低质量的农药、化肥不仅不能提高农业产量，还会降低农药、化肥的利用效率。因此，合理地施用农药、化肥，选择正确的农药、化肥品种对农药、化肥利用效率的提高具有重要的作用。

五是受教育程度。受教育程度对农药、化肥利用效率的影响体现在农户对农药、化肥施用的认知上，随着受教育水平的提高，农户不仅可以更科学地意识到农药、化肥对产量的作用，正确地施用农药、化肥，而且会意识到农药、化肥的使用会对环境造成影响，因此受教育程度越高，可能会使农药、化肥的利用效率提高。当然，也存在受教育程度越高，农药、化肥利用效率反而降低的情况，这可能是由于农户没有正确认识到农药、化肥的作用，对农药、化肥的作用过度认可，盲目、过度使用农药、化肥所致。

六是地区虚拟变量。因为本研究的调查对象涉及江汉平原地区 3 个乡镇 14 个村的农户，而不同地区的农业生产条件、地理状况以及农业生产中农药、化肥的施用情况等都会存在差异，因此本研究需要考虑地区这一变量对农药、化肥利用效率的影响。

七是时间虚拟变量。本研究是基于 2012 年和 2016 年江汉平原地区 3 个乡镇农业生产基本情况的实地调查数据，因此本研究将要考虑 2012 年和 2016 年的农药、化肥利用效率的变化情况，通过研究观察 2016 年的农药、化肥利用情况是否较 2012 年有好转的趋势。同时，加入时间变量，也为了更好地区别不同年份的农业生产条件，以及农药、化肥利用效率受不同时间农业生产投入影响的不同。

（二）实证分析

在考虑上述影响因素和已有数据的基础上，采取混合横截面数据模型，将农药、化肥利用效率作为因变量，由于农药、化肥效率是基于亩均数据产生。因此，选择人均耕地面积、人均收入水平、亩均农业补贴、亩均农药使用量、亩均化肥施用量、受教育程度、地区虚拟变量、时间虚拟变量作为自变量，具体模型设计如下：

$$FE_i = \alpha_0 + \alpha_1 \ln PA_i + \alpha_2 \ln PI_i + \alpha_3 \ln PR_i + \alpha_4 \ln PN_i$$
$$+ \alpha_5 \ln PP_i + \alpha_6 H_i + \alpha_8 N + \alpha_8 T + \varepsilon_i \qquad (3\text{-}11)$$

其中，FE_i 为农药、化肥利用效率；

PA_i 为人均耕地利用效率；

PI_i 为人均收入水平（千元），包括工资性收入、经营性收入、转移性收入和财产性收入；

PR_i 为亩均农业补贴（元），包括粮种补贴、农机补贴、农资补贴和其他农业补贴；

PN_i 为亩均农药使用量（千克）；

PP_i 为亩均化肥施用量（千克）；

H_i 为户主的受教育程度（年）；

N 为地区虚拟变量，章田寺乡、新沟镇和浩口镇分别取 1，2，3；

T 为时间虚拟变量，2012 年和 2016 年分别取 1，2 表示。

本研究采取 2012 年和 2016 年样本农户农业生产的截面数据，不同农户之间家庭收入的差异以及农业生产过程中的生产方式和习惯的不同，导致农药、化肥的施用偏好都不相同。从前面研究中可以发现，不同农户的农药、化肥利用效率分散度较高，而不同农户的农药、化肥利用效率偏离均值程度的差异，最终会导致随机误差项对均值的偏离程度发生变化，这时较易产生异方差。因此，本研究考虑到模型存在的异方差问题，对其进行了修正，修正的模型结果如表 3-13 所示。

表 3-13　模型估计结果

FE	系数	FE	系数
C	0.065 321***	lnPP	−0.000 351***
lnPA	−0.030 883***	H	0.002 312***
lnPI	0.011 511***	N	0.003 009***
lnPR	0.000 677***	T	0.123 323***
lnPN	−0.000 545*	修正后的 R^2	0.98

注：＊表示在 10％的水平下显著，＊＊表示在 5％的水平下显著，＊＊＊表示在 1％的水平下显著。

从修正后的模型估计结果来看，修正后的 R^2 为 0.98，并且自变量的 T 值基本都在 1％的水平下显著，这说明修正后的模型对样本的拟合情况较好，因此可以说，人均耕地面积、人均收入水平、亩均农业补贴、亩均农药使用折纯量、亩均化肥折纯量、户主的受教育程度、地区和时间变量的系数显著不为 0，这些变量与农药、化肥利用效率的关系十分显著。

从模型分析结果中可以看出，人均耕地面积、亩均农药折纯量、亩均化肥折纯量对农药、化肥的利用效率影响为负值，这说明随着样本农户的人均耕地面积的增加，对农药、化肥利用效率具有阻碍作用，样本农户的耕地规模效应较差，可能由于劳动力的不足或者随着人均耕地面积的增加，农户过多地依赖并且更多地使用劣质农药、化肥，导致了农药、化肥利用效率的降低。

同时，人均收入水平、亩均农业补贴、户主的受教育程度对农药、化肥利用效率的影响显著为正，这说明样本农户收入水平提高、农业补贴的增加以及受教育程度的提高，会提高农户对化肥的认识，选择更高效的农药、化肥并适量施用农药和化肥，以更好地利用农药、化肥，提高农药和化肥的利用效率。

从地区变量和时间变量来看，对农药、化肥利用效率的影响也是显著为正，这说明农药、化肥利用效率受到地域的影响，不同地区之间的农药、化肥利用效率要相对较高。同时，时间变量为正，说明随着科技的发展、农业生产水平的提高，农药和化肥利用效率也在不断地提高。

第五节　研究结论与政策建议

一、研究结论

本研究运用描述统计方法、随机前沿生产函数模型对湖北省江汉平原地区 3 个乡镇农业生产中农药和化肥的使用情况、农业生产技术效率、农药和化肥利用效率情况以及农药和化肥利用效率的影响因素进行了实证研究，得到以下研究结论：

第一，农药、化肥的使用量不断增加，但农业产出并未得到相应的增加。在粮食产量与农药、化肥使用量关系的分析中发现，随着江汉平原农药、化肥施用折纯量的增加，粮食产量并没有得到较大的提高，反而有增有减，农药、化肥对产量的影响较为有限。利用实地调查的数据发现，当每亩的农药、化肥使用量达到一定数量后，每亩的产量增加不明显；可能受到不同地块质量的影响，可能是由于农药、化肥施用强度过高导致化学残留富集从而影响利用效率。

第二，农业生产技术效率有所提高，但是不同乡镇之间的差异较为明显。江汉平原地区样本农户2016年的农业生产技术效率值较2012年都有一定的提高，但是技术效率损失的情况依然存在，农业产出还有一定提升空间。就农业生产技术效率而言，章田寺乡样本农户的技术效率水平最高，农业生产技术水平和生产规格都相对较为完善；新沟镇样本农户的技术效率分布情况较为集中，整体生产情况差异最少；浩口镇样本农户的技术效率均值增长最快，变异系数也在明显下降，农业生产的整体技术效率和管理模式都有了较大的提高，但是样本农户之间的技术效率分布仍然较为分散。

第三，农药、化肥利用效率明显偏低，且样本农户的效率值较为分散，差异较大。2016年样本农户的农药、化肥利用效率较2012年有了明显的改善，但是整体效率值仍然偏低。其中，章田寺乡样本农户的农药、化肥利用效率均值最高，新沟镇样本农户的农药、化肥利用效率值相对最低，浩口镇样本农户农业生产中农药、化肥施用受人为因素的影响较大。

第四，农药、化肥利用效率受时间和地区的影响较为显著。随着时间的推移，农业科技水平的不断进步、农药和化肥质量的不断提高以及农户农业生产经验的积累，都会使农户农业生产中的农药、化肥利用效率得到提高。由于不同地区之间自然条件、地块质量等生产条件的差异，也会使不同乡镇的农药、化肥利用效率差异较为明显。

第五，农药、化肥施用量和人均耕地面积的增加都会对农药、化肥利用效率产生明显的副作用。在对影响因素的模型估计分析中可以看出，农药、化肥的施用折纯量的增加会导致农药、化肥利用效率的降低，这可能是由于样本农户农药、化肥施用过多或农药、化肥低质量造成的，而随着人均耕地面积的增加，可能会导致劳动力的不足，致使农户不得不使用更多的农药和化肥。

第六，人均收入水平、亩均农业补贴和受教育水平的提高都会促进农药、化肥利用效率的提高。通过研究发现，受教育水平的提高使农户拥有更科学的认知，能够全面地了解农药、化肥的使用特性，正确适度施用农药、化肥或者选用更高效的农药、化肥来提高农业产量；而人均收入水平和亩均农业补贴的增加，都会使农户选择更优质的农药、化肥，从而增加农业的产出，促进农药、化肥利用效率的提高。

综上所述，当前我国部分地区农药、化肥监管体系不够完善，高毒农药、假冒化肥在市场上仍然大量存在，农户们无法识别真伪，常常会使用劣质产品，这样将会影响到农药、化肥利用效率的高低。同时，由于我国相关法律法规不够健全，使得农药、化肥的经营者钻法律空子，打擦边球，甚至部分地方、部门为了眼前利益，包庇违规违法的行为，使得执法存在一定难度。

一些农户存在错误观念，只追求产量的提升，轻视或者忽略农药、化肥在使用当中对环境的污染，导致农作物化学残留过多，影响人类健康。此外，我国在农村地区缺乏专业的农业技术推广人才，使得农户对生产中农药、化肥以及其他农业知识不甚了解，导致农户不相信、不愿意尝试接触新型农业技术、农业机械，从而也会导致利用效率的偏低。

二、政策建议

（一）完善相关法律法规，将农药、化肥使用量负增长目标纳入法律规范

加快完善我国现有的农业法律法规，尽快制定并出台针对农药、化肥使用强制限制的法律法规，努力实现耕地数量不减少、耕地质量不降低、地下水不超采，农药、化肥使用量零增长，秸秆、畜禽粪污、农膜全利用，实现农业可持续发展。

在保障粮食安全的前提下，进一步提高农业农药、化肥利用效率和限制农药、化肥的使用总量。一是减少农作物生产中对农药、化肥的使用投入，减少对空气、土壤、水源的污染，减轻对农作物的化学残留。深入开展农药、化肥减量增效行动，确保农药、化肥利用率提高到 40% 以上，保持农药、化肥使用量负增长。二是通过制定主要作物化肥投入最高限量标准，综合采取免费测土、科学配方、合理替代、精准施肥等措施，以达到减少农田化肥投入、保障耕地综合产能、优化生态环境质量的目标。三是加大违规、过量农药、化肥的处罚力度，确保农作物产品食用安全，以及农业能够正常、健康、持续的发展。四是深入开展有机肥替代化肥，将果菜茶有机肥替代化肥试点实施范围向长江经济带、黄河流域等区域倾斜，试点作物从苹果、柑橘、蔬菜、茶叶向其他具有地方特色、节肥潜力大的园艺作物拓展。

（二）加大财政补贴力度，促进农业投资的多元化

要加大中央及地方政府的财政投入，增加农业生产中的补贴和农业销售中的补贴，保证农民收入持续增长。要制定扶持农业企业政策，惠及农民、农企。同时，还应该创新和发展运用多种模式，吸引社会投资，鼓励社会组织、社会企业投入，保障农业发展资金充裕。

（三）建立和完善农技人才培养机制，加大新型职业农民培育

当前我国农民的素质参差不齐，实地调查表明，农民的受教育程度的高低已经影响到农业生产效率的提升。应该加大对农民的教育培训力度，建立和完善农技推广人才机制，鼓励高校涉农专业毕业生到农村从事农业技术推广服务工作，并为其提供相关优惠政策，来吸引并留住农技人才。同时，还应把农民集中起来，将其按照受教育程度不同进行分组，按照其接受能力分组学习，对其免费进行培训，使得农民可以掌握更多的农业知识，培育更多扎根农村的新型职业农民。加强宣传工作，运用电视、广播、报纸以及网络等多种方式，向农民宣传农业政策、农业知识，不断提升农民素质。

（四）依靠科技，大力实施"互联网＋农业"，推动农业创新发展

科技是第一生产力，随着时代的发展，农业的发展一刻也不开科技的进步。要依靠科技，加快农业科技创新，大力推进农业科技自主创新，加大生产过程中的机械化，淘汰落后的低效的农业生产设备，使用高效的大型农业机械。广泛实施"互联网＋农业"模式，大力发展智慧农业。同时，还应该发展电子商务，尽快实现农业农村现代化。

参考文献

阿兰·兰德尔，1989. 资源经济学 [M]. 施以正，译. 北京：商务印书馆.

包群，彭水军，赖明勇，2006. 经济增长与环境污染：基于面板数据的联立方程估计 [J]. 世界经济（11）：21-25.

鲍学东，2009. 基于 SFA 的四川农业生产技术效率研究 [D]. 雅安：四川农业大学.

陈凯，王闰平，2006. 资源富集地区经济贫困的成因及对策研究——以山西省为例 [J]. 资源科学（4）：22-25.

陈华文，刘康兵，2004. 经济增长与环境质量：关于环境库兹涅茨曲线的经验分析 [J]. 复旦学报（2）：16-21.

陈林生，李刚，2004. 资源禀赋、比较优势与区域经济增长 [J]. 财经问题研究（4）：16-20.

陈锡文，2014. 粮食安全面临三大挑战 [J]. 中国经济报告（2）：43-45.

段利民，2009. 资源诅咒与区域经济增长研究 [D]. 西安：西北大学.

冯志文，2010. 化肥面源污染的评估举起对策分析——以苏中某市为例 [D]. 扬州：扬州大学.

冯宗宪，俞炜华，等，2007. 资源诅咒的警示与西部资源开发难题的破解 [J]. 西安交通大学学报（2）：31-35.

高辉，2009. 环境污染与经济增长方式转变：来自中国省际面板数据的证据 [J]. 财经科学（4）：11-16.

龚琦，王雅鹏，2011. 我国农用化肥施用的影响因素——基于省际面板数据的实证 [J]. 生态经济（2）：33-39.

国务院发展研究中心"中长期增长"课题组，2014—2023 年中国农业增长趋势预测 [J]. 发展研究（7）：4-9.

韩璐，谢俊奇，2011. 小波神经网络在土地利用效益中的应用——以兰州市为例 [J]. 资源科学（1）：153-157.

韩亚芬，孙根年，李琦，2007. 资源经济贡献与发展诅咒的互逆关系研究——中国 31 个省区能源开发利用与经济增长的实证分析 [J]. 资源科学（11）：23-28.

胡聃，许开鹏，等，2004. 经济发展对环境质量的影响：环境库兹涅茨曲线研究进展 [J]. 生态学报（6）：15-21.

胡援成，肖德勇，2007. 经济发展门槛与自然资源诅咒——基于我国省级层面的面板数据实证研究 [J]. 管理世界（4）：32-37.

湖州农村发展研究院课题组，2014. 中国粮食安全战略转变：国内条件与国际情景 [J]. 湖州师范学院学报（1）：1-9.

姜培红，2005. 影响农药使用的经济因素分析 [D]. 福州：福建农林大学.

蒋文华，2008. 浙江农户农药使用效率的调查与分析 [J]. 浙江大学学报（4）：33-35.

金国华，2005. 农业非点源污染环境影响评价及防治对策研究 [D]. 长春：东北师范大学.

柯兵，柳文华，等，2004. 虚拟水在解决农业生产和粮食安全问题中的作用研究 [J]. 环境
科学（2）：32-36.

黎东升，2017. 江汉平原粮食主产区农户经济行为调查 [M]. 北京：中国农业出版社.

黎东升，熊航，2011. 基于主要国家截面数据的虚拟水进口影响因素的实证分析 [J]. 生
态经济（8）：111-113.

黎东升，曾靖，2015. 经济新常态下我国粮食安全面临的挑战 [J]. 农业经济问题（5）：
42-47.

李明，2007. 基于面板数据的经济增长与环境问题研究 [J]. 统计与决策（22）：31-35.

李强，方少勇，2008. 中国化肥施用效率的随机前沿分析 [C]. 2008 年全国中青年农业经
济学者年会.

李然，李谷成，2015. 不同经营规模农户的油菜生产技术效率分析——基于湖北、四川等 6
省市 689 户农户的调查数据 [J]. 农业技术经济（1）：42-45.

李影，2009. "福音"还是"诅咒"——自然资源与经济增长关系研究综述 [J]. 经济论坛
（3）：27-31.

李国柱，2007. 经济增长与环境协调发展的计量分析 [M]. 北京：中国经济出版社.

李红莉，张卫峰，2010. 中国主要粮食作物化肥施用量与效率变化分析 [J]. 植物营养与肥
料学报（5）：45-48.

李晶瑜，2012. 中国粮食生产的化肥利用效率及决定因素研究 [D]. 合肥：合肥工业大
学.

李少星，颜培霞，2007. 自然资源禀赋与城市化水平关系多尺度考察 [J]. 中国人口资源与
环境（6）：23-28.

李天籽，2007. 自然资源丰裕度对中国地区经济增长的影响及其传导机制研究 [J]. 经济科
学（6）：11-17.

刘渝，杜江，等，2007. 湖北省农业水资源利用效率评价 [J]. 中国人口资源环境（6）：
60-65.

刘荣茂，张莉侠，等，2006. 经济增长与环境质量：来自中国省际面板数据的证据 [J]. 经
济地理（3）：26-33.

龙爱华，徐中民，张志强，2004. 虚拟水理论方法与西北四省（区）虚拟水实证研究 [J].
地球科学进展（4）：577-584.

卢锋，杨业伟，2012. 中国农业劳动力占比变动因素估测：1990—2030 年 [J]. 中国人口
科学（4）：13-24.

鲁柏祥，2000. 浙江农户农药施用效率的调查与分析 [J]. 中国农村观察（5）：66-68.

栾锡宝，丁毅，2007. 中国水稻生产效率动态研究：1996—2000 [J]. 市场周刊理论研究
（3）：10-11.

罗浩，2007. 自然资源与经济增长：资源瓶颈及其解决途径 [J]. 经济研究（6）：16-20.

吕新业，冀县卿，2013. 关于中国粮食问题安全的再思考 [J]. 农业经济问题（9）：

15-24.

马骥，2006. 农户粮食作物化肥施用量及其影响因素分析——以华北平原为例 [J]. 农业技术经济 (6)：38-41.

马海良，黄德春，等，2012. 中国近年来水资源效率的省际差异：技术进步还是技术效率 [J]. 中国人口资源与环境 (5)：794-801.

马子红，2006. 自然资源与经济增长关系研究综述 [J]. 经济学动态 (2)：12-17.

莫家颖，黎东升，2019. 基于农户视角的农村经济实证研究 [M]. 北京：中国农业出版社.

闵锐，李谷成，2013. "两型"视角下我国粮食生产技术效率的空间分异 [J]. 经济地理 (3)：144-149.

倪国华，郑风田，2012. 粮食安全背景下的生态安全与食品安全 [J]. 中国农村观察 (4)：52-58.

牛仁亮，张复明，2006. 资源型经济现象及其主要症结 [J]. 管理世界 (12)：25-32.

裴敏欣，2014. 中国土壤污染问题影响国际粮食安全 [EB/OL]. http：//www. fortunechina. com/business/c/2014-04/21/content_202197. htm.

彭林芳，林卿，2008. 我国农地利用中的生态环境问题及对策 [J]. 农村经济与科技 (9)：54-56.

彭水军，包群，2006. 经济增长与环境污染：环境库兹涅茨曲线假说的中国检验 [J]. 财经问题研究 (8)：23-29.

齐绍洲，罗威，2007. 中国地区经济增长与能源消费强度差异分析 [J]. 经济研究 (7)：31-37.

邵帅，齐中英，2008. 西部地区的能源开发与经济增长——基于"资源诅咒"假说的实证分析 [J]. 经济研究 (4)：17-24.

石岩，2015. 化肥、农药"零增长"之我见 [J]. 农村科学实验 (6)：23-26.

屠豫钦，1998. 农药和化学防治的"三E"问题——效力、效率和环境 [J]. 农药译丛 (3)：1-5.

王成，2010. 自然资源与经济增长关系研究文献综述 [J]. 经济学动态 (6)：34-39.

王萍，刘丰茂，江树人，2004. 农药接触对农业劳动者健康危害的研究进展 [J]. 农药学学报 (2)：9-14.

王润寒，2011. 影响氮素化肥利用率的因素分析及提高途径研究 [D]. 南昌：江西农业大学.

王伟妮，鲁剑巍，2010. 湖北省水稻施肥效果及肥料利用效率现状研究 [J]. 植物营养与肥料学报 (2)：27-30.

王晓玲，于惊涛，武春友，2013. 国际资源效率研究进展与演化趋势评述 [J]. 管理学报 (10)：1553-1560.

王行文，顾江，2008. 资源诅咒问题研究新进展 [J]. 经济学动态 (5)：25-30.

王以燕，张桂婷，2010. 中国的农药登记管理制度 [J]. 世界农药 (3)：13-17，35.

王运浩，2006. 农药管理仍需加大力度 [J]. 农药市场信息（2）：1-3.

王智辉，2008. 自然资源禀赋与经济增长的悖论研究——资源诅咒现象辨析 [D]. 长春：吉林大学.

魏楚，沈满洪，2014. 水资源效率的测度及影响因素：基于文献的评述 [J]. 长江流域资源与环境（2）：197-204.

韦荫芬，2007. 我国农药制造业技术效率分析——基于 DEA 模型 [J]. 科技经济市场（5）：23-25.

西奥多·W. 舒尔茨，2001. 报酬递增的源泉 [M]. 姚志勇，刘群艺，译. 北京：北京大学出版社.

熊航，黎东升，2011. 基于主要国家截面数据的虚拟水出口影响因素的实证分析 [J]. 生态经济（6）：80-83.

许珺，姜会明，2013. 基于投资效率分析的农药化肥类上市公司绿色发展模式 [J]. 安徽农业科学（6）：56-58.

徐康宁，王剑，2006. 自然资源丰裕程度与经济发展水平关系的研究 [J]. 经济研究（1）：19-24.

徐康宁，邵军，2006. 自然资源与经济增长：对资源诅咒命题的再检验 [J]. 世界经济（11）：21-27.

徐学荣，2003. 整合农药企业与资源利用效率问题的博弈分析 [J]. 运筹与管理（5）：12-15.

薛峰，薛念涛，2000. 环境毒理学与环境监测 [J]. 环境监测管理与技术（3）：17-19.

薛旭初，2006. 化肥、农药的污染现状及对策思考 [J]. 上海农业科技（5）：37-39.

颜璐，马惠兰，2014. 棉农化肥施用技术效率及影响因子分析——基于莎车县农户调查数据的实证研究 [J]. 农业技术（2）：24-28.

杨小山，林奇英，2011. 经济激励下农户使用无公害农药和绿色农药意愿的影响因素分析——基于对福建省农户的问卷调查 [J] 江西农业大学学报（2）：18-21.

杨晓云，2005. 环境激素类化学农药污染及其监控 [J]. 环境保护（5）：35-37.

原野，2015. 化肥进出口情况分析及展望 [J]. 化工管理（7）：58-59.

岳利萍，2007. 自然资源约束程度与经济增长的机制研究 [D]. 西安：西北大学.

曾鸣，谢淑娟，2007. 中国农村环境问题研究——制度透析与路径选择 [M]. 北京：经济管理出版社.

张红梅，2004. 中国小麦生产的技术效率地区差异 [J]. 南京农业大学学报（2）：13-16.

张景华，2008. 经济增长中的自然资源效应研究 [D]. 成都：西南财经大学.

张久林，唐汉林，曹余华，2003. 农药经营市场存在的问题及治理对策 [J]. 农药科学与管理（4）：31-34.

张雄化，钟若愚，2015. 自然资源利用及其效率研究——基于粮食生产安全的视角 [J]. 技术经济与管理研究（1）：29-36.

张耀军，姬志杰，2006. 资源型城市避免资源诅咒的根本在于人力资源开发 [J]. 资源与产业（6）：1-3.

张宗毅，2011. 基于农户行为的农药使用效率、效果和环境风险影响因素研究 [D]. 南京：南京农业大学.

赵丙奇，李玉举，2006. 30 个省市经济增长的资源禀赋状况研究 [J]. 财经科学 (2)：24-30.

中商情报网，2013. 我国生活污水和工业废水处理系统建设现状分析 [EB/OL]. http：//www. askci. com/.

周惠秋，2005. 东北地区粮食综合生产能力研究 [M]. 北京：中国农业出版社.

朱宁，2014. 粮食生产中化肥利用率的测算及其决定因素分析 [J]. 技术经济 (3)：30-35.

朱迪·丽丝，2002. 自然资源：分配、经济学与政策 [M]. 蔡运龙，等，译. 北京：商务印书馆.

邹文涛，吴乐，2012. 论我国粮食安全与境外农业资源利用 [J]. 海南大学学报社科版 (4)：117-121.

Allan, 1998. Virtual Water：a strategic resource [J]. Ground Water (4)：545 – 546.

A. Ayinde，D. Akerele，O. T. Ojeniyi，2011. Resource use efficiency and profitability of fluted pumpkin production under tropical conditions [J]. International Journal of Vegetable Sience (17)：75-82.

A. Muhammad-Lawal，I. J. Memudu，A. F. Ayanlere，et al.，2013. Assessment of the economics and resource-use efficiency of rice production in Ogun State，Nigeria [J]. Agris on-line Papers in Economics and Informatics (5)：35-43.

Atkinson G，Hamilton K.，2003. Saving，growth and the resource curse hypothesis [J]. World Development (31)：1793-1807.

Adams，W. M.，2006. The future of sustainability：re-thinking environment and development in the twenty-first century [C]. Report of the IUCN Renowned Thinkers Meeting，29-31.

Anderson. P.，N. C. Petersen，1993. A procedure for ranking units in data envelopment analysis [J]. Management Science (10)：515-521.

Arnberg. S.，T. B. Bjorner.，2007. Substitution between energy，capital and labour within industrial companies：a micro panel data analysis [J]. Resource and Energy Economics (29)：122-136.

Auty R M，2001. The political economy of resource-driven growth [J]. European Economic Review (5)：839-846.

Auty R.，2001. Resource abundance and economic development [M]. Oxford：Oxford University Press.

A. S. Channabasavanna，Nagappa，Shivakumar and D. P. Biradar，2009. Productivity，profitability，resource use efficiency and sustainability of rice (oryzasatival) as influenced by poultry manure and NPK levels [J]. Indian J. Agric. Res. (4)：299-302.

Barbier E B.，2003. The role of natural resources in economic development [J]. Australian

Economic Papers (42): 253-272.

Behrman J, 1987. Commodity price instability and economic goal attainment in development countries [J]. World Development (15): 559-573.

Bagliani Marco, Giangiacomo Bravo, Dalmazzone Silvana, 2008. A consumption-based approach to environmental Kuznets curves using the ecological footprint indicator [J]. Ecological Economics (3): 650-661.

Banker R D, Charmes A, Cooper W, 1984. Some models for restimating technical and scale in efficiencies: in data envelopment analysis [J]. Management Science (30): 1078-1092.

Barro, Robert J., Sala I Martin, et al., 1982. Convergence [J]. Joumal of Politcal Economy (2): 79-90.

Barro, R. J, 1991. Economic growth in a crossection of countries [J]. The Quarterly Journal of Economics (2): 117-129.

Battese, G. E. and Coelli, T. J., 1992. Frontier production functions, technical efficiency and panel data: with application to paddy farmers in India [J]. Journal of Productivity Analysis (3): 153-169.

Behrouzi, F. G., S. Germchi, et al., 2012. Effect of complete micronutrient fertilizer application on soybean yield and yield components [J]. American Journal of Agricultural and Biological Science (7): 412-416.

Boubaker Dhehibi, Lassaad Lachaal., 2006. Productivity and economic growth in Tunisian agriculture: an empirical evidence [J]. The International Association of Agricultural Economists Conference (8) 12-18.

Bulte E H, Damania R, Deacon R T, 2005. Resource intensity, institutions, and development [J]. World Development (7): 235-252.

Clark W. Gellings, Kelly E. Parmenter., 2012. Efficient use and conservation of energy-energy efficiencyin fertilizer production and use [C]. Encyclopedia of life.

Corden W M, Neary J P., 1982. Booming sector and de-industrialization in a small open economy [J]. Economic Journal (92): 825-848.

Chapagain and Hoekstra. Chapagain, Ashok K., and Arjen Y. Hoekstra, 2004. Water footprints of nations [R]. Value of Water Research Report Series. Delft, Netherlands: UNESCO-IHE.

Cuddington J T, 1992. Long run trends in 26 primary commodity prices [J]. Journal of Development Economics (39): 207-227.

C. A. Wongnaa, D. Ofori, 2012. Resource-use in Cashew Production in Wenchi Municipality, Ghana [J]. Agris on-line Papers in Economics and Informatics (4): 80-73.

Dumitru Șoaita, 2011. Growth resource efficiency and rebound effect environmental [J]. Scientific Bulletin of the Petru Maior (2): 196-199.

Fare, R., Grosskopf, S., Lovell, et al., 1994. Production frontiers [R]. Cambridge

University Press.

Glyfason, T. , Herbertsson, T. T. , et al. , 1999. A mixed blessing: natural resources and economic growth [J]. Macroeconomic Dynamics (3): 204- 225.

Grossman G. M. and Krueger A. B. , 1995. Economic growth and the environment [J]. Quarterly Journal of Economics (2): 353-377.

Herve Guyomard, L aure Latruffe, Chantal Le Mouel. , 2006. Technical efficiency, technical progress and productivity change in French agriculture: do subsidies and farms' size matter [C]. (96): 10-11.

Innis Harold A. , 1956. Essays in Canadian economic history [M]. Toronto: University of Toronto Press.

International fertilizer industry association, 2010. Short-term Fertilizer Outlook 2010-2011 [R].

Josef Marousek, 2012. Study on agriculture decision-makers behavior on sustainable energy utilization [J]. Agric Environ Ethics (8): 1-11.

Kaneko, S1, Tanaka K. , et al. , 2004. Water efficiency of agricultural production in China: regional comparison from 1999 to 2002 [J]. International Journal of Agricultural Resources, Governance and Ecology (13): 231-251.

Klaus Rennings, Christian Rammer, 2009. Increasing energy and resource efficiency through innovation: an explorative analysis using innovation survey data [J]. Finance a úvěr-Czech Journal of Economics and Finance (5): 442-459.

Kopp, R. J. , 1981. The measurement of productive efficiency: reconsideration [J]. Quarterly Journal of Economics (96): 44-60.

Krugman, P, 1994. The myth of Asia's miracle [J]. Foreign Affairs (73): 62-78.

Lucas Bretschger, Eth Zurich, 2010. Sustainability economics, resource efficiency, and the green new deal [J]. Int Econ Econ Policy (7): 187 – 202.

Mingsheng Fan, Jianbo Shen, Lixing Yuan, et al. , 2013. Improving crop productivity and resource use efficiency to ensure food security and environmental quality in China [J]. Journal of Experimental Botany (1): 13-24.

Ning D, Field B C. , 2005. Natural resource abundance and economic growth, natural resource abundance and economic growth [J]. Land Economics (4): 496-502.

Nordhaus, W. D. , 1992. Lethal model 2: the limits to growth revisited [J]. Bookings Papers on Economic Activity (2): 1-43.

Papyrakis, E. and Gerlagh R. , 2006. Resource abundance and economic growth in United States [J]. European Economic Review (4): 253- 282.

Paull. G. Vlek, Gabriela Rodr' Iguez-Kuhl, Rolf Sommer, 2004. Energy use and CO_2 production in tropical agriculture and means and strategies for reduction or mitigation [J]. Environment, Development and Sustainability (6): 213-233.

Romer, D., 2001. Advanced macroeconomies [M]. ShangHai: Shanghai University of Finance & Economics Press, The McGraw-Hill Companies.

Robert E. Lucas, 1998. On the mechanics of economic development [J]. Journal Monetary Economics (3): 125-136.

Sachs, J. and A., 1995. Natural resource abundance and economic growth [J]. NBER Working Paper, No. 5398.

Sachs J, Warner A., 1997. Fundamental sources of long-run growth [J]. American Economic Review (87): 184-188.

Sachs, J. and A. Warne, 2001. The curse of natural resources [J]. European Economic Review (45): 827- 838.

Sanzidur Rahman., 2015. Resource use efficiency under self-selectivity: the case of Bangladeshi rice producers [J]. The Australian Journal of Agricultural and Resource Economics (55): 273-290.

Selden, T. M., Song D., 1994. Environmental quality and development: is there a Kuznets Curve for air pollution emissions [J]. Journal of Environmental Economics and Management (27): 147-162.

Shafik N. B., Bandyopadhyay S., 1992. Economic growth and environment quality: time series and cross-country evidence [M]. Washington DC: World Bank.

Shanmuaam Atheendar Venkataramani, 2006. Technical efficiency in agriculturalits determinants: an exploratory study at the district level [J]. Indian production and of agricultural journal economics (2) : 61-73.

Shavkat Hasanov, Ahmed Mirza Nomman. 2011. Agricultural efficiency under resources scarcity in Uzbekistan: A data envelopment analysis [J]. BEH (1): 81-87.

Sunil Kumar Singh, S. B. Agarwal, B. S. Chandel, 2012. Resource use efficiency in buffalo milk production in Varanasi district of Uttar Pradesh India [J]. J. Dairying, Foods&H. S. (4): 259-263.

S. J. Balaji, K. Chandran, 2013. Crop production in rainfed agrarian environment: a study on resource use, costs and returns and constrains in chilli production in Ramanathapuram district of Tamil Nadu [J]. Economic Affairs (4): 349-355.

Tone K., 2003. Dealing with undesirable outputs in DEA: a slacks-based measure (SBM) approach [R]. GRIPS Research Report Series.

V. Karthick, T. Alagumani and J. S. Amarnath, 2013. Resource-use efficiency and technical efficency of Turmeric production in Tamil Nadu——a stochastic frontier approach [J]. Agricultural Economics Research Review (1): 109-114.

Watkins Melville H. A., 1963. Staple theory of economic growth [J]. Canadian Journal of Economies and Political Seienee (29): 141-158.

William E., Griffiths, Christopher J. O, et al., 2005. Estimating variable returns to scalefrontiers with alternative stochastic assumptions [J]. Journal of Econometrics (26): 385-409.

Xiaochao Chen, Fanjun Chen, Yanling Chen, et al., 2013. Modern maize hybrids in northeast China exhibit increased yield potential and resource use efficiency despite adverse climate change [J]. Global Change Biology (19): 923-936.

X. M. Gao, Anderson Reynolds, 1994. A structural equation approach to measuring technological change: an application to southeastern U. S. agriculture [J]. Journal of Productivity Analysis (2): 123-139.

Yassin, M. M., Abu Mourad, et al., 2002. Knowledge, attitude, practice, and toxicity symptoms associated with pesticide use among farm workers in Gaza Strip [J]. Occupational Environmental Journal (59): 387-394.

Zhang, H., Lu, Y, 2007. End-users' knowledge, attitude, and behavior towards safe use of pesticides: a case study in the guanting reservoir area, china [J]. Environ Geochem Health (29): 513-520.

图书在版编目（CIP）数据

经济增长、粮食安全视角的自然资源禀赋与利用效率
研究/黎东升著.—北京：中国农业出版社，2020.9
　　ISBN 978-7-109-27260-6

　　Ⅰ．①经… Ⅱ．①黎… Ⅲ．①自然资源－资源利用－
研究－中国 Ⅳ．①F124.5

中国版本图书馆 CIP 数据核字（2020）第 166729 号

————————————————————————

中国农业出版社出版
地址：北京市朝阳区麦子店街 18 号楼
邮编：100125
责任编辑：王佳欣 赵 刚
版式设计：杜 然 责任校对：周丽芳
印刷：北京中兴印刷有限公司
版次：2020 年 9 月第 1 版
印次：2020 年 9 月北京第 1 次印刷
发行：新华书店北京发行所
开本：720mm×960mm 1/16
印张：12.75
字数：280 千字
定价：58.00 元

————————————————————————